九州文库

知识产权运营
理论与实务

张才琴　杨　熙　吴开磊　著

九州出版社
JIUZHOUPRESS

图书在版编目（CIP）数据

知识产权运营理论与实务 / 张才琴，杨熙，吴开磊著 . -- 北京：九州出版社，2021.12

ISBN 978 - 7 - 5108 - 7764 - 3

Ⅰ.①知… Ⅱ.①张… ②杨… ③吴… Ⅲ.①知识产权—研究—中国 Ⅳ.①D923.404

中国版本图书馆 CIP 数据核字（2021）第 271676 号

知识产权运营理论与实务

作 者	张才琴 杨 熙 吴开磊 著
责任编辑	曹 环
出版发行	九州出版社
地 址	北京市西城区阜外大街甲 35 号（100037）
发行电话	（010）68992190/3/5/6
网 址	www.jiuzhoupress.com
印 刷	唐山才智印刷有限公司
开 本	710 毫米×1000 毫米 16 开
印 张	17
字 数	320 千字
版 次	2022 年 4 月第 1 版
印 次	2022 年 4 月第 1 次印刷
书 号	ISBN 978 - 7 - 5108 - 7764 - 3
定 价	95.00 元

序　言

收到张才琴教授的撰序邀请，深感荣幸。作为一名在知识产权行业里工作二十年的老兵，一直期望行业内有一本专业的书籍，能以"用事实说话"的方法深入浅出地讲解知识产权运营和管理的相关知识，能够帮助从业人员系统地了解和学习知识产权运营和管理的模式与方法。

过去几年，超凡公司一直致力于为技术密集型和品牌密集型企业提供专业的、高质量的知识产权服务，助力创新主体增强创新活力和市场竞争力。尤其是在知识产权运营方面，不断探索把知识产权运营"做强、做大、做实"的路径，也在拉通"产、学、研、用"方面做了一些有益尝试，包括在某些细分领域以科技成果转移转化、投融资、科技孵化器建设为核心，将传统知识产权代理服务向以推动科技进步为目的的信息服务、咨询服务以及知识产权商用化服务延伸。虽然在过程中积累了一些经验，但也遇到了不少困难。每每遇到困惑时，我都希望能够从专业书籍中找到答案。

张才琴教授依托个人扎实的理论基础和丰富的实践经验，从运营理论入手，结合经典案例，从专利、商标、商业秘密、价值评估、人才管理等多个角度全面阐释了知识产权运营的底层逻辑和运营框架，内容既系统全面，又重点突出，是一本难得的好书。可以预见，本书面市后，将给企业知识产权管理者、知识产权运营服务从业者带来一场知识盛宴，将更加有力地促进我国知识产权运营事业的发展。

母洪①

2021 年 10 月 20 日

---

① 母洪：超凡知识产权服务股份有限公司创始人、董事长、CEO。母洪先生在知识产权行业有 20 余年从业经验，对国内外知识产权及专利制度有较为深入的研究，特别是在知识产权及专利与经济、技术、资本市场、互联网的融合方面有独到的见解。母洪先生曾受邀出席第八、第九届中国专利年会、第七届中国国际知识产权新年论坛、知识产权南湖论坛等国内权威知识产权论坛，并在论坛上发表"强化知识产权保护，助力经济高质量发展""论知识产权（专利）与科技、经济的关系"等主题演讲，在业内引起积极强烈反响。

前　言

随着我国高新技术的迅速发展，知识产权运营在市场经济中发挥的作用越来越大。在我国，知识产权法律制度通过20年的发展，专利法、商标法、著作权法等在 Trips 协议的基本要求下逐步完善。现有的知识产权运营，在中国目前，可以说模式千变万化，但都有一个共同的特征，就是知识产权的资本化、商业化。知识产权交易成为各行各业提升自身市场竞争力的主要方式。但由于知识产权运营在我国还刚刚起步，各方面都不成熟，各行业的经营实力和管理水平参差不齐，仍然存在很多问题，有待我们去完善。本书正是从知识产权运营理论与实务开始，全面研究了知识产权战略管理、知识产权许可制度运营、专利运营管理、商标运营管理、商业秘密的运营管理、知识产权资本化和知识产权价值评估、知识产权人力资源管理、知识产权诉讼、典型国家知识产权制度等内容，以此期望与同行共同商榷。

本书由三个作者合作完成。张才琴负责第一章、第二章、第三章、第四章、第六章、第八章、第九章、第十章、第十一章的共30万字的写作。杨熙提供了大量的实务中的案例资料，协助查阅大量的文献资料，并且负责第五章的共1万字的写作。吴开磊做了收集大量文献资料和社会调查资料的工作，查阅了大量的相关法律法规资料，并且负责第七章的共1万字的写作。

还要感谢重庆百君律师事务所律师朱志超同志，他作为张才琴老师的研究生，对知识产权法有很深入的研究。朱志超同志已经发表法学相关论文 7 篇，参加国家社科基金课题和省部级课题等 4 项课题研究。朱志超同志和张才琴老师一起研究本书的写作框架和内容，在对本书的资料收集、起草一些章节的初稿等方面作了很大的贡献，也凸显了他的实力。但是由于作者名额的限制，无法将他作为第四作者排在封面，在此对他表示衷心的感谢！

目　录
CONTENTS

第一章 知识产权运营理论与实务概论

第一节 知识产权运营理论与实务的含义

一、知识产权运营理论与实务的概念

知识产权运营与实务是指知识产权持有人和相关市场实体优化资源分配并采用某些商业模式来实现知识产权的价值。一般来说，可以理解为知识产权变成知识产权货币的过程。所谓知识产权的运用，就是充分发挥知识产权的作用，实现知识产权的战略、经济、法律和社会功能，实现它们的价值。因此利用知识产权是一个广义的概念，包括知识产权的运作。而知识产权的运作主要是指运作方通过一定的方式方法实现知识产权的经济价值的过程。而所谓的知识产权运营是指通过一定的商业运作手段借以实现知识产权商业价值的商业活动，从而实现或提升知识产权的经济价值，使之成为商业资本运营过程中的有机组成部分。

知识产权经营的特征主要有以下三个方面：第一，知识产权经营的目的在于实现知识产权的经济价值。虽然知识产权经营这个概念本身包含着社会或法律等不同层面的含义，但这并不影响知识产权运营的主要方向。知识产权作为一种具有强烈财产权性质的权利，必然也应当需要在当今的商业活动中体现其经济价值，甚至作为一种资本参与到商业运作的过程中去。第二，知识产权经营水平的高低受到从业人员水平的强烈影响。知识

产权经营涉及的范围比较广泛，同时涉及的人员种类也较为丰富。一般来说，知识产权的经营主要涵盖了估价和交易两个大类，包含了许可、转让、融资、产业化、股份定价、专利池整合运作、专利标准化等许多方式，其成功运营之关键是将知识产权作为一种生产要素予以激活。第三，操作主题包括企业、学院和大学等创新主题，以及为供需提供服务的中介和平台。实际上，拥有不同工作背景的不同知识产权工作者对知识产权的运作可能有不同的理解。因此，在科研人员之外，知识产权的交易经纪人作为激活知识产权商业特性的主体也成为知识产权复杂运营过程中的基础。由此观之，知识产权工作主体的差异性可能会导致知识产权运作效果的差异。因此，梳理不同的知识产权经营主体，加深对知识产权经营理论和实践的研究，甚至制定知识产权经营政策，显得十分必要。知识产权经营的意义是知识产权经营的重要组成部分。

二、知识产权战略的意义

在全球经济中，在现代化和对外开放的背景下，实现国家知识产权战略，将是一个长期的历史过程，需要艰苦的积累。只要正确选择和管理，中国在某些方面也有可能实现跨越式发展，即迅速完成西方发达国家需要数百年时间完成的历史任务。具体来说，在21世纪，中国的现代化建设和和谐社会建设需要着力解决以下两个主要问题：一是促进中国经济增长，尽快实现中国从低收入到中等收入再到较高的收入的发展；二是推动当前社会转型，即推动我国社会经济社会快速发展，由农业经济转向工业经济，由工业经济转向知识经济，真正实现经济社会又好又快的发展。国家发展和社会进步的需要也就意味着知识产权应当以更加积极的姿态承担社会经济发展的角色。大量的研究结果表明，在知识经济时代，积极选择在中国实施知识产权战略是我们选择的有效途径之一。

知识产权战略的实施对弥补经济发展的不平衡有所裨益。经历了历次工业革命后，科学技术的创新已经成为当今社会经济发展的重要动力。在我国面临百年未有之大变局之际，在世界各国高新技术领域的竞争愈加激烈之时，可以说，科技创新的重要性怎样评价都不为过。就企业而言，拥有核心技术意味着企业拥有了在商业发展中的核心竞争力；而就全社会而言，科学技术的发明和产业化应用则可以为社会经济发展提供智力支持，同时也是实现不同地区均衡发展的重要途径。一方面，全球范围的激烈竞争提高了不同主体参与竞争的门槛；但另一方面，广泛的竞争也给予不同主体更多脱颖而出的机会。与此同时，社会的快速发展不仅使得科学技术转化为产业生产力成为可能，为技术进步提供了强大的推动力，也给了落后地区更多利用科学技术"弯道超车"的机会。由此观之，保护科技发展、推动高新技术向社会生产力转化不仅有助于我国摆脱"卡脖子"的技术瓶颈，还能够以此为契机，推动生产力的进一步发展。

知识产权战略不仅是最有效的激励投资的机制，也是一种强有力的约束投资的机制。正是因为当今世界各国对私有财产权有着完善的保护机制，繁荣的市场环境和稳定的市场规制机制才会如此稳定地存在。而在当今的市场竞争中，知识产权并非仅为高新技术的代名词，也不仅是科技创新的同义语，更有一种经济体量的扩大和发展的意涵。也就是说，它不仅是企业在激烈的市场竞争中开辟立足之地的矛戈，也是保护企业之利益的强硬盾牌。诚如前文所述，知识产权作为一种权利，其和金融资本以及产业发展的高度融合使得其在当代社会中具有更强的财产权属性。这种财产权的意义不限于知识产权的本身价值，同时也代表着其在商业过程中产生的派生价值，而这种价值无疑是市场繁荣的重要助推剂。由此可见，高新技术研发的竞争已经成为国家间竞争力的重要组成部分，而知识产权作为高新技术背后的重要权利则自有其无可替代的重要作用，知识产权的激发和保护机制正日益成为衡量国家综合国力的标准基础之一。

实施知识产权战略有助于促进中国经济的超前发展。1997 年，美国知识产权出口收入就占出口总收入的 50% 以上。在其他发达国家，知识产权出口的增长速度也远远快于商品和服务的增长速度。这表明，20 世纪末，西方主要发达国家率先进入了知识经济时代。根据当前世界的产业利润分布评估之结果，工业产品约百分之八十的利润掌握在知识产权方的手中，而其他环节的加工主体仅分得较少的利润。以半导体芯片行业利润分布为例，一般来说，在半导体芯片行业中，能源原材料支出费用和设备设施支出费用不足商品价格的百分之十，工人工资仅占商品价格的百分之六左右，其余费用几乎均可视为知识产权权利主体所获利润。而在这些知识产权权利主体所获利润中，大部分又都转移给了上游技术开发方。可以说，芯片的价值在相当程度上体现为其背后的知识产权的价值，而当它被应用到工业产品中时，芯片的价值又表现为国家核心竞争力之一，决定了世界产业链在不同国家的上下游分布。这时候，知识产权的价值量就变得相当庞大以至于难以计量①。

三、知识产权的功能

在当前的经济社会发展过程中，知识产权的作用不可小觑。它不仅代表着企业的核心科技及竞争力，同时也在商业模式的不断变换中成为企业的重要经济竞争力之一。知识产权不仅可以在商业运作中成为企业的交易资源，同时也可在资本运作中得到价值的充分发挥，并且使这种资本进行增值，不断增强商业运作的效能。

企业重视知识产权的发展主要有以下三个方面的现实意义：第一，有助于提升企业的研发能力，增强企业在技术快速更替的时代的核心竞争力；第二，有利于进一步完善企业构架，特别是完善知识产权领域的制度设计，开拓自身发展前景；第三，有助于合理的企业资源配置，提升经济效益，找寻新的企业利润增长点。

华为的知识产权经营可以说是企业最成功的案例。华为的知识产权经营特点：第一，知识产权是企业的核心竞争力，每年产品销售收入中不低于10%要用于研发和技术创新，保持必要的知识产权参与市场竞争能力；第二，标准专利战略，积极参与国际标准的制定，将自身的技术解决方案推广到标准中，积累基础专利；第三，在遵守国际知识产权规则的基础上，能够灵活掌握规则制定的内在逻辑，能够在此基础上利用交叉许可等方式解决知识产权的运作过程中产生的问题；第四，推动企业竞争，并通

---

① 阚秀玲：《大力实施知识产权战略加快提升我省核心竞争力》，《黑龙江省社会主义学院学报》2011 第 2 期。

过企业间合作的方式尽可能消除企业间存在的竞争壁垒，从而达到双赢的目的。当我们回顾华为的发展历程，就会发现，今天的巨头通信供应商是由当初的一个小小的通信产品代理商发展而来的。尽管在国际化的过程中屡败屡战，但最终在国际市场上站稳脚跟。华为以农村包围城市的策略，轻易地占领了国内发展市场，第一个目标就是毗邻香港的深圳。经过六个多月的努力，公司从一个小公司逐渐做大、做强。

随着通信技术的高速发展，自 20 世纪 90 年代以来，中国通信市场经历了十年的高速增长。而当时间进入 21 世纪之后，我国的通信市场增长速度也逐渐放缓。从 1996 年到 2000 年降了 24.9%，2002 年又降了 2.1%左右。当时华为的旗舰产品，如交换机、接入设备等曾经拥有超过 30%的国内市场份额，但华为一直在思考，一旦进入国际市场，企业将要做什么。1996 年，尚且年轻的华为公司确立了全球化战略，决定以宽带交换机为龙头产品，进入国际市场。然而，这一切并没有那么简单。对于当时的华为而言，在技术之外，对国际市场的风险未知是他们面临的最大挑战。与此同时，其他国家的公司对中国通信制造商也可以说是一无所知。此时，相互间的不了解带来的是境外公司对华为的不信任。在这种环境下，华为选择南斯拉夫、俄罗斯、巴西等国家的公司作为他们的主要目标群体。然而，即便是这样，打开市场的过程仍然困难重重。当时，销售人员几乎是两眼一抹黑，他们到达当地之后必须先解决自己的生活问题，然后再去寻找客户，并按照客户的要求改换设计方案。在俄罗斯经济下滑的情形下，许多厂商由于丧失了对俄罗斯市场的信心而纷纷离开了俄罗斯。当时的华为在面临着尚未得到俄罗斯方面的公司的认可的情形下，未丧失对俄方市场的信心，尽力获得对方公司的信任。最终，坚持到最后的华为公司不仅赢得了客户的信任，也取得了市场份额占有率的成功。1999 年，逐步取得了客户认同的华为公司迎来了其在国际市场的第一单生意，在此之后，获得了"由 0 到 1"成功的华为公司在国际市场上迎来了高速的发展时期，遂又取得在也门和老挝的竞标胜利。国际版的华为国际化战略围绕农村城市的主要路线，与农村包围城市的国内路线相似的是，在产品赢得了发展中国家的认可后，华为又逐步将产品推向通信技术较为先进的发达国家。

如何在国际市场网络上进行全球研发，成为对华为最大的考验，但华为做到了，并且做得很好①。到 2001 年，华为为了在国际市场上一举成名，国外市场销售收入超过 3 亿美元，除了欧美市场，拥有先进技术和低廉价格的华为通信产品在发展中国家可称得上是遍地开花。后来华为开始正式进军较为成熟的欧美通信技术市场。这不仅是因为这些成熟的市场占全球市场份额更大，而且各大电信巨头也都在传统领域，原来的跨国公司以前眼中看不到华为的存在，然后慢慢感觉到华为会给他们带来威胁，对华为做一些战略遏制和经济上的压制，以压制华为在全球市场的发展。然而，对于华为来说，这种打压并不能阻止其发展。2001 年，任正非曾经用如此热情的话语来激励员工进军海外市场，"战场般的市场，这是一个不变的规则"，但是在那些年为了能让更多的客户了解华为，了解其产品水平和企业文化，在海外的激烈竞争中，华为选择了一种相对较为原始的公关方式。他们邀请海外运营商对位于中国的华为公司进行访问，从而增强了对方对华为公司的信任和了解，例如专门为华为设计的广告，通过最少的商业总监场景、最多的商业游戏，赢得了发达国家客户的理解和尊重，华为在国际市场上迈出的脚步是坚实的，他们认识到，投机取巧并不能为公司赢得长期的发展机遇。经历了初期漫长的积累，如今的华为已经在欧洲、中东、拉丁美洲等地区设立了六个地区性的总部和共计 32 个分支机构。在国际化的过程中，华为选择与外国公司合资，譬如与日本电气股份有限公司（NEC）组成的合资企业，以及与松下公司推行的重点合作项目，等等。由此观之，华为之所以能有今天的成功，除了公司员工身上具有的坚持不懈的企业精神之外，华为公司早在二十余年前即订立下的知识产权战略显然为公司今后的长足发展提供了最初的原动力。而在高度重视知识产权的今天，合理的知识产权战略显然对企业的发展具有特别的积极意义②。

---

① 唐元恺：《华为的国际化之路》，《中国电子商务》，2004 年第 7 期。
② 刘启诚：《华为全球化的十年艰辛》，《中国中小企业》，2004 年第 12 期。

第二节　知识产权运营主体和方式

一、知识产权运营主体

知识产权运营主体分为以下三类。

第一，既是创造者，也是运营者。包括企业、大专院校、科研机构等。

第二，不是创造者，但是运营者或是服务者。包括运营专业组织、运营服务平台、运营服务机构。

第三，经济技术运营组织。包括：

（1）营业利益的组织。一些国有投资公司、基金和贸易经营机构在开业时收到了大量的启动资金或经营费用，由于初始业务规模小和人员数量少，这种创业投资可以通过存款、信托、贷款和其他财富管理收益赚取较多收益。这种运营方式风险极小，运营主体也不需要承担过大的责任。特别是在当今严格的追责机制下，这种运作方式愈发受到青睐。

（2）营业租金的组织。许多机构在面临运营困难时，通过租赁不动产并获取租金的方式弥补营收缺口，并维持企业的正常运转。

（3）运营登记或投资本金的组织。该组织活动的最终结果是，由于缺乏持续的利润支持，注册资本或投资本金不断被消耗，这使维护变得困难，甚至人力资源也被消耗，变成空壳公司或被清算。

（4）大学毕业生为母校进行输血的组织。许多大学和研究所拥有的机构大多是内部机构，其组织者提供运营资金、办公场所、人员。这类机构，特别是内部机构，生存压力很小，是否获得利润不是优先考虑的问题，在操作的早期阶段尤其如此。

（5）经营其他业务的组织。许多机构对知识产权领域的经营业务的开展并没有详细的规划。很多机构的知识产权服务利润来源于以咨询和代理为代表的传统服务业务的收入，更有甚者以非知识产权领域的盈利来支撑知识产权领域业务的发展。这当中也包含诸多以市场为导向的知识产权运营机构。可以这样讲，这类情形是知识产权机构，特别是新近成立的知识产权运营机构的现实状况。

（6）知识产权运营造血功能的组织。目前，无论是什么样的企业或什么样的组织，其造血功能实际上都取决于知识产权经营业务。

这些知识产权组织分类，不同的主体、不同的角度，运营目的是不同的。

第一，工业化的实施。有些人认为知识产权的运用目的是工业化，因此工业化不应被归属为知识产权。然而，创建和实现有时并非浑然一体。在这一点上，不同主体对"实现"一词有着不同的理解。譬如，在专利业务中，工业化的实施可以被分为技术转型和专利技术创业，目的是实现产品技术。服务转型是技术商业化的过程，是知识资本市场价值的实现。对于企业、大学、研究机构和其他运营实体，知识产权的产业化包括内部实施、外部实施以及内部和外部合作。对于企业来说，由于知识产权的多重目的，再加上知识产权的有效性和技术的迅速发展，企业在实施技术产业化时应优先考虑具有更大市场潜力的核心技术。实施过程中，在现代市场体系下，任何企业都不能在不被允许的情况下实施该技术。

第二，以贸易为导向的贸易流通。这是知识产权运作的基本方式。这类运作方式主要包括许可、转让和技术进出口等。其中，就许可来说，单向许可和交叉许可是许可的两种基本类型。

就转让来说，转让针对的是权利主体不实施的专利，转让的同时还会发生产权的转移；就技术进出口来说，技术进出口往往和知识产权服务同时发生，其流通往往需要一定的交易媒介，如知识产权（技术）交易所或交易会等等。或通过网站进行交易，或通过技术经纪人、中介机构等进行交易。通过各种贸易方式实现知识产权流通，无疑是发现知识产权价值的过程。像其他生产要素（例如人与财产）一样，知识产权要素也只有在流动时才能提高生产率。

第三，知识产权货币化。知识产权货币化是知识产权价值金融化的直接表现，主要包括知识产权投资和知识产权融资两大类。所谓知识产权投资，是指将知识产权作为资本进行商业投资。而知识产权一旦被资本化，其不仅可以降低投资的财务压力，同时也可以使得公司在进行无形资产核算后合理摊销成本。同时，资本化的知识产权可以经由一定的规则进入证券市场，从而能够改善企业、特别是中小企业融资难的问题。但值得注意的是，其无论是被用来设立新企业，还是为现有的企业进行注资，均应当按照一定的程序规则进行价值评估。

二、知识产权运营方式

知识产权运营方式主要有以下十种。

第一，许可。以专利为例，专利授权的客观条件之一是要求技术的可行性，即权利所要求的技术方案必须能够在实践中实施；但是专利权的实质是排他性的，也就是说，经专利权人的许可从而获得合法的专利权是实施专利的基本前提。这也就是许可存在的正当性原因。许可证是当前运营市场中的主要运营形式。特别是，专利权人和其他权利持有人将使用专利许可证。

第二，转让。以专利为例，除了许可这种经营方式之外，转让也是为技术进出口贸易所经常用的知识产权的重要经营方式。在资产并购中，特别是在制造业的资产并购活动中，这种经营方式非常常见。

第三，投资。以专利为例，专利权人使用专利的权利可能有限，公司或其他组织形式筹集资金并将专利采取相应的股份或财产份额作为投资。

第四，融资。融资形式现在一般采用两种形式：①质押融资。在国内，比较普遍的例子是注册商标专有权质押融资。质押注册不乏案例，其中商标专有权可以获得数千万元的授信。②信托融资。在欧美知识产权和金融资本运作更加成熟的国家或地区，信托系统更加成熟，知识产权信托系统已经具备了相对较为完善的运作机制。但在中国，这一制度的构建仍不完善。2000 年 10 月，在信托法颁布前夕，武汉国际信托投资公司（现更名为方正东亚信托有限责任公司）引入了知识产权信托业务。但由于当时制度尚处初创期，故这项业务在当时的开展并不顺利。在当今知识产权信托发展的不可逆趋势下，相关制度的构建也必然会在各方市场主体和有关机构的共同努力下逐步完善，信托市场也会逐渐成熟起来。

第五，金融资产证券化。知识产权（IP）资产证券化已经成熟，知识产权和金融发达的地区，例如欧洲和美国。但是在国内，仍处于市场培育阶段。2013年3月15日，中国证券监督管理委员会颁布了《证券公司资产证券化业务管理规定》。2015年3月30日，国家知识产权局就进一步推进知识产权金融服务工作发布了意见。上述规范性文件消除了知识产权资产证券化的体制障碍。由此观之，如若能够妥善解决资产评估问题，那么中国知识产权证券化的进程也会由此得到加快。

第六，专利挖掘和布局。包括地毯式、阻隔等布局模式，主要是建立专利池、专利联盟。美国在这方面处于前列。不过，在美国市场，欧洲、日本、韩国和中国台湾的一些机构也相当活跃。以专利为例，一是以研发为导向、以销售为导向的纯研发机构，如各高校的技术转让机构，具有专利许可或以转让为生；二是掌握其自行研发、合法取得的专利技术，并以专利许可销售为生；三是通过购买专利而取得合法的专利权后，通过起诉其他市场主体侵犯其专利权，进而要求较高数额赔偿金；四是召集大公司筹集资金，然后收购小企业或个人的专利，由大公司、3C和DVD 6C联合成立专利池组织。事实上，几乎所有适合制定技术标准的技术都有这样的组织，如蓝牙、行动热点（WiFi）、近场通信（NFC）、安全数码卡（SD卡）等。这种组织不仅拥有专利，还积极申请这项技术的商标和版权保护。在立体经营中，不仅收取许可费，还收取入门费、认证费等。

第七，企业的知识产权管理。包括企业内部围绕知识产权运营的人财物的管理、运作模式的管理、市场效益的管理等。

第八，知识产权战略。依据主体不同，知识产权战略的基本内容可以划分为政府的知识产权战略和企业的知识产权战略，而企业的知识产权战略中又包括商标权战略、著作权战略和专利权战略。

第九，解决纠纷的司法制度的设立初衷在于救济权益受损的一方，而非诉讼制度的运作本身。将诉讼作为一个产业，以此为基础牟利，违背了原有的经营逻辑，这与专利流氓参与诉讼的本质是不同的。无论你身在何

处，在经营中做什么，都要先生存。只有生存，才能求发展。所谓法律维
权是指一种通过诉讼等司法手段进行维权，从而保护权利人合法权益的方
式。由于知识产权本身涉及极为复杂的技术性知识和法律关系，因此通过
法律维权方式成功维权的技术性难度较大，一般中小企业很难应对。而对
于大型公司来说，由于其有完善的专利保护法律队伍和专利组合，因此他
们在维权时往往有一定的优势。但维权法律规则运营状况的好坏并不完全
取决于企业，法律运营环境对此也有相当的影响。一般来说，良好的法律
环境有利于知识产权维护制度较好地运营，同时也能够使得市场各方主体
在法律体系中得到更为公平的对待。

第十，知识产权领域的国际保护，其内容包括知识产权领域国际组织
的设立、对知识产权领域进行规制的国际公约和知识产权领域的国际争端
解决机制①。

总之，知识产权包括专利权、商标权、著作权、商业秘密等。对知识
产权经营的简单理解是将知识产权转化为现金，这种理解非常狭隘。一般
来说，这种商业运作行为包括但不限于许可、转让或融资在内的诸多知识
产权经营方式；知识产权运作不是简单的转让、许可、授权，而是资本化
和其他允许知识产权直接获得商业价值的操作模式②。例如，一家公司永
远不会将其核心技术转让或许可给他人，在知识产权运营方面拥有更多经
验的公司通常从本行业开始，并着眼于世界。在保持自身核心竞争力的前
提下，根据企业自身的需求，与同行合作，交叉许可，可以为企业获取有
用的知识产权。在此基础上进行进一步的研究开发，形成自己的知识产
权，不断改进现有产品，开发新产品以促进整个行业的发展。许多权利持
有人都将知识产权保护视为自己的权利保护方法之一，以图片库的版权为
例，一些公司将图片的版权保护作为自己的商业模式。多年来，他们已经
形成了一套非常完整的操作程序。首先发现对微博、微信公众号等的侵权

---

① 姜冠群：《企业国际化进程战略风险要素评价与应对措施——以 CC 公司和华为公司
为例》，硕士学位论文，南京：南京财经大学企业管理，2014，第 142 页。

② 杨会娟：《企业并购中尽职调查及知识产权风险的规避：以专利为视角》，《法制博
览》2018 年第 10 期。

事实，再收集证据，即哪些公司正在使用其图片；其次是发送信函，进行谈判；最后是诉讼。

作为一种商品，知识产权有多种转化形式，商业组织和运作方式也多种多样，但我国现在并不多。我国知识产权保护的力度正向强势保护过渡，相信不久的将来，知识产权的运作也会迎来一个繁荣的市场。

第三节　案例分析

一、iPad 的成功

成立于 1977 年的苹果公司是当今世界上最负盛名的电脑生产商，创造了一大批有着显著的核心科技优势的便携式电子设备。它所生产的系列电脑产品不仅引领了个人电脑使用的新观念，同时也成为科技创新的行业标杆。基于此，苹果公司也成为当今世界上少有的既具备核心科技研发能力，又具有强大产业生产能力的科技公司之一。苹果公司的成功一方面得益于其创造出的新的商业模式，另一方面，技术的快速发展和成熟也为 iPad 的成功奠定了重要的技术基础，譬如，以闪存为代表的高容量的储存技术的成熟、互联网技术的成熟和宽带设备的广泛应用均为 iPad 的出现奠定了基础。仅在 iPad 问世的几年前，微型硬盘的发展尚不成熟，完全不足以支撑高储存量的移动设备的出现。所幸，株式会社日立制作所（日立公司）在接手国际商业机器公司（IBM 公司）的硬盘业务后，成功改进技术，设计出了小尺寸的微型硬盘。而苹果公司恰在此时成功利用该项技术，将其运用到移动设备的设计中，成功推出 iPad 系列产品。

iPad 的成功之处有以下六点。

（一）占领市场的高招——技术与客户

技术发展水平和对客户需求的满足程度都会在相当大的程度上影响产品市场。抓住科技创新的发展节点是苹果公司创造出便携电子设备的前置条件，成为技术对市场的影响。但同时，科技公司是否满足了客户的服务需求，抓住客户心理，则决定了高新技术是否能够恰当地运用到产业生产当中。此处以 Mac 系列电脑为例。由于苹果公司较高的研发水平和杰出的设计，其产品一直得到广大用户的青睐。但有时新品推出时机的不够恰当，或是产品在设计上与用户需求存在差距也会使有着稳定用户群体的 Mac 遭遇销售上的滑铁卢。因此，在技术之外，厂商能否准确地把握用户需求，并依此整合技术资源和资本资源，确定商品研发方向，则是决定市场对产品反馈情形的重要影响因素。

（二）iPad 对音乐行业的改变

在科技发展的影响之外，苹果公司产品的运营方式也受到了消费者消费习惯的影响，并反过来重塑了产业运作模式。随着存储方式的发展，供消费者个人使用的随身音响设备由随身听（Walkman）发展为光盘（CD 机），后又发展为随身硬盘。苹果公司敏锐地注意到了这个变化，遂创造了 iTunes 商业模式。所谓 iTunes 商业模式，是指一种以苹果播放器（iPod）为设备载体，通过苹果系列产品线上商店实现对 iTunes 软件的广泛应用，从而使用户能够享受到由苹果公司构建的无缝衔接的音乐体验模式。苹果公司产品的高市场占有率和无缝衔接式的模式使得该商业模式迅速取得了成功，并颠覆了传统的音乐产业模式，将大量的竞争对手甩在身后。这一商业模式使得 CD 的销量下降了近 20%，同时也改变了音乐行业的知识产权利润的分配方式，使著作权人的版权费由分散获取转化为由 iTunes 机制统一分配。

（三）养肥羊战术

当我们对苹果公司 iTunes 商业模式进行梳理时会发现，苹果公司的目的并非仅仅培育一个由音乐发烧友构成的小众市场，而是一个由所有电子设备潜在用户构成的大众市场。我们可以看到，在以 iPod 为核心的音乐生态系统推出的前三年，苹果公司放任用户对 iTunes 的使用，从而获得较高的用户粘连度。而当这种数量庞大的用户市场形成后，苹果公司才开始对 iPod 的周边应用产品收取使用费。这种产品推广方式在当今的商业运作中非常多见。与之相似的还有亚马逊（Amazon）网络书店的运营方式。亚马逊公司同样选择了先铺开网络书店的"摊子",待积累了一定的用户数量后再对竞争对手开展知识产权诉讼,从而达到企业成为领域龙头的目的。就国内而言,美团外卖、哈啰单车等企业在商业扩张中几乎都采取了这种"养肥再杀"的模式。而且,网络时代信息的高速传播也进一步加快了这种资源聚合的速度。

由此观之,企业,特别是科技企业,在进行知识产权的运作时,常常选用这种"养肥再杀"的模式。因为目标市场的培育需要一定的时间,而知识产权的价值往往也需要在广为社会公众接受的产品上体现。也因此,唯有市场形成,才能够计算相应知识产权由此产生的知识产权产品的价值。

(四)技术以外的经营技巧

正如 iPod 的成功中所表现的那样,技术创新并非商业运营成功与否的决定性因素,唯有以技术创造出广受欢迎的产品,才可称得上是产学研成功结合的过程。因此,技术创新并不完全等同于发明和科技的意涵。这也就进一步提示我们,商业运营成功与否并不完全取决于技术,企业经营者应当知道如何利用知识产权创造出具有较高价值的商业产品。

(五)三个概念的区别

技术并非决定产业成败的唯一因素,而这恰巧能够印证针对美国风险投资公司的相关统计数据。该数据显示,自 1950 年到 2000 年五十年间,只有不到 10% 的创业公司最终取得了成功。正如美国风投业的那句话所说的,好的创意只能带来不到千分之一的几率的成功;好的创意和优秀的商业计划则会带来约百分之一的成功;而好的创意、优秀的商业计划和人才则会带来约十分之一的成功。关于人的问题,郭台铭曾有一个"人材、人才、人财"的论述。所谓"材"是指未经雕琢的木料,这里郭台铭以此借指没有企业运营才华的,或者是未经雕琢的人;而"才"则是指能够有益于企业发展的人才;"财"则指的是经由商业运营的锻炼,能够为企业带来经济效益的人。虽然只有短短六个字,但是它却言简意赅地指出了"人"对企业运作的重要性,而"人"也是决定作为商业运作中一环的知识产权运作能否成功的重要因素之一。

（六）专利的价值

拥有先进的专利是科创产品成功的必要条件，但企业并不是只要掌握专利就能够取得商业领域的成功。这是由于知识产权的产业化本身就是一个巨大的飞跃。根据麻省理工学院的统计数据，专利技术向专利产品的转化率普遍低于6%，而这一数字也与美国创业公司的存活率十分相近。这也就说明，专利的价值应当得到正确的认识，但却不能被过分高估。毕竟，决定商业成功与否的因素尚有很多，而技术创新只是其中之一。

二、优盘之父朗科的崛起

1999年，世界上第一代移动储存设备诞生。研发公司深圳朗科科技公司将这种移动设备命名为"优盘"，并开始申请专利权。与此同时，市场上出现了大量的同类产品。在国内，加入这个新领域竞争的企业即有二百余家；在国际市场上，包括金士顿、索尼在内的巨头也加入了这场肉眼可见的涉及未来市场主导权的争夺战。至2002年，朗科公司凭借优盘产品即创造了2.5亿元的销售神话。显而易见的是，在优盘这种体积小、容量大的便携储存设备的冲击下，以软驱为代表的传统储存设备几乎没有任何发展前景可言。在这场由国内新生公司和国际巨头进行的市场争夺赛中，知识产权的归属无疑是决定比赛最终结果的决定性因素，这使得一方能够获得法律的支持，并获得优盘产品市场背后可观的经济利益。在获得专利权之前，得益于其较早的专利申请行为，朗科公司对优盘的权利已经获得了一定程度的法律保护。因此，朗科公司以知识产权诉讼的方式向深圳华旗公司、日本索尼公司、美国必恩威（PNY）公司索赔，并获得总额约数千万美元的赔偿。随后，金士顿、PNY、索尼等公司选择与朗科公司展开合作。2002年，朗科公司就优盘在中国正式取得专利权；2004年，其又在美国于相同范围内取得专利权。专利权的取得为朗科公司此后巨大经济利益的取得奠定了基础。2006年，朗科公司就优盘技术取得了新的成就，解决了其被电脑系统自动识别的问题，而这项技术也成为移动储存设备打败传统储存设备的最后一根稻草。至此，占有领先位置的技术水平和完善的知识产权主体地位使得朗科公司成为移动储存设备领域当之无愧的开山鼻祖和龙头企业。除产品销售收益外，专利转让收益和专利诉讼胜诉获赔收益同样构成朗科公司收益的主要组成部分。2009年12月，朗科公司采用首次公开募股（IPO）的方式向公众公开招股。招股成功后，朗科公司的创始人邓国华持有市值约2亿元的股份，同时，朗科公司创始团队成员之一的成晓华也持有价值约1.4亿元的股份。

朗科的成功可以给我们一些什么样的启示？

（一）重视专利申请

所谓"在权利上睡觉之人通常不会为法律所保护"即是此意。试想，若朗科公司在专利申请之事上退却了，虎视眈眈的国内公司和国际巨头自会迅速填补市场空缺，那么朗科公司自然难以获得其相应的受到保护的法律地位，其后续的相关领域的开山鼻祖的地位自然也就无从谈起。可以这样说，专利申请意识是后续其他一切法律地位和经济利益产生的基础。

（二）开拓海外市场

在当前生产要素跨国境流动的背景下，商品的流动也跨越了传统的国内市场。特别是对电子产品而言，其高新技术的强烈属性使得掌握尖端技术的企业往往占有国际相关市场的统治地位。我们可以看到，在朗科公司的案例当中，其对海外的专利权的掌握使得它在国际市场上也占据了相当的主动权。特别是在后续的知识产权的诉讼中，朗科公司以其合法掌握的专利权打败了日本索尼公司、美国PNY公司等国际巨头，并以此获得了巨额赔偿，同时，也获得了上述行业巨头同其的合作。

（三）专利布局的重要性

在本案例当中，朗科公司围绕其研发的优盘产品进行了多项专利技术的申请，显而易见的是，这种安排从根本上阻断了其他竞争主体通过钻法律的空子的方式打擦边球的可能性，从而对朗科公司的专利技术给予了充分的保护，也为朗科公司后续的技术创新和收益奠定了法律基础。

（四）知识产权资本化

知识产权资本化的形式有很多种，证券化是其中一个重要的方式。回顾朗科公司的知识产权证券化过程，我们就会发现，其创始人巨额财富的掌握在很大程度上始于朗科公司上市招股的成功。此外，知识产权资本化的成功运作也会使知识产权转化为一种资本为企业发展所用，有助于公司资本灵活运作。

　　然而，由于后续技术研发乏力，朗科公司并没有将科技传奇延续到今天。2019 年 11 月 15 日，朗科公司的优盘专利失效。也因此，朗科公司失去了由优盘专利带来的巨额专利许可使用收益，而这也是在专利失效前朗科公司最主要的收益来源。专利虽然失效了，但朗科公司获得的第十五届中国金奖专利证书仍然被陈列在国家知识产权局的展厅中，向人们诉说着一个由科技创新和专利保护带来的传奇。朗科公司塑造的传奇虽然落幕，但是它带给我们的启迪却没有过时。一个科技创新企业若想在市场竞争中立足，不仅需要有先进的科技水平，同样还需要通过法律对其享有的知识产权进行保护，这样才能将企业在技术上的优势转化为在发展上的优势。

三、麦当劳的特许经营机制

　　所谓特许经营是指某种产品或品牌等的所有人以合同的方式将其所有的产品或品牌的经营和使用权授权给其他经营者的一种运营模式。在特许经营中，产品或品牌的经营者为特许人，被授权的经营者为受许人。受许人在经营中需要遵循特许人建立的经营标准和经营模式，并向特许人缴纳一定的费用，从而维持企业的经营水平和运营模式，达到壮大企业的目的①。

　　麦当劳王国的特许经营道路不是一蹴而就的。1961 年，麦当劳连锁王国的创始人雷·克洛克说服麦克唐纳兄弟将餐馆转让给自己之后即开始着手建立麦当劳连锁店。从规范销售运营模式到把控生产环节，再到完善商业模式，他在吸收了其他企业特许经营的经验教训之后，在实践中不断摸索和完善，并一步步建立了当今的特许经营制度。麦当劳迅速取得了巨大的成功。1978 年，麦当劳已有超过五千家店面。而今，经过了几十年的发

---

　　① 丁亮：《麦当劳的经营理念》，《合作经济与科技》2002 年第 4 期。

展，麦当劳的门店遍布全球一百余个国家和地区，成为几乎尽人皆知的品牌。除此以外，麦当劳所代表的简便快捷的快餐经营理念也迅速为世界各国所接受。麦当劳的成功经验是：

（一）管控特许经营权

麦当劳有着一套对加盟商的严格考核机制，认同麦当劳的经营方式和经营理念是最基本的原则。具体到考核标准上，麦当劳还要求加盟商具有丰富的经营经验和出色的管理技能。除此以外，门店的选址对经营的成功与否也会产生巨大的影响。麦当劳公司要求，只有位于人口达一百万以上的城市的加盟商才有可能获得特许经营权。在满足上述诸多要求之外，加盟商还需要接受为期九个月的培训，以满足麦当劳公司规范生产经营的要求①。

（二）规范供应系统

麦当劳有一套规范的产品供应系统。加盟商并非直接从总部购买食品原料，而是与专门的食品供应商签订协议，采取货物分销的方式由专门的供应商供给原料。此外，麦当劳也有一套独立而完善的物流服务体系，以满足其原料供应的需要。比如，上海莱迪士食品有限公司是麦当劳在中国的蔬菜供应商，上海怡斯宝特公司是麦当劳的汉堡面包的供应商，而夏晖物流则是服务于麦当劳的专门物流公司。

（三）稳固合作关系

若想要和受许人建立稳固的合作关系，则需要注意以下几个方面的内容。首先，和受许人树立一致的目标。可以说，特许经营人和受许人双方代表的都是麦当劳公司的形象，因此，双方的目标并不仅是获取更多的利润，还有共同促进麦当劳品牌的进一步发展，而只有麦当劳这一品牌在大众当中更有号召力，双方才能达成获利的共同目标。因此，麦当劳建立了一套完善的经营管理制度，从一线员工和受许人两方面入手，共同提升麦当劳的服务品质和竞争能力。一方面，麦当劳对运营表现出色的受许人给

---

① 石江菲、余奎：《麦当劳特许经营机制分析及启示》，《技术与市场》2013 年第 3 期。

予奖励和经营更多门店的机会；另一方面，对在经营中出现困难的受许人，麦当劳通过对其经营状况提供咨询意见和员工培训对受许人予以帮助。其次，建立有效的运营规范制度。麦当劳公司建立了统一的采购机制、统一的配送机制、统一的管理机制和统一的规范服务机制，这种有效的运营规范制度使得数量庞大的麦当劳门店均能够向消费者提供优质规范的服务。可以看出，麦当劳公司在运营中既设定了规范的服务标准来保障麦当劳的服务品质，同时也重视发挥加盟商的积极性，从而建立双方稳固的合作关系，使得双方能够为麦当劳的发展壮大而共同努力。

（四）管理系统中心化

科学的中心管理系统是麦当劳公司能够在几十年的竞争中经久不衰的原因之一。诚如前文所述，适度分权的管理模式既避免了由权力过分集中在总部手里而产生的经营僵化的现象，同时又避免了总部对加盟商管理失序。这种相对科学的管理模式在麦当劳的运营中随处可见。譬如，总部规定统一的食品制式、负责统一广告宣传，这样极大地节省了各个分店的食品制作成本和营销成本。此外，麦当劳还通过完善的信息分析系统对门店的经营信息进行总体的分析，从而灵敏地把握市场动态。这样，不仅大大降低了各门店的营销成本，也使麦当劳公司在经营中更具整体性，从而更好地发挥麦当劳公司在竞争中的大体量优势。

可以说，特许经营既保留了某些公司巨大体量的优势，同时又降低了公司的市场管理成本，具有较强的市场渗透性。这种经营模式已经在多个行业，特别是在餐饮行业中取得了令人瞩目的成就。

四、中国专利敲诈勒索第一案

2019 年 10 月 8 日，关于正当维权还是专利流氓，引发了一场舆论战。申请了 600 多件专利的"发明大王"不仅被指控为"专利流氓"，还因为被指控犯有敲诈勒索罪，一审被判处 4 年 6 个月的有期徒刑，并被处以 5 万元的罚金。

案件的经过是这样的。根据经办本案的上海市公安局披露的信息，自 2009 年起，李兴文以自己经营的公司作为专利权人向专利管理部门申请了

600 余件专利，而这些专利大部分也没有什么技术含量，多数也没有投入实际的生产经营中去。他以模仿其他品牌设计申请的专利为基础进行专利侵权诉讼，一旦发现有其他企业侵犯或可能侵犯自己公司享有的专利权，他就向人民法院提起诉讼。事实上，李兴文的公司并没有什么实际经营业务，其公司营收大部分来自诉讼获赔。自 2015 年到 2017 年三年间，李兴文以本方法自四家企业处获利 116.3 万元。2019 年，上海市浦东新区人民检察院以敲诈勒索罪向人民法院提起公诉。大概所有人看到这里都会问，李兴文是谁？如果单从李兴文大学时期的表现来看，他就是"别人家的孩子"。在大学期间，李兴文即以发明著名。他发明的"循环自过滤水族箱"摘得山东省科技协会奖，并成功地申请了实用新型专利。除此以外，由他发明的交叉折叠自行车、新型冲水箱等也让他在当地小有名气。学校特别为他提供了一间实验室，专门让他去做试验研究。2007 年大学毕业以后，李兴文光荣地成为一名沪漂，找了一份专利撰写的工作。两年之后，工作表现突出的他开始自主创业。他注册了多家公司，主攻科技研发和知识产权服务方向的业务。直到 2017 年，李兴文前前后后一共申请了 1000 多件专利，有 600 多件专利被授权了，每年光专利维护费就得 10 万块。但是 10 万块相对于每年靠专利盈利 400 万的李兴文来说，根本就是九牛一毛。根据李兴文的供述，他的公司收入来源主要就是技术许可和代写专利，要么就是通过诉讼。2016 年到 2017 年两年间，他以侵犯专利权为案由发起了数十起诉讼。当然，李兴文并不是什么企业都起诉，他常常会选择行业的龙头企业。他曾经就起诉过微软公司，并获得了 30 万美元的和解费。

2017 年 3 月，李兴文开始"交锋"掌阅——数字阅读平台的一哥。李兴文找到掌阅公司管理层，称掌阅公司侵犯了他两件专利。但是双方就损害赔偿数额并未谈妥。随后，李兴文以其掌握的公司的名义向人民法院提起诉讼。此时，掌阅公司正在开启 IPO 上市征程，李兴文也正是看准了这个时间节点，发起的诉讼。诉讼期间，李兴文又找到掌阅公司进行详谈，但是依然没能谈妥。结果李兴文因为证据有瑕疵，选择了撤诉。撤诉不代表着放弃，几个月后李兴文又以相同的原因向上海市知识产权法院提起了诉讼，说是自己又取得了新的证据。开庭之前，他再次找到掌阅公司进行和谈，这次算达成了统一意见，掌阅公司支付了 80 万元的专利许可费，李兴文也就撤诉了。但是李兴文发现了掌阅公司在协议中的两个漏洞。掌阅公司以普通许可的方式获得了专利的许可使用权，但是，合同中并没有约定掌阅的客户，也就是预装掌阅手机软件（App）的手机商也可以使用该项专利。协议中没有保证，许可给掌阅公司的专利，在此之前未许可给他人。然后李兴文对掌阅发起了第 3 次诉讼，称掌阅公司违约，还把掌阅的客户也连同起诉了。李兴文以自己名下的科斗公司的名义和弟弟李兴武名下的步岛公司签订专利许可协议，谎称步岛公司已经先于掌阅取得了专利的独家许可使用权。但实际上，步岛公司就是由李兴文控制的。发起诉讼之后，李兴文还让弟弟的媳妇，以步岛法人的身份向中国证监会进行了举报，披露双方的专利诉讼。我们都知道，企业 IPO 期间一旦涉及专利诉讼，很有可能上市计划直接被叫停。掌阅公司方面无奈，只好再次和李兴文坐到谈判桌前。掌阅公司只好再向李兴文支付 80 万元，不过这次掌阅想清楚了，先支付 10 万，剩下的尾款上市之后再进行支付。也正是这 10 万块钱，给李兴文兄弟带来了牢狱之灾。浦东法院认定这一事实构成敲诈勒索罪：被告人李兴文、李兴武出于非法占有的目的，制造本人知识产权受损的假象，通过起诉等方式对被害人加以威胁，使得其产生恐惧心理，从而达到被告人向被害人索要财物的目的。在本案中，被告人实际获得钱款 10 万元，构成敲诈勒索罪。

上海浦东检察院提起公诉称：被告人……以专利权诉讼影响企业生产经营、上市、融资等为要挟，通过与被诉方签订专利实施许可合同、和解协议等方式，迫使对方支付钱款，从而换取被告人撤诉或不再主张专利权。被告人以专利实施许可费、补偿款等诸多名义向被害单位索取 216.3 万元赔偿，后实际得款 116.3 万元。该案被媒体称为"专利权敲诈第一案"。

2019 年 9 月，上海市浦东区人民法院一审判处被告人李兴文 4 年 6 个月的有期徒刑，并处 5 万元的罚金；判处被告人李兴武 2 年的有期徒刑，并处 2 万元的罚金。

李兴文、李兴武不服一审判决，提起上诉。2019 年 10 月 27 日，上海市第一中级人民法院经过审理，作出二审判决，裁定驳回抗诉、上诉，维持原判，该裁定为终审裁定。至此，李兴文、李兴武犯敲诈勒索罪成立，李兴文获刑四年半，并处罚金五万元；李兴武获刑二年，罚金二万元。

　　值得注意的是，判断财产犯罪的刑事违法性需要结合其他部门法的判断。具体来说，如果犯罪嫌疑人的财产转移行为依据其他部门法判断属于合法有效的行为，那么则不能构成刑法领域的财产犯罪。也就是说，财产转移行为系其他部门法领域的违法行为属于犯罪成立的必要条件，而不是一个充分条件。

　　依据本案的证据，我们可以得知的仅为李兴文在认为被诉公司侵权之时向对方公司提起了诉讼，但这并不能证明因为对方正处在融资上市的敏感节点故而李兴文存在非法占有的目的。

　　这个案子一出，立刻引发了业内的诸多关注，也引发了很多网友的讨论。有的人认为倒签协议确实是违法的，判决没有问题，也有人觉得因为几百万就把自己送进监狱不值得。其中的案件细节，不管是新京报还是判决书，都披露得相对完整，就案件本身，需要我们思考的地方仍有很多。

第二章　知识产权战略管理

知识产权战略管理是知识产权战略指导者的一个最基本的职能，它既是一个战略过程，又是一种掌控能力的体现。知识产权战略管理职能集中体现的是执行知识产权战略的能力。知识产权战略管理过程是一个连续的系统过程，其包括战略计划过程、战略组织过程、战略领导过程、战略控制过程等，因此，知识产权战略管理可以分为战略计划管理、战略组织管理、战略决策管理、战略实施管理、战略保障管理、战略控制管理以及战略监督管理。

第一节　知识产权战略计划管理

知识产权战略计划管理是一项首要的基本的管理。其在战略管理中处于承前启后的核心地位，该项管理是战术计划的依据和前提，同时也是战略组织、战略控制的基础。

一、目标明确精准

一般来说，知识产权战略计划目标包括知识产权战略实施的总目标以及战略实施的分目标，战略实施的分目标是将战略实施的总目标在时间、空间上做分解以及细化而得到的具体行动目标。

知识产权战略实施总目标的空间分解，其基本上是按照知识产权的要素结构展开的。所以，在知识产权战略实施的总目标展开以前，必须按照知识产权战略总目标分解的要求，确定知识产权战略的组织结构，之后再按照知识产权战略要素对总目标进行分解，最后则将分解目标与相关的组织部门进行匹配与平衡，并对此进行优化调整。

知识产权战略实施总目标的时间分解，首先要按照时间顺序将总目标进行阶段划分，即明确战略阶段以及战略阶段的目标。战略阶段的划分，既要依据战略的总目标，同时也要结合各自的实际条件，更要明确既相互关联又相互区别的各个阶段上的中心任务。划分战略阶段，应当明确各阶段在战略实施过程中的地位与作用。其次，对每一战略阶段再进行年度、季度的目标细化，即把每一阶段的目标由近及远、由粗到细逐步进行分解。目标的时间分解，这需要处理好目标实现的阶段性、连续性以及时限性。

二、计划详细周到

知识产权战略计划内容是实现知识产权战略总目标所应当采取的措施与手段。其主要包括：知识产权的宣传培训与人才培养、知识产权机构与法制建设、知识产权的创造、知识产权的保护与管理、知识产权的运用及实施、知识产权的服务与交流、知识产权信息传输与利用、知识产权的引进以及出口贸易、知识产权战略的考核与评估等。一般来说，知识产权战略计划的内容应当是明晰的、具体的。

要制订切实可行的知识产权战略计划，首先必须要进行自我评价，这其中包括分析自身的优势与劣势，考虑外部环境和内部环境以及文化氛围，考虑各地区的发展现状、发展期望等因素。在此基础上，扬优避劣，科学制订出知识产权战略实施计划内容，更好地体现以及服务于知识产权战略的总目标，并且保证战略实施行动的连贯性、平衡性以及有序性。

三、行动及时到位

行动规则是根据具体情况采取或者禁止某个特殊的、特定的行动所做出的规定。行动规则强调按既定的方式有效地完成阶段性的任务，为了顺利推进知识产权战略计划的实施，抑制战略实施过程中的主观因素，其强调要科学决策、照章办事。为了顺利推进知识产权战略计划的实施，应当适时制定与战略计划相配套的行为规则。各级战略指挥者要审时度势，科学制订计划规则，从而规范战略实施进程，减少各类资源的浪费，并且对已经出台的规则，必须认真贯彻落实，不得以任何形式搞变通，削弱规则的刚性。

四、编制简练科学

知识产权战略计划编制，必须以知识产权战略总目标及纲要要点为依据，并通过科学的编制方法以及科学的编制程序来实现。通常知识产权战略计划编制可以采用的方式有：自上而下的方式、自下而上的方式、上下结合的方式、设立特别小组的方式等。编制中采用何种方式要按照具体的情况来确定。通常采用的有：

第一，目标网络法。用这种方法来编制知识产权战略计划，主要通过网络技术，对知识产权战略计划中的各项工作时间及先后顺序、进度进行科学合理的安排，以便采用最少的人力、物力、财力资源，并用最快的速度完成计划任务。

第二，滚动计划法。该方法是指在制订计划时，需要将计划顺序向前推进一段时间，以连续滚动编制，而不是将全部计划执行完毕的时候，再重新制订下一个时段的计划。这种方法根据计划的执行情况和战略环境的变化定期修订未来的计划，并且逐步向前推进，使得短期计划、中期计划有机地结合起来。

知识产权战略计划编制要按照一定的程序来进行。首先，应当做好前期准备；其次，对知识产权战略总目标进行分解；再次，综合运用目标网络法、滚动计划法等方法，对各相关部门、各项任务、各种进程进行优化、相互衔接并且综合平衡。为此需要确定战略目标任务、保障措施的最优安排，从而保证各个部门、各类任务、各项工作的时间平衡以及空间平衡。另外，还应当根据知识产权战略计划实施中可能出现的意外情况，制订不测事态的应变战略计划方案，当基本战略计划无法正常实施的时候，应尽快地从基本战略计划向应变战略计划进行转换，从而有效地控制战略计划的落实。

五、合理利用资源

在知识产权战略计划实施过程中，各类知识产权资源的配置和资金预算将成为战略计划得以落实的关键。资源的合理配置主要是指知识产权人才的发挥、知识产权信息的有效利用、知识产权的资本化、知识产权的市场化、知识产权的产业化等。资金预算是知识产权战略计划实施的重要环节，同时也是评估计划的重要指标，亦是协调各部门的任务、联络各部门的重要手段。知识产权战略决策者要时刻关注预算资金的落实到位，同时，在战略组织、领导、控制过程中，应当随时注意预算的变化，以便更好地指导知识产权战略计划的管理活动。

第二节　知识产权组织管理

现代管理理论的鼻祖巴纳德（C. I. Bamard）将组织定义为："有意识地加以协调的两个以上的人的活动或者力量的协作系统。"知识产权战略组织是在特定的战略环境中，知识产权战略指挥者为了更加有效地实施或者执行知识产权战略计划从而确立的组织结构，其包括战略组织设计和人力资源配置。

一、设计组织架构

知识产权战略计划的顺利实施必须借助于科学的战略组织结构。知识产权战略组织机构是为顺利实施知识产权战略计划以至于最终实现知识产权战略目标任务而设立的。其是通过任务结构以及权力关系的设计来协调政府各部门、各企事业单位，通力合作共同推进知识产权战略的实施。在现阶段应当通过加强知识产权管理机构的建设，界定职责范围，强化管理职能，从而形成上下一致、权责明晰、运转高效的知识产权战略决策机构、执行机构以及保障机构，为知识产权战略的实施提供坚实的组织保障。在确定各级知识产权行政管理部门之后，还要根据企事业单位的实际情况，建立和完善知识产权管理机构，并且落实管理人员、保障资金、管理制度，共同推进本单位知识产权战略计划的实施。

二、配置人力资源

知识产权战略实施的主体是企业，所以企业知识产权战略的人力资源的合理配置是实现企业战略目标的一个关键。其主要包括企业的决策层、执行（管理）层以及保障层这三个层面。

第一，企业战略决策层。企业战略决策层是实施企业知识产权战略的核心，在人才资源配置的时候，应当考虑综合素质以及专业技能，切实将政治素质高、业务能力强并富有创新精神的人才选拔到决策机构中，并委以重任，从而保证决策的正确性和及时性。

第二，企业战略执行层。企业战略执行层是实施企业知识产权战略的一股中坚力量，在人才资源配置的时候，应当从心理素质、专业素质以及文化素质等方面综合考虑，切实将政治立场坚定、专业素质优良、做事雷厉风行、办事认真扎实的人才选拔到企业知识产权战略的执行机构之中，从而保证知识产权战略的顺利执行以及健康发展。

第三，企业战略保障层。企业战略保障层是实施企业知识产权战略的一个重要保证，在人才资源配置的时候，要将思想老练、作风扎实、办事勤恳的人才安排到知识产权战略实施的保障层之中，以便以积极的态度、优质高效的服务，来做好战略实施的各项保障工作。

三、调动资源配置

其他资源配置主要是指有形的资源配置和无形的资源配置。有形的资源配置又包括财务资源配置、实物资源配置以及其他专门人才资源配置。

第一，财务资源配置。财务资源配置也称资金配置，其包括资金筹集和资金分配。为推进知识产权战略的实施需要全方位地筹措资金，这需要将政府投入、企业筹集、银行贷款、社会融资等有机结合在一起，并投向重点领域和主要方向。同时，要科学合理地分配以及使用好现有的资金，发挥其最大的效益。

　　第二，实物资源配置。实物资源的表现形式是固定资产和流动资产。在知识产权战略实施过程中，应当充分利用现有的固定资产、激活流动资产，发挥各类资源的最大效能，不断加大自主创新的力度，为知识产权战略目标的实现提供强大的支撑。

　　第三，无形资源配置。无形资源是指没有实物形态但是却能够带来经济效益的资源。其主要包括自然科学技术和经营科学技术以及企业的信誉、知名度等。无形资源有些可以以无形资产的形式表现出来，例如专利权、商标权、著作权等；但是有的却不能通过无形资产的形式表现出来，例如信誉、知名度等。因此，一般来讲，无形资源的价值要大于无形资产的价值。所以，在推进知识产权战略计划的时候，既要重视无形资产的管理，也要注重对无形资源的利用。

第三节　知识产权决策管理

　　战略决策是知识产权战略实施的前提和基础，决策的正确与否，直接关系到战略实施的成败。由于战略决策很容易受到决策者自身的素质、思维方式、战略环境、文化渊源以及时间因素的影响。因此，应当牢牢把握住战略决策的准则，切实关注决策的过程，切实学会决策的方法，并且实行科学决策以及民主决策。

一、准则决策

　　准则决策是决策者在决策过程中所应当遵循的原则。其主要包括决策的思维方式、决策组织、拟订备选方案等方面的原则要求。决策的核心是要进行选择并确保选择的正确性，而要进行正确的选择，就必须利用合理的标准对各种可行的方案进行评价。通常人们习惯用"最优原则"或者"绝对的理性"作为决策的准则，这一准则要求决策者对其选择的方案要进行全方位的了解，并要求决策者具有无限的估算力以及快速准确的反应能力。另外，除了最优原则和绝对理性的原则之外，在决策中还需要把握一些其他的原则。

第一，信息原则。信息是客观事物属性的反映，它是科学决策的物质基础。是否能够及时、准确地获得足够的信息，这对决策正确与否有着直接的影响。决策的过程实际上就是一个信息的收集、传递、加工以及分析的过程。在决策过程中要通过各种方式，系统周密地收集与决策相关的各种信息资源，并通过去伪存真、去粗取精的筛选，使其成为决策的依据。

第二，预见准则。预见准则是要求决策要依靠科学进行预测。决策具有预见性才具有生命力。只有科学的预测，才可能为决策提供切实可行的依据。决策过程始于问题的发现，继而确定目标，明确前提。决策者应当采用发展的眼光以及超前的思维对决策对象及其相关事物的发展趋势作出科学的预测，并对实施知识产权战略计划中可能出现的各种情况，思考应变措施，避免决策出现失误。

第三，可行准则。决策具有可行性是指决策目标符合客观的实际情况，决策方案便于实施，并且能够解决实际问题。决策者不能凭主观意愿，而是应当根据自身的实际条件以及外部环境状况，实事求是地确定目标。在选择方案时，要充分考虑各备选方案的现实可行性，最后确定现实可行的、最优的方案。

第四，及时准则。及时准则是指及时做出决策才能使之有效。影响知识产权战略实施的因素有很多，国际环境变化得极为迅速，信息来源十分广泛，机遇稍纵即逝。因此，决策必须迅速快捷、及时准确。

第五，应变准则。应变准则要求决策应当具备随着环境的变化而变化的适应能力。决策是一个动态发展的过程，尤其是像知识产权战略这种重大决策，从实施到完成要经过十分漫长的过程。所以，决策方案要有一定的可调性，在变化中不断调整充实，从而确保战略目标的实现。

二、过程决策

决策是一个过程，从识别问题、确定决策标准、给标准分配权重、拟订方案、分析方案、选择方案、实施方案到评价决策效果，每一个步骤其本身就是一个过程，如果累积起来的话就是一个大的过程。在决策过程中决策者可能会受到历史、文化、认识、关系、环境、时间、竞争、需要与欲望等非理性因素的影响，这些因素可能对战略决策带来不利的制约。因此，必须对战略决策者提出预防决策失误的忠告，保证决策的程序合法、决策的标准合理、决策的内容完整准确、决策的方案现实可行。各级战略指挥者应当时刻关注决策的整个过程，从而保证决策的科学性以及时效性。

三、方法决策

科学的决策方法主要是指依照系统论、信息论、控制论的基本原理，实施决策的一种方法。对于各级决策者而言，这种决策方法必须要掌握，并且能够运用自如。因为决策的方法有很多，在这里仅介绍几种。

第一，科学决策法。科学决策是指决策时要有充足的事实作为决策依据，采用科学严密的逻辑思维方法，将大量的资料以及数据按照事物的内在联系进行系统的分析与测算，根据战略实施的客观要求和事物发展的客观规律，遵循科学的程序，运用科学的方法，作出正确的决策。

第二，程序化决策法。程序化决策是指决策可以程序化直至呈现出重复和例行的状态，可以程序化直至出现能够处理这些决策的固定程序模式。这种方法通过采用系统的分析方法，将信息当作系统的输入系统，通过系统又转化为输出，系统输出中同样也包含着大量的信息，作为输出的信息又全部或者部分地通过反馈的方式再输入系统之中，经过循环往复的过程，最终作出决策结论。

第三，民主决策法。民主决策是在广泛调查研究、发扬民主的基础之上所实施的一种集中决策。这种方法表现为自下而上、自上而下、上下结合以及共同完成。采用这种方法进行决策应当坚持调查在先、决策在后，并对在此过程中收集到的各种信息资料进行加工整理，去伪存真、去粗取精，同时，应当要注意决策过程中的信息反馈，以便及时对其进行修正完善，使决策更加完善。

第四，西蒙决策法。决策过程可以划分为以下四个阶段：①找出决策制定原因；②找出具备可能性的全部行动方案；③评估、抉择行动方案；④评价落地执行的行动方案。前三个阶段，从心理学角度把握，与人类解决问题的基本思维步骤（即问题是什么、备选方案是什么、最优备选方案是什么）有密切关系。可见，前三个阶段是决策过程的核心。实际上，决策是一个不断循环往复的"决策—实施—再决策—再实施"的过程，其贯穿于全部管理活动的始终，贯穿于各种职能活动（计划、组织、人员配备、指导和控制活动）。

第四节 知识产权实施管理

知识产权战略实施是实现战略目标的最后的手段。知识产权战略自身比较具备原则性，其具有系统性、整体性、稳定性的特征。知识产权战略实施是一种具体的实践活动，这涉及经济社会发展的各个方面，同时也关联到知识产权的各个部门。在实施过程中，可能会出现各种难以预料到的情况，这就要求知识产权战略实施主体在实施知识产权战略之初就应当制订具体的、切实可行的以及适应性比较强的知识产权战略推进计划，预测到可能出现的各种情况，并且制定出各种情况下的管理措施。

一、战略实施管理的原则

（一）政府主导与市场拉动的配合

制定和实施知识产权战略，政府必须要占据主导地位，坚持与时俱进的思想，根据国际国内形势的发展变化以及经济社会发展的客观要求，按照市场经济发展的客观规律，适时制定出知识产权战略纲要、发展规划和政策措施，发挥引导和示范作用。组织和引导企事业单位以市场为导向，将提高核心竞争力作为目的，制定和实施本领域范围内、本企业的知识产权战略，促进知识产权的形成，加强知识产权的保护，强化知识产权的管理，加速推进知识产权的实施。

（二）统一规划与分步进行

制定和实施知识产权战略，必须要坚持科学发展观，把提高自主创新能力以及国家核心竞争力当作所要实现的目标，立足于国情，着眼于长远，加强协调合作，促进知识产权战略同其他战略的协调发展，推动知识产权战略内部的各要素之间的相互促进。正确把握知识产权的发展与保护之间的关系，把握知识产权创造与运用之间的关系，把握知识产权的数量与质量之间的关系，把握实施国家知识产权战略同地方知识产权战略之间的关系。同时，各区域、各领域、各单位的情况不同，因而要根据不同的类型，区别于不同的情况，加强联络与沟通，实施分类指导，有效配置知识产权的战略资源，合力促进知识产权战略的实施。

（三）全局把控与狠抓重点

知识产权涉及经济、法律、科技、文化等学科，因而在制定知识产权战略的时候，应当充分考虑各方面的因素，从整体上对战略进行把握。注重战略结构的整体性与系统性，战略内容的超前性以及适用性，战略表述上的对应性与确定性。因为市场经济是复杂的庞大系统，其可变因素很多，人为假象较多，对应性变化比较大，在实施知识产权战略之时，应当关注战略全局，突出战略的重点，既要关注到形式的对应性，又要注重表述的准确性，既要形成整体推进的布局，又要体现出重点突破的态势，既要有主动进攻的方向，又要有积极防御的屏障，从而使得整个战略系统完整、布局合理、结构严谨、表述准确、可操作性强。

二、战略实施管理的过程

知识产权战略实施是一个过程，这可能需要几个月、几年甚至更长的时间，在实现这一过程之中，就需要实施全方位、全过程以及全时制的管理。结合实际情况，建立科学的管理系统，并且采用灵活的管理方式，实施不间断的管理。

（一）手段管理的系统科学

根据我国实施知识产权战略的实际情况，在当前应当从三个方面着手建立管理系统。

第一，建立国家知识产权战略指挥中心。国家知识产权战略指挥中心（国家知识产权战略推进委员会），应当由国务院领导兼任其总指挥，国务院有关部（局）的主要领导、知名专家以及国有大型企业集团老总加入，并负责国家知识产权战略的组织指挥，协调国际之间的重大知识产权事项，研究并解决战略实施过程中的重大问题，掌握战略的推进计划、战略进程、战略部署以及战略评估验收等重大事项。

第二，建立区域知识产权战略指挥机构。区域（省、市）知识产权战略指挥机构，应当由区域行政首长兼任指挥，区域政府的有关部门、区域内的知名专家、大型企业集团一同组成。主要负责本行政区域内的知识产权战略的制定、推进计划的安排、组织指挥、考核与评估，同时要协调解决涉外知识产权纠纷，发布知识产权的预警信息，并负责与国家知识产权战略之间的衔接和本辖区内知识产权战略的解释等。

第三，建立企业（行业）知识产权战略实施的指挥班子。企业（行业）知识产权战略指挥组织，应当由企业的主要负责人兼任指挥（行业应由行业协会的会长或理事长兼任指挥），企业的科研人员、法律人员以及知识产权管理人员加入，从而形成精干的指挥班子，并负责本企业（行业）的知识产权的创造、保护、运用与管理。该指挥班子应当负责知识产权战略的制定、组织知识产权战略实施、协调解决知识产权战略实施过程中的相关问题，特别是要注重知识产权信息的收集、加工以及有效利用等。

（二）灵活机动的管理方式

管理方式是指挥员和指挥机关在实施指挥活动时所采取的方法以及表现形式。实施知识产权战略指挥的主要方式有：按照指挥级别控制的程度可以分为集中指挥和分散指挥；依照指挥的层次不同可以分为按级指挥和越级指挥；依照指挥类型的不同可以分为战略指挥、战役指挥、战术指挥；依照动静可以分为机动指挥与定点指挥。除此之外，还有委托式指挥和平行指挥等。实施知识产权战略的时候要面对国际与国内两个战场、两种战略资源，涉及的情况是复杂多变的，应当采取灵活的指挥方式，实施正确的管理。

第一，实施集中统一管理。集中统一管理是实施知识产权战略的一种基本的管理方式。其要求按照统一的战略部署，集中组织战役或者战术行动，实施国家知识产权战略就需要动员全体国民增强知识产权意识，促进知识产权的创造、加强知识产权的保护、加速知识产权的流转、强化知识产权的管理，依照国家知识产权战略纲要，以此来确定目标任务和要求，由国家实施集中统一管理，动员一切力量，调动各方面的积极性，从而整体推进国家知识产权战略的实施。①

第二，实施委托式分散管理。委托式分散管理是指上级指挥员依据各地的现实情况，授予下级指挥员一定的权利去实施相对独立的管理。特别需要注意的是我国的情况千差万别，不可能按照一个标准去推进知识产权战略的实施。各省市应当按照国家的总体规划，依照各辖区的实际情况制定出符合自身发展的知识产权战略，并且具体落实知识产权战略的各项目标任务。具体到企业或者行业也应当依照国家的战略意图，结合本企业的实际情况来确定自己所要实施的知识产权战略方式，科学组织本企业进行自主创新。

（三）注重持续发展

实施不间断的管理是推进知识产权战略实施的一个前提。要求各级指挥员能够迅速准确地判断实际情况，果断确定部署计划，妥善处置各种情况。在战略指挥过程中，要善于把握指挥的重点，合理分配指挥精力，简化指挥程序，提高指挥的效能，同时还应当建立稳定的保障系统。

第一，建立知识产权预警系统。根据知识产权的战略指挥，知识产权管理部门要充分运用、分析、加工知识产权信息资源，把握知识产权国际发展动态，研究知识产权国际规则及主要贸易伙伴国的相关知识产权法律政策，以预测知识产权的发展趋势、法律状态、纠纷领域与程度，向政府、相关部门、行业组织或企事业单位及时发出预警，以积极采取应对

---

① 林原：《我国知识产权区域布局研究——基于驱动、模式与产业促进效应的视角》，博士学位论文，大连理工大学技术经济管理，2019，第48页。

措施。

第二，建立知识产权信息支持系统。建立稳定可靠的信息支持系统是实施战略指挥的一个关键，指挥员实施指挥的过程，本质上也是一个信息收集与处理的过程。准确充分和及时的信息资源是实施正确指挥的前提和基础。信息支持系统应当具备扫描功能、分析功能、综合存贮功能、论证功能、反馈功能等；要建立具备上述功能的信息支持系统，并使信息的收集、存贮、加工处理的功能达到最佳的效果，则必须遵循以下原则：系统性原则、渐变原则、最优化原则以及通用性原则。此外，在建立和完善信息支持系统的时候，不能只重视信息的收集、存贮、处理等，还应当重视信息支持系统渠道的畅通，杜绝人为地滥用信息、制造虚假信息、截流信息。

第三，建立知识产权信息加工传输系统。建立知识产权信息加工传输系统，最直接以及最有效的办法便是搭建知识产权信息平台与建立各种类型的数据库。应当坚持合理布局、科学发展的原则，对现有的各种类型的知识产权的信息资源进行整合，实现知识产权信息资源的共享。充分调动各方面的积极性，按照行业的不同在不同的优势区域范围分别设立知识产权信息平台（中心），并在大型骨干企业之间建立数据库，建立覆盖全国的知识产权信息网络和信息传输系统，对来自不同领域的信息进行分析处理，然后按照不同的行业和需求迅速将信息传递给所需方，为实施正确的指挥提供依据。

第四，制定知识产权应急处置方案。为维护国家的经济安全以及推进知识产权战略的顺利实施，针对发达国家的知识产权策略，我们必须要做好预先的准备工作，制定现实可行的应急处置方案。这其中主要包括：发达国家通过知识产权对我国提出全面封闭的战时组织处置方案；发达国家以知识产权壁垒为借口在我国进行"跑马圈地"大举入侵时的应对处置方案；少数发达国家提出知识产权侵权抗议时的处置方案；规范国内无形资产市场秩序的处置方案等。要结合市场经济发展的规律和我国的现实情况，规划未来的发展，变被动应对为主动出击。

三、推动计划管理

知识产权战略计划推进是一个系统的过程，这需要各方面的通力合作。在计划实施的最初之际，尤其需要政府、企业、社会以及舆论的参与。

第一，坚持政府主导。在市场经济体制还不完备的情况下，政府对经济工作的主导作用是十分巨大的。因此，知识产权战略计划的推进，必须以政府主导，推动各个部门共同参与，形成齐抓共管的局面。各区域、行业、企业的知识产权战略计划的实施，同样也需要在政府的宏观指导下进行，与其他战略一起纳入本区域、本行业、本企业的发展规划之中，共同推进区域、行业、企业的全面发展。

第二，实施政策引导。推进知识产权战略计划的实施，一靠理论指导，二靠资金投入。相关调查表明：发达国家研究与开发的经费支出占世界总量比重的89.2%；而对于年支出额占国内生产总值（GDP）的比重而言，北美地区为2.5%，日本、韩国为2.3%，西欧国家为2.8%，大洋洲国家为2.5%，世界平均水平为1.4%，而中国仅为0.5%~0.7%，这低于世界平均水平。这一现实因素制约着中国自主创新的跨越发展，同时也制约着中国自主知识产权的形成。因此，各级政府要扩大经费投入，形成政府投入为引导、企业投入为主体、外资投入为补充，知识产权质押贷款、技术入股融资等多元化的投资融资机制。逐步实施知识产权风险投资政策、知识产权申请（注册）补助政策、发明创造激励政策、知识产权产业化扶持政策，从而促进知识产权创新机制的形成。①

第三，发动舆论督导。知识产权战略计划推进，将会触及一些社会热点问题。因此，要切实发挥各新闻媒体的舆论引导与监督作用，用科学的理论引导社会公众增强知识产权创新意识、保护意识，及时总结经验教训并弘扬先进典型，营造良好的社会氛围。同时，对假冒他人知识产权行为

---

① 官辉、张同建、李明星：《企业知识产权战略体系微观机制研究》，《统计与决策》2011第21期。

和侵权盗版的行为进行公开曝光，形成尊重劳动、尊重知识、尊重人才、尊重创造的社会风尚，提高中华民族的整体素质。

第五节　知识产权保障管理

知识产权战略保障是战略实施中的一个关键，同时也是实现战略目标、完成战略任务的前提和基础。如何搞好战略保障、提高保障效率是各级战略指挥者所要面临的一项重要任务。因此，必须认真研究，总体把握，实行科学的管理。

一、战略联盟

"战略联盟"一词，最先由美国数字设备（DEC）公司总裁霍普罗德、管理学家罗杰·N. 内格尔最先提出。所谓战略联盟，指两个或两个以上的实体为达某种战略目的而建立的一种合作关系。战略联盟可以出现在实体所活动的各个领域，也可能局限于某一实体的活动领域，如研究开发、生产销售、采购供应等范围。战略联盟的建立方式，可以是短期的松散型合作，也可以是长期的资本联合，既可以是强强联合，也可以是强弱联合；既可以是纵向的，也可以是横向的，甚至是网状的，形式多种多样，并可随环境变化与需要，实现动态调整①。

（一）联盟的组织

基于技术的特征、行业的性质、竞争的程度、自身的状况等的不同，战略联盟的表现形式也各不相同。根据战略联盟的概念及普遍采用的方式，战略联盟可分为横向战略联盟、纵向战略联盟和跨国战略联盟三种。

第一，横向战略联盟。横向战略联盟指不同实体间采取联合行动、共同发展方式结成的战略联盟。具体形式包括连锁加盟、特许经营和合作集

---

① 海泽：《"互联网+"时代，如何整合科技创新资源》，《中国知识产权报》2016 年 6 月 12 日。

团等三类。

第二，纵向战略联盟。纵向战略联盟指为增强竞争实力，企业与其上、下游企业进行资本联合形成的战略联盟。主要形式包括企业合资、并购和收购等三类。

第三，跨国战略联盟。跨国战略联盟指企业以跨国经营方式与东道国企业结成的一种企业战略联盟。这种联盟主要是行业联盟和企业联盟。

战略联盟的成功运营，不仅要选择适合的联盟方式，更重要的是要把握联盟者自身的因素，要切实慎重地选择合作伙伴，重视联盟的科学构建，灵活采用联盟的管理方式。

（二）联盟的建设

战略联盟的构建是指在具备合作意向的前提下，建立一种维持合作伙伴共同利益为目的的联盟体系。这种联盟体系要求具备对合作伙伴负责的精神，对联盟进行整体规划、统筹协调、科学运用，并构建一个新的联盟体系，以此共同推动知识产权战略实施。

第一，慎重地选择合作伙伴。构建战略联盟的一个关键就是要选择适合的合作伙伴。首先，合作伙伴必须具有较高的信誉度，有本企业所缺乏的以及有价值的能力，能够帮助推动自身的战略目标的实现或者获得市场准入；其次，能够共同分享战略联盟宗旨所创建的远景，分享所研发的新技术、新产品的成本以及分担风险；最后，合作伙伴应当具有大局意识，具备"公平游戏"名声的伙伴能够成为最好的联盟伙伴。

第二，认真签订联盟条约。在确定联盟伙伴之后，按照双方（多方）的实际情况，签订联盟条约或者协议，对不便于转移的技术可以在事前进行约定，对不便于合作伙伴进入的一些领域应当提前告知合作伙伴并进行约定，以防止联盟之间发生不必要的纠纷。

第三，坚持平等互利的原则。联盟双方可以就同意交换另一方所渴望得到的技能与技术进行约定，这样可以保证公平的得利机会，如果能够获得合作伙伴的可靠承诺，联盟合作伙伴的风险就能够降低。这种互利互惠的平等原则是维系联盟长期共处、和谐发展的前提与基础。

（三）联盟的管理

战略联盟的建立就意味着迈向国际化、市场化的开端，战略联盟的管理是取得事业成功的一把钥匙。由于联盟地域的差异和文化的不同，在管理风格上的差异便会影响到战略联盟的健康运转，因此加强战略联盟的科学管理就显得极为重要。

第一，建立行之有效的管理机制。为确保战略联盟的有效运营，在联盟形成之后，应当迅速建立由各方共同参与的管理机构，落实管理人员、明确管理职责、制定管理制度，并且实施不间断的统筹协调，解决战略实施过程中的突出问题，确保战略联盟依照有序、高效的原则运营。

第二，用法律约束、用制度管理。战略联盟的组成结构较为复杂，因而在实施管理的过程中，应当坚持以法服众、以理服人的原则，用制度来规范行为，促使战略联盟的各方主体在法律的框架范围内、在制度的约束下，从事生产、经营与科研活动。

第三，注重文化氛围的营造。不论是地区差异、文化差异，不论是采用何种联盟方式，彼此之间要促使相互尊重与信任的文化美德的形成，形成相互学习、取长补短的良好社会风尚，共同打造战略合作伙伴关系，共同推动战略目标的实现。

二、知识产权战略资金保障

知识产权战略与其他事物一样，它的兴起、发展、壮大也是需要经历一个过程的，而这一过程的长短、快慢，完全取决于投入的多少。在市场经济还不完全成熟、经济还不怎么发达、市场竞争实力还处于相对较弱的情况下，强有力的资金支持对于实施知识产权战略而言是极为重要的。

（一）资金保障的意义

只有具备充足的资金，知识产权的战略方案的实施才能有坚实的基础。否则，这项工程便会成为无本之木，不再具有完成既定目标和任务的可能性。

第一，没有资金的支撑，实施知识产权战略的工程就失去了根基。每个人都懂得盖房子之前打好地基的重要性，自然也应理解资金的重要性。即使知识产权战略的方案再先进、方式再多样、手段再超前，一旦失去了充足的资金作为后备动力，所有的这些前提条件也都不再具备真正的意义，知识产权战略的规划目标也就无法得到真正的落实。

第二，没有资金的支撑，实施知识产权战略的工程就失去了保障。如果要用一个词语来形容知识产权战略的宏大，"系统工程"再为合适不过。这不是在夸大其词，知识产权战略的实施是多方面的，上至国家层面下至地方领域，涉及经济、政治、社会、安全等社会方方面面。不光如此，知识产权战略的制定、分析、实施等关乎战略本身的工程也是宏大的。因此，完成这项宏大的系统工程就更需要宏大的资金规模。

第三，没有资金的支撑，实施知识产权战略的工程就失去同社会经济协同发展的纽带。这项工程最为重要也最为核心的目标，就是为社会经济的发展注入新的动力，增添新的源泉。知识产权战略与经济发展的关系如车之两轮、鸟之两翼，相辅相成，密不可分。一方面，知识产权战略的实施将会极大地促进社会创新型经济的发展，推进产业改造和优化，稳步提高经济的发展质量，促进供给侧结构改革迈向新的台阶。另一方面，只有经济发展了，才能为知识产权战略的实施提供可靠的资金保障。

（二）资金保障的来源和途径

实施知识产权战略工程的资金的来源和途径主要包括如下四方面。

第一，政府财政拨款。扶持知识产权战略作为各级政府的一项职能和工作项目，应当纳入年度财政和预算的规划之中，并根据各地知识产权战略实施的实际情况，具体确定财政支持的预算目标和方向，确保财政拨款落到实处，发挥应有的效能。

第二，民营资金助力。知识产权战略能否成功实施关乎社会老百姓每个人的切身利益。因此，实施这项工程不仅需要政府的支持，更需要调动人民群众的积极性，让民间资本为这项工程的建设注入新动力。同时，也要盘活民间资本的创新效能，积极开展与知识产权战略相关的创新活动，努力打造出一批民间自主研发的新型技术，使其反过来为民间资本的发展提供技术支持。

第三，企事业单位资金支持。我们确实应当重视民营资本的力量，但也应当看到公司企业和高等院校、技术研究所等单位在知识产权发展创新道路中的重要地位。特别要格外强调企业在知识产权战略投资中的作用，要积极联络社会企业，鼓励它们加入知识产权战略实施的主体工程中去。

第四，国外资本的适当引入。自"一带一路"倡议提出以后，我国改革开放的力度和广度在不断加强和扩大，外国先进的技术和设备、大量的国外资本、优秀的技术人才如雨后春笋般纷纷涌入我国国内市场，为我国知识产权的发展提供了很大的帮助。因此，我们要联合国外企业，吸纳外国资本，提取技术精华，打造出一批国内知识产权的精英才干，建设出一批自主研发的知识产权创新项目。

（三）资金保障的合理利用

不管是政府的财政拨款扶持，抑或民营资本和国内外企业的资本支持，我们都要确保这些资金能够得到充分且合理的利用，发挥其最大效能。在知识产权战略的实施过程中，我们不能铺张浪费，应当厉行勤俭节约，该花的钱绝不犹豫，不该花的钱绝不铺张浪费，使得每一笔资金都落实到其应该发挥的作用之处。因此，我们应当建设一套与知识产权战略实施相配套的资金监管系统，出台相关政策，建立诸如"国家知识产权发展基金"的专项资金制度，从而保证知识产权战略的成功实施。

三、支持系统

除了人才保障、法律保障以及资金保障外，知识产权战略的成功实施还少不了必要的与之相配套的并且和当今世界通用惯例同步的战略支持系统。

（一）中介服务体系

知识产权中介机构是指为知识产权战略的实施牵线搭桥，提供媒介服务的机构。知识产权中介服务体系是指以知识产权中介机构为主体所构建的服务体系，例如知识产权转让、代理、咨询、诉讼、评估等体系。这些中介服务体系可以为知识产权战略的实施提供高质量的配套服务，对于推动知识产权战略研究、维护知识产权相关权利、汇聚知识产权法律精英、预防知识产权侵权行为发生等方面发挥着无可替代的作用。因此，我们要重视这些中介服务机构自身的建设，可以建议政府部门出台相关政策，完善相关制度，从而积极鼓励、支持、引导这些服务机构朝着正确、科学的服务型发展道路上前进，依法依规、诚信经营。此外，也要加强对这些机构直接管理人员和主要负责人员的监督，规范交易行为，明确违法责任，督促其依法提供高效服务。

（二）战略反馈系统

为了确保我们在知识产权战略的实施进程中能够及时、高效并且精准地把握知识产权战略的具体实施情况并将其报告给上级领导人员，从而达到在整个过程中统筹兼顾、合理指挥、高效前进、科学决策的目的，我们需要构建一套完备的战略反馈体系。

构建知识产权战略反馈体系具有重要意义。一方面，该体系能够实现战略系统内部情报的互联互通，促进各部门工作的高效运转，加强部门之间的相互配合。另一方面，该体系能够有效监督知识产权战略的实施。对于实施过程中出现的问题和漏洞，该体系将会自动呈报给高级领导人员和决策人员，以便他们及时发现问题、分析问题并解决问题。

管理知识产权反馈系统，应当符合三个原则的要求：一、重要信息及时上报原则，该原则强调反馈系统的工作效率；二、重要信息精准化原则，该原则强调反馈系统的工作质量；三、重要信息完整性原则，该原则强调反馈系统的工作全面性，要求信息不管利弊，都应当客观地、完整不漏地上报，以便我们能够及时查漏补缺，总结成功经验，反思工作弊端并提出有效应对方法。知识产权战略反馈系统的运转只有符合上述三个原则的要求，才能高效、科学地实现战略目标。

四、激励机制管理

科学完备的激励机制，对于任何一个战略的成功实施都发挥着重大的作用。具体到知识产权战略，同样如此。建立科学完备的知识产权战略激励机制，能够在很大程度上发掘战略系统内部人员的工作动力，极大地推动知识产权战略的实施进度，有效促进知识产权战略目标的实现。

（一）激励的意义

根据一些管理科学和管理行为学的学者的结论，我们认为，适当科学的激励机制能够加快知识产权战略目标的实现进度。任何工程、项目从提出到结束，整个过程都是由人来具体操作和运转的，人在这个过程中居于主体核心地位。因此，我们应当积极调动人的积极性，这对于整个战略的推进是至关重要的因素。

激励在本质上是一种行为表现，而任何行为都有其目的，该目的的实现可以体现在最后的结果中，也可以体现在整个行为过程中。作为目的的一种表现形式，动机对于人们为何行为、如何行为、行为结果等方面发挥着引导、促进、激励的作用。换句话说，激励的对象是人们根据内心的动机所生发和外化的行为，该行为是人们主动生成的结果，而不是被动强迫的表现。同时，激励是一个过程，这个过程不是暂时性的，而是具有持续性特征的，能够不断地对人的行为施加多重复杂因素的积极影响。

（二）激励的内容

在实施知识产权战略的过程中扮演着极其重要的角色，而且也成为如今大多数管理人员带动员工工作热情的一种途径。激励机制的管理制度具体有如下三个方面的内容。

1. 奖励机制的管理

在激励机制中，效果最为明显的机制当属奖励机制。同时，奖励也是激励员工最为直接的方法。奖励又可以区分为物质层面和精神层面的奖励。前者包括给予员工奖品、奖金等实物奖励，后者包括给予劳动模范标兵荣誉称号、晋升职务等奖励。具体的奖励政策和实施办法应当事先制定，同时也要建立健全奖励的标准化制度，形成一整套完善的奖励制度。

知识产权战略的实施应当由政府来主导，融合企事业单位的多方力量，共同推进整个工作的进展。所以，政府要充分发挥服务职能作用，积极推动奖励政策的落实，调动知识产权工作者的工作热情和积极性，推动服务型产业升级改造，优化经济发展质量。在此宏观经济政策的带动下，企业单位可以根据本单位实际情况，制定具体奖励制度，对在知识产权服务工作中的优秀员工加以奖励。

2. 考评机制的管理

同样作为知识产权战略奖励机制的重要内容之一，科学的考评机制也是必不可少的。考核和评价工作应当从始至终随着战略的实施同步推进，分阶段进行，例如月度考评、季度考评、年度考评等。考评的内容又可以细分为三个方面：一、进度考评，这是指有效督促员工在战略实施过程中及时跟进工作进展；二、目标考评，这是指考核员工的工作完成量；三、效果考评，这是指针对所完成的工作的质量进行检查，保证知识产权战略能够有效实施，确确实实能为社会的经济发展提供一分力量。

只有确保三个方面的考评工作内容得以真正落实，区域知识产权发展水平才能有所提高，区域知识产权发展的政绩才能有所显现。为此，要将考评工作纳入综合评价体系，依据考评的结果给予相应奖励和处分，做到应有的奖励真正到位。

3. 惩戒机制的管理

功与过是工作结果的两个方面，有功我们就加以奖励，有过我们也绝不姑息。不能只强调奖励机制而忽视惩戒机制。事实上，惩戒机制和奖励机制都是激励机制的重要内容，惩戒功能的有效发挥有助于激励员工在正确的工作道路上不断前进。

类似于奖励机制，惩戒方式可以分为物质层面和精神层面的处罚，前者包括减扣工资、绩效奖金等；后者包括降低职级、撤销荣誉称号等。建立与知识产权战略实施相适应的惩戒机制，能够有效监督工作情况，及时纠正工作中出现的方向偏差、不作为、乱作为等问题，并将责任落实到相关人员，督促其认真反思，从而避免在以后的工作中出现类似错误。

当然，我们也要把握激励机制的矛盾的主要方面和次要方面，应以奖励机制为主，以惩戒机制为辅。事实证明，良好的鼓励比威严的惩罚更能振奋人心，更有助于发挥个人的主观能动性和创造性。也只有借助奖励机制的正面功效，才能凝聚更多的积极因素，为知识产权战略的实施创造优良的环境。

第六节 知识产权战略控制

由于知识产权战略在实施过程中会受到诸多不确定因素的影响，包括主观和客观的因素，从而会使最终的结果出现与预计目标的若干偏差。基于这个原因，知识产权战略的领导人员应当主动承担起对实施进程的监控、督查的职责，以应对整个过程中因操作不当、审查不细致等原因导致的问题。所谓战略控制，就是指在战略实施过程中通过监测和督导手段查找并分析偏差从而保证战略目标能够顺利实现的一种职能手段。

一、控制的特征及功能

1. 控制的特征

知识产权战略的控制只能是在战略的具体实施过程中实现的，与战略本身密不可分，但在战略本身的基础上又另外具有其特殊性：①指挥性，战略控制是由领导指挥人员操作的；②全局性，知识产权战略控制服务于整体的战略目标的实现；③包容性，知识产权战略的实施需要吸纳各方力量的参与，不仅包括国内企事业单位，还应当面向世界。④稳定性，尽管通过控制职能的发挥，会使战略本身得到一定的修改和完善，但绝不会使战略主体工程受到影响；⑤发展性，控制手段要求与知识产权本身的发展相同步，不断变革，适应战略的要求。

2. 控制的功能

良善的知识产权控制体系为知识产权战略的实施清扫出一条干净整洁的道路，对战略目标的实现起着至关重要的作用；①通过多种控制手段，例如监督、评析、论证、改正等，能够有效预防战略实施过程中的瑕疵和弊病的出现；②控制手段具有发展性，能够保证战略的实施与社会的客观实际情况相适应；③控制手段能够及时发现问题、分析问题、修正问题，在这个过程中形成一套应急响应机制，为战略管理人员在未来处理类似问题时提供宝贵经验。

二、控制的原则和分类

1. 控制的原则

战略的控制是有方向指引的，这些指引方向的路标就体现在如下四个原则之中：①整体全局原则，②适度比例原则，③突出重点原则，④辩证发展原则。

2. 控制的分类

依据不同的分类标准，可以将知识产权战略控制做如下分类：①依据确定性程度不同可以分为经验控制、程序控制、最优控制。②依据控制信息的可变性程度不同可以分为闭合性控制和开放性控制。前者对应的是具备信息反馈机制的控制，后者对应的是不具备信息反馈机制的控制。③依据控制发生的时间不同可以分为事前控制（预先控制）、事中控制（同步控制）和事后控制（反馈控制）。事前控制要求先于知识产权战略的实施，完成细致的考察和调研工作，预测即将可能出现的风险，进行风险评估并提出应对方案；事中控制要求控制手段与战略实施的同步性；事后控制要求在问题出现之后，能够按照提前制订的应急方案妥善处理问题。④依据工作的改进方式的不同可以分为直接控制和间接控制。前者强调人，注重发挥员工的能动性来实施控制；后者强调通过责任制度督促员工完善工作方式。

三、控制的过程和结果

（一）控制的过程

知识产权战略控制，一般可以区分为四个阶段：确定控制内容、构建标准体系、论证问题原因、实施完善措施。

1. 控制方案

知识产权战略的控制应当按部就班开展，第一步应当着眼于确定控制所针对的对象，使得实施与控制相关的操作具有一定的专向性。

2. 构建标准

所谓控制标准，指的是知识产权战略实施的规范化依据，为战略目标的选择提供量化标准。在一般情况下，构建标准除了要求确定合理范围内的水平和量值之外，还要求在这个水平和量值内纳入容差范围。在这个容差范围之内实施知识产权战略，就可以降低战略出现差错的概率，在一定程度上能够确保战略的顺利进展。虽然不能保证这其中不会出现偏差，但是该偏差也只是细微的，可以忽略不计。而且，从战略控制全局角度来讲，控制标准不仅应当应用于战略实施的最后结果，而且应当应用于实施过程中的阶段性结果。

3. 反复论证

不能否认的是，在战略实施的控制过程中，难免会出现一些偏差和问题，对于这些偏差和问题我们不应当回避，而要根据具体问题具体分析，结合辩证思维去主动论证这些偏差和问题形成的原因，具体可以从决策瑕疵、结构不当、配置不合理、目标变更、计划差误等多个角度展开研究。

4. 付诸实施

主动实施举措，积极解决问题，消除偏差，是完善战略控制的重要步骤。在这个过程中，应当针对具体的问题有针对性和目的性地进行改善，认真对待每一个偏差和问题。

（二）控制实施结果

知识产权战略控制的结果能否顺利实现，在很大程度上依赖于战略的领导和决策人员指挥方向是否正确，指挥方案是否可行。因此，领导人员和决策人员应当适时对战略实施的工作进度和效果进行督导和检查，确保战略总体推进、预定目标不偏离、战略重点不转移。

四、控制策略和控制体系

（一）控制处理

1. 控制目标

该方法把知识产权战略的总体目标根据不同要素划分为分类目标，分类目标又可细化为责任目标，从而构成总的目标体系。通过这种目标体系的构建，知识产权战略就能够对战略总体目标加以控制。

2. 控制组织

为了促成控制目标的目的的实现，需要制定一套完整的计划。举例说明：国家总体知识产权战略的实施，需要中央和地方各部门的相互配合，地方部门分为省、市、县三级。制定战略计划就是为中央和地方战略实施的配合搭建桥梁。所以，上至中央、下至地方，甚至是企业和行业之间的战略实施的联动配合，都要依靠战略计划来实现。

3. 控制进度

这是指知识产权战略的领导决策者要发挥影响力、号召力，积极深入战略实施的现场中去，检查实施效率和效果，对于存在的问题及时指导并责令改正。现场督导的同时，也要及时了解战略实施具体状况，从而能够更顺利地开展后续工作。

4. 控制效果

这是指对在战略实施过程中掌握和搜集的第一手数据和材料进行评价和分析，制定关于战略实施效率、实施质量、实施数量等方面的评析报告，为后来的实施工作提供修改和完善的依据。工作人员也应根据评析报告指出的意见及时对工作做出相应的调整和改变，从而保证战略的平稳实施。

（二）控制系统

1. 系统的构成

知识产权战略控制系统包括两大结构，一是评价系统，二是纠正系统。前者能够根据知识产权战略的实施情况进行评价和分析，根据评析结果制订下一阶段的工作计划。后者是指根据实施过程中出现的偏差和问题，进行科学性的论证，制定完善和解决的方略，最后根据该方略修正既有的漏缺，避免新的偏差的出现，这是保证知识产权战略实施的科学性的关键举措。

2. 系统的特征

作为战略系统的关键组成部分，知识产权战略控制系统具备其独有的特征：实用性、高效性、灵敏性。这些特征是基于知识产权战略控制系统本身所具备的优势所得出的结论，即系统能够准确、及时、高质量地发现并处理战略中的问题的优势。

第七节 知识产权监督管理

知识产权战略监督能够为战略的科学决策和顺利实施提供一道稳固的防线，具体可以划分为如下板块：社会监督、行政监督、媒体监督、法律监督等。知识产权战略监督是战略管理方略的一个重要分支，同时也是知识产权战略实施的强大推动力。

一、监督的功能

知识产权战略监督形成于战略实施本身，又内化于战略推进的整个阶段，不管是战略推进的决策阶段，还是战略实施的阶段，都能体现出战略监督的作用。如果缺少了战略监督，战略的实施方向极有可能出现大的偏差，管理和决策也会存在重大的漏洞，最终也会导致战略实施的失败。基于这些重要的考虑，我们应当把战略监督视作战略实施的重要依托。

第一，战略监督能够有效确保战略决策的科学性。战略决策的科学性并不仅仅体现于战略决策本身，还体现在战略的制定、实施和控制等方面。如果战略决策出现了偏差，那么上述内容的任何一个方面都将紊乱，这是对战略的重大威胁。为了杜绝这种极端情形出现，要确保战略监督深入上层管理和决策层面，在决策阶段就尽可能消除一切不合理因素。

第二，战略监督能够确保战略管理能够统筹全局。知识产权战略管理是一个庞大的工程，下分为组织、计划、控制、协调和指挥五个职能部门，只有各个部门同步协作，知识产权管理才能实现总体推进。为了实现这个目的，就有必要对每个职能部门实施必要的监督，不管是决策人员还是战略工作人员，其工作行为都要受到必要的限制和监督，不得作出对战略管理不利的决策和活动。

第三，战略监督能够有效激发决策者和工作人员的工作热情。通过监督，能够在很大程度上推动奖惩机制的发挥。对于应有的奖励，不得拖延或不予发放；对于应有的惩处，不得放纵和略过。因为不管是奖励也好、惩处也罢，都是对战略管理的活动者给予的评价，而该评价直接决定了员工对单位的信任度和真诚度，影响着员工的工作积极性和热情。而战略监督恰恰能够保证奖惩机制的落实。

第四，战略监督能够形成预警机制。知识产权战略监督具备查漏补缺的功能，在战略实施过程中能够及时发现问题和漏缺之处，并通过对其进行分析，得出一些规避这些不合理情形的结论。指挥者要根据这些结论构建风险评估和预警制度，做到科学合理的防范。

归根结底，知识产权战略最终防范的是负面的连锁效应，又称为"多米诺效应"。所谓"多米诺效应"，来源于18世纪盛行于欧洲国家的一种棋牌游戏——多米诺骨牌。该骨牌游戏起初传进欧洲，后来由意大利人发扬光大。第一张骨牌一旦倾倒，后续的骨牌也都会纷纷倾倒，牌与牌之间形成连锁效应，就是"多米诺效应"。如今，该效应被应用于社会各个领域，督促我们防患于未然。具体到知识产权战略管理，一样适用。

二、监督的原则

为了保证知识产权战略监督的科学性和合理性，对于知识产权战略监督本身也要进行适当的监督，但这种监督本身具备一定的特殊性，具体体现在如下原则之中。

第一，整体性原则。知识产权战略监督不是对部分战略实施的监督，而是对整个战略实施的整体监督。我们要善于运用整体性思维，允许战略实施从局部出发，但最终落脚之处当是战略的全局。

第二，效益性原则。强调效益性原则能够为知识产权战略监督节约成本并减少不必要的战略资源浪费。一方面，要确保知识产权战略监督过程中的开支都服务于战略监督活动；另一方面，监督的资源和力量应当做到合理配置，重点对象重点监督，抓主要矛盾，避免在细微问题上一直打磨，从而提高战略监督的效益。

第三，第三方监督原则。对于知识产权战略监督主体也要进行监督，但是如果由监督部门内部人员对其进行监督的话，无法真正保证监督活动的客观公正性。此时，就要考虑引进外部的第三方主体对内部监督主体进行监督，形成有效的内部监督机制。

第四，事先监督原则。监督是为了使行为主体的行为合乎规范，排除行为中的不合理因素。从这个角度看，对错误行为的事先防范是战略监督的重要目的之一。预防性监督机制应当落实到战略内部各个部门和领域，形成监督的合力，做到事先准备、事先防范。

三、监督的类型

战略监督有很多分类，笔者主要根据监督主体和来源不同，将知识产权战略监督具体分为社会监督、行政监督、媒体监督、专家监督。

第一，社会监督。这种监督的主体主要是社会公众。人民群众的眼睛是雪亮的，能够在劳动实践的过程中形成自主的评价意见和建议。政府要充分保障人民群众的自由的发言权，及时公布战略信息，鼓励社会大众参与对战略内容的监督活动，倾听和收集社会大众的批评和建议，让战略实施融入人民群众之中，发挥人民群众的智慧和力量。

第二，行政监督。这种监督主要体现在政府领域，包括不同的行政地域和行政部门。按照地域划分，战略监督分为中央、省级、市级和县级各层的监督，发挥政府之间上下级领导制度的高效联络机制，凝聚从中央到地方的监督力量。按照部门划分，战略监督分为政府内部领导部门的监督、管理部门的监督和执法部门的监督，发挥不同部门的行政职能，推动战略监督工作的实施。

第三，媒体监督。这种监督又被称为舆论监督，是指社会新闻媒体工作部门在新闻报道过程中所发挥的监督功能。由于舆论媒体行业自身的行业特点，使得新闻工作者对于社会事件时刻能够保持高度的敏感性和感知度，他们能够及时发现战略监督中的不合理之处，敢于发挥自身工作的监督优势，指引知识产权战略朝着更好的方向实施。

第四，专家监督。这种监督主要是指以战略内部监督人员为主体，同时吸纳其他战略工作部门经验较为丰富的工作人员，组建成专家委员会所发挥监督作用的监督方式。该监督的最大优势在于专家委员会能够群策群力，共同讨论，形成民主意见，及时研究分析战略实施过程中制定的计划、发布的立项、控制的效果、最终的结果，依靠专家的专业知识，发现问题，提出解决问题的方案，促进战略的正确实施。

四、监督的策略

第一，根据战略监督的介入程度不同，可以将监督划分为直接监督和间接监督。直接监督是指在战略的制定、控制、实施等各个阶段，对战略的各个环节的管理活动进行直接的监督，深入管理活动现场，确保不同的管理活动都能在合理的规范标准内进行。间接监督是指在战略后方，提供对战略实施情况的反馈，及时对与战略实施相关的信息进行评析，呈报有效的战略建议，与前线直接监督的现场工作相互配合、协作，通过及时提出监督意见和建议的方式实施监督职能。

第二，根据战略监督的性质不同，可以将监督划分为战略工作监督和战略过程监督。前者是指针对战略本身开展的工作，引导其向着有助于战略实施的方向推进，加强知识产权战略成果的法律保护，并提高其市场竞争力所形成的监督；后者是指针对战略不同的活动过程进行的监督，具体包括战略总体方案的制定过程、战略的实施过程、战略的控制过程和战略的组织过程，使得每个战略活动过程都处在监督的视域范围之内。

第三，根据战略的阶段不同，可以将监督划分为事前、事中和事后阶段。事前阶段的监督是实施监督活动的基础性和准备性工作，主要是为了能够提前了解监督情况，制定组织战略监督实施工作的具体方案，对于战略实施方向是否正确、战略实施活动是否合法合规进行事先审查；事中监督同战略过程的监督的定位相似，都是针对战略过程中的过程性行为进行监管，包括事实行为、控制行为、组织行为等；事后监督又被称为结果监督，主要体现为对月度成果、季度成果、年度成果以及最终结果的效益性评价，是为了确保每一阶段的成果在高效完成的基础上都能取得良好的收益。

第四，根据战略监督的发生频次不同，可以将监督分为随机监督和常规监督。随机监督是为了避免应付工作、不作为的现象发生，旨在通过随机抽查的方式，督促员工在日常工作中保证高效正常的状态，实现监督的真正功效。常规监督是指在日常工作中形成定期、定量和定型的常规化监督机制，将监督的执行力度贯彻到整个战略工作中。

对于不同的战略活动，应当采取有针对性的监督方式，具体问题具体分析，根据战略活动的变化，适时调整监督的方式，采用辩证发展的思维方式看待战略监督方式的不同应用，切记不可固守传统封闭思维，要抛弃一劳永逸的想法，确保战略监督的方式同步于战略活动的实施。

五、监督的程序

尽管知识产权战略监督是围绕战略活动不同的过程展开的，但不可否认的是，战略监督本身，也不是一蹴而就的，同战略活动一样，战略监督也是分阶段和过程完成的。因此，可以认为，战略监督的过程是战略活动的过程的前置性准备工作，如果缺少了战略监督的过程，那么战略活动的制定、实施、控制、组织等过程都无法得以顺利进行。在战略监督的内部关系上，虽然战略监督的主体和对象有所差异，但是其过程存在高度的相似性，其过程如下。

第一，制定目标和标准。归根结底，知识产权战略监督是基于指出和发现战略活动的漏洞和不足并为督促战略管理者进行修缮的目的的实现而存在的，明确这个最终目的就明确了战略监督实施的基础条件。按照战略实施的格局不同，战略监督的目标和标准也应做出调整。对于国家知识产权战略的监督就应当站在整个国家改革和发展的层面制定战略监督的目标和标准；而对于地方企业战略的监督就应当以企业发展的眼光确定监督的目标和标准。战略可以分为国家、地方、行业、企业多个层面，不同层面的战略有着不同的定位，相应的，战略监督的目标和标准也要根据不同层面的战略作出适时调整。

第二，明确方式和范围。知识产权战略的具体监督范围是在战略监督的目标和标准的基础上确定的，大致包括：监督组织的体系范围、监督主体的权责范围、监督主体的人员范围、监督工作的实施范围、监督活动的保障范围等。监督的方式也是按照战略监督的目标确定的，指实现战略监

53

督所采取的具体方法和途径。

第三，搜集相关信息。知识产权战略监督的效果的好坏依赖于其所搜集的信息的质量的好坏。如果所搜集的信息精准度低、完整性差、严重滞后，将会贻误战机，对战略监督的效率和效益造成重大负面影响。因此，在战略监督的过程中，要确保所搜集到的信息的有效性、完整性、时效性。在搜集相关信息时，应当通过多方途径和渠道进行搜集和采集，保证搜集到的信息尽可能完整客观，以便战略的指挥和监督工作顺利开展。

第四，分析信息。在对搜集到的信息进行分析之前，首先要确定信息分析的目标、标准、步骤，在这些准备性工作做好之后，进而转向对信息的分析，识别出无效信息，提取出信息的残次品，保留有效的和有价值的信息。

第五，完善和修正。根据有效信息，得出目前战略监督工作中存在的不合理问题和偏差，并将其及时上报给指挥层，确保决策人员能够对整个战略的部署做出相应完善并对战略中的偏差予以修正，从而保证知识产权战略的最终目标能够按照预期的方向去实现。

第三章 知识产权许可制度运营

第一节 知识产权许可制度的含义和内容

一、知识产权许可制度的含义

知识产权许可是指知识产权的权利人即许可一方将相关的知识产权授予给被授权人，即许可一方按照有关约定使用的活动。知识产权许可大致可分为三类，即独占许可、排他许可、普通许可。

独占许可是指被许可方在一定的时间及地域范围内，对于被许可的技术享有独占性的使用权，许可的一方以及任何第三方在相关规定的期限内都不得在该地域范围之内，利用相关技术制造和销售产品。独占许可多数情况下在专利领域以及商标领域范围内应用，因为其限制使用条件比较苛刻，为此需要受让方支付比较高昂的使用费，并且平时享受技术、品牌优势带来的市场优势。

排他许可是指许可方在合同规定的有关地域以及期限范围之内，授予引进一方使用其技术的权利；许可一方不得再将相关技术转让给第三方，但是许可一方可以自己保留使用该项技术的权利。其许可程度比独占许可低，比普通许可高。

普通许可是指许可一方在合同规定的有关地域以及时间范围之内，在其指定的商品或者服务项目上允许被授权人使用其知识产权的同时，本人依旧保留知识产权的使用权，并且仍然可以允许他人使用该知识产权。这类许可费用较低，也容易导致某一地区恶性竞争局面的出现。

知识产权许可制度可以有效促进知识产权的应用，在提高产权收益能力的同时，可以极大地降低人们在知识产权活动中所可能面临的经济与法律风险。知识产权许可制度为中小企业（作为许可人或被许可人）提供了在任何地方开展业务的各种发展机遇，使知识产权的所有人能够将业务拓展到合作方的经营范围并保证获得稳定的额外收入。而被许可人则能够制造、销售、进口、出口、分销和推销各种商品和服务。同样的知识产权可以形成一种双赢的局面。

二、知识产权许可制度的内容

（一）专利许可

当专利权人需要提高产品质量或使用他人所拥有的权利来生产一项新产品时，往往采取专利许可的手段。在技术高速发展的今天，由于竞争日益激烈，某一企业独占市场、垄断某一产品的所有技术的局面几乎不可能出现。不同企业均具有其核心技术和专利，在实施技术的过程中也可能出现技术壁垒。而通过许可的形式，各企业之间可以实现优势互补、合作共赢，共同提高自身的对外竞争力。在专利领域存在以下五种特殊形式的许可。

1. 交叉许可

一般而言，在许可协议中，被许可人以支付许可使用费的方式作为获得许可的报酬。但被许可人也可以将自己的专利权作为对价许可给另一方，双方互为许可人与被许可人的关系。这样一种模式就称作交叉许可。在交叉许可协议中，一般双方当事人以价值相当的专利进行相互许可，通常是以获得对方专利技术的使用权为目的，常发生在两个存在竞争关系又相互依赖的企业之间。尤其是在高新技术领域，专利交叉许可的应用十分广泛。根据美国《知识产权许可的反托拉斯指南》（以下简称《指南》）第五章第五节，交叉许可通常是有利于市场竞争的，可以将具有互补性的技术进行整合，降低市场交易中的成本，清除相互阻断、排斥的地位，避免高成本的维权诉讼，促进技术的快速传播，等等。但值得注意的是，合同谈判和协商过程中，需要慎重考虑其中所涉及的条款，尤其是后文将要讨论的限制性条款，是否可能产生抑制竞争的效果，从而受到反垄断法的规制。

2. 专利池许可

一般专利池许可与交叉许可有着极为密切的联系。一般专利池许可是指两个以上的专利权利人通过签订协议，把作为交叉许可客体的多个知识产权（主要是指专利权）放入一系列许可中所形成的知识产权的权利集合体，或者可以称之为专利联盟。当同一技术领域或同一产品存在诸多必要专利，且这些必要专利分别归属于多个不同的专利权人时，为了实现某一技术目的则不可避免地需要获得多个不同的专利权人的许可。这种单个进行交叉许可的过程过于复杂、烦琐，且成本高、耗时长、效率低，在这种情形下，各个不同的专利权的权利人一般会将其个人享有的相关技术领域的专利交由某个专门的正式或者非正式的机构进行统一管理，组建成一个专利池，由该机构将这个专利池中的专利统一进行许可，或者用于生产活动。

（1）封闭的专利池许可

封闭型的专利池是指两个或者两个以上的专利权人联合起来进行合作，利用其在相关领域内的专利组成专利池。专利池内部的合作人员可以对专利权进行相互交叉许可。因此，在这一模式下，只存在专利池之内的专利权人之间的相互许可。由于各专利权人所持有的核心专利可能具有等价性，所以各专利权人可以依照等价性的专利免费获得该许可，或者按照约定的比例支付专利许可使用费。由于众专利权人在组建专利池后，将大多数标准专利都集中在该封闭的专利池中，倘若不向外许可这些专利技术，可能会导致其他市场主体难以获得该领域内技术创新所必需的对现有技术的使用，从而无法参与自由竞争，该封闭专利池则有可能在市场上形成一种垄断。因此，在实际操作过程中极易产生不法垄断，受到反垄断法的审查。

（2）开放的专利池

开放型的专利池主要是指两个或者两个以上的专利所有人通过联合的方式组成专利池后，不但对专利池的内部人员提供许可使用，还对第三人提供专利池内部的打包许可。许可使用费用则由专利池的内部参加者根据其对专利池贡献的核心专利的数量的多少来按照相应的比例进行分成。通常所说的专利联盟就属于这种情形。任何一个专利在入池之前都需要进行评估，衡量其是否属于该专利池中的标准必要专利，以及其在专利池中的价值所占比例。在后期许可协议达成后，各个专利权人就按照其专利在专利池中所占的比例收取许可费。

专利池许可与交叉许可的主要差别在于，交叉许可通常是双方许可协议，而专利池许可采取多方协议的形式，并有可能对专利池以外的第三方提供许可；另外，专利池许可通常存在一个由核心专利构成的技术标准、一个非营利性的管理机构。经由该组织机构评估后，陆续会有其他以这个核心专利为主轴的其他相关专利加入其中，从而形成一个专利联盟。所以这种许可协议涉及的众专利之间的相关性较强。而交叉许可涉及的专利可能是互为替代性、互补性、从属性的同一领域的专利，也可能是两个完全不相关的专利，只是当事人为了满足生产经营的需要，希望能获取某一专利权的使用权，双方各取所需。

3. 专利强制许可

在我国，强制许可制度仅限于专利领域。我国《专利法》分别规定了以下几种类型的专利强制许可：第一，防止滥用的强制许可。防止滥用的强制许可又分为两种情形：①一般强制许可。一般强制许可是指自专利权被授予之日起届满三年，并且自提出专利申请之日起届满四年的，专利权人没有正当的理由不去实施或者没有充分实施该专利的，可以给予强制许可。该规定来源于《巴黎公约》。《巴黎公约》第5条的第4款规定，专利权人自专利申请提出之日起届满的四年以前，或自被授予专利时起届满的三年以前，以之后届满的期限为准，不能将不实施专利或者不充分实施专利作为条件申请强制许可；但是如果专利权人的不作为确实是有正当理由的，那么应当拒绝予以强制许可。②反垄断的强制许可。反垄断的强制许可专利权人行使其专利权的行为被有关机关依法认定为垄断行为，为消除或者减少该垄断行为对竞争所产生的消极影响，可以给予强制许可。该规定源于贸易知识产权（TRIPs）协定。TRIPs 协定第 31 条第 11 款规定，若是为了抵销在行政或者司法程序之后被认定为反竞争行为的做法而允许如此使用，则成员方是没有义务适用上述第 2 和第 6 子条款所规定的条件的。其中第 2 项规定的就是强制许可的情形。因此，在出现用专利权而导致非法垄断的情形时，强制许可可以作为一种救济手段。第二，依据我国《专利法》的规定，如果一项取得专利权的发明或者实用新型与之前已经取得专利权的发明或者实用新型相比具有经济意义上的显著的重大技术进步，其实施又依赖于前一个发明或者实用新型的实施的，国务院专利行政主管部门则可以根据后一专利权人的申请，将实施前一发明或者实用新型的强制许可给予后一专利权人。在依照上述规定给予后一专利权人实施强制许可的情形下，国务院专利行政部门也可以根据前一专利权人的申请，将实施后一发明或者实用新型的强制许可给予前一专利权人。从本质上来看，该强制许可类似于交叉许可，在其他国家和地区均无相关的法律规定。因为，当专利权人之间存在技术壁垒而相互制约，同时又有可以相互依赖的专利时，往往会自愿达成许可协议，谋求共同发展。倘若协议无法达成，或者一方没有正当理由拒绝许可时，也可以通过防止滥用的强制许可解决。

4. 根据公共利益需要的强制许可

依据我国《专利法》的有关规定，为了公共利益的需要，抑或当国家出现紧急状态或者极为特殊的情况时，国务院专利行政部门可以作出给予实施发明专利或者实用新型专利的强制许可的决定。同时需要注意的是，依据有关规定，涉及的发明创造如果是半导体的，仅仅出于公共利益的需要和反垄断行为的目的才构成强制许可的正当理由。

5. 制造和出口专利药品的强制许可

依据我国《专利法》规定，对于已经取得专利权的药品，基于公共健康的目的，国务院专利行政主管部门可以给予制造并将该专利药品出口到符合中国缔结或参加的有关国际条约所规定国家或者地区的强制许可。该规定来源于《关于 TRIPs 协议与公共健康的宣言》（Declaration on the Trip Agreement and Public Health），可以简称为《多哈宣言》，当国家出现紧急状态时如艾滋病、结核病、疟疾等传染病所引发的公共健康危机，成员国有权给予专利药品的强制许可。

（二）商标许可

1. 商标许可的意义

商标许可是指商标权人允许他人在一定的期限范围内使用其注册商标。该商标一般用于推广品牌概念和推广产品。商标代表着企业的商业信誉，通过实施商标可以较为有效地提高商标本身以及商标使用者的商业信誉。因而商标权人通常情况下会通过以自己使用商标的形式来行使商标权。权利人之所以会将自己的注册商标许可给他人使用，往往出于以下几个方面的考虑：其一，商标的广泛使用可以将商品的竞争市场进行有效的扩宽，提高服务和商品的影响力，提升商标的价值，增强商业信誉。商标许可不失为一种以无形资产扩大市场的竞争策略。其二，诸多客观因素也促成商标许可的产生。如商标权人实际经营的商品和服务的范围难以满足注册商标核准使用的范围，或是商品和服务的潜在市场拓展到国内外远远超出实际经营的地理范围。由于自身经营能力有限. 为了获得最大经济效益，商标权人往往采取许可的形式。当然，除了开拓市场、创造经济效益以外，商标许可的重要意义还体现于整个许可的进展和过程中，为了被许可使用商标商品的质量得以保证以及维护商品自身的商誉，许可方与被许可方在生产、销售、售后服务以及企业管理等各个流程和环节相互监督与完善。这不仅提升了企业的整体素质，促进相关市场的开拓，更满足了消费者的需求，保障其信赖利益。

2. 商标许可的种类

实践中，商标许可的使用范围很广，包括技术转让、设备进口、特许经营、连锁经营等，甚至还可以作为争议解决的一种方式。一般而言，根据许可的权利范围，可以将商标许可分为以下三种类型。

第一，独占使用许可。独占使用许可是指注册商标权利人在与相对人约定的期间、地域范围之内通过约定的方式，给予被许可人使用其注册商标的权利，商标注册人本人依照约定也不能使用该注册商标。

第二，排他使用许可。排他使用许可是指注册商标权利人在与相对人约定的期间、地域范围之内通过约定的方式，给予被许可人使用其注册商标的权利，被许可人依约定可以使用该注册商标但不得将该注册商标另行许可他人使用。

第三，普通使用许可。普通使用许可是指注册商标权利人在与相对人约定的期间、地域范围之内通过约定的方式，授权他人使用其注册商标，并且可以自行使用其注册商标以及许可他人使用其注册商标。

根据《最高人民法院关于审理商标民事纠纷案件适用法律若干问题的解释》第 4 条第 2 款的规定，在发现他人侵犯权利人的注册商标专用权的时候，独占许可使用合同的被许可人可以通过向人民法院提起诉讼的方式维护自身权利；排他许可使用合同的被许可人可以与商标注册的权利人共同提起诉讼，也可以在商标注册权利人不提起诉讼的时候，自行提起诉讼；普通许可使用合同的被许可人经过商标注册权利人的明确授权，亦可以通过提起诉讼的方式维护自身权利。

3. 商标许可中的问题

商标许可中的问题主要是被许可商标的商品或服务的质量控制问题。商标上凝聚的商业信誉对商标所有者而言意义重大，甚至关乎一个企业的前途发展。当商标权人将经过大量努力而获得的商誉寄予被许可人的商品或服务之上时，通过质量监控来维护其商誉便成为许可人需要特别注意的事项。同时这也是一项法定义务。根据我国《商标法》规定，商标注册人可以通过与对方签订商标许可使用合同，授予他人以注册商标的权利。许可人应当就被许可人使用其注册商标的商品的质量进行监督。被许可人应当就使用该注册商标的商品的质量进行保证。经过许可而使用他人注册商标的，必须在相关商品上标明被许可人的名称以及商品的产地。

因此对商标权人而言，颁布许可前应该审慎考察被许可人的基本情况，包括生产水平、产品质量、管理结构等，以确定其是否有能力提供与自身水平相当的产品。在签订许可合同过程中，应细化与质量控制相关的条款，例如具体的质量标准及相应的违约责任、质量控制的方法、合理的整改期限与措施等。在合同期限内，应积极履行质量监督的权利和义务，同时提供必要的帮助。对被许可人而言，应该根据合同约定保证产品质量，维护商标的信誉，不得损害许可人和消费者的利益。

第二个问题是商标权的保证与维护。

第一，许可人必须保证被许可的商标是经商标行政管理机关依照规定依法核准注册的商标，其应当具有真实可靠性。由于尚未注册的商标并不享有专有权，在该商标不是驰名商标的情况下无须得到他人许可即可自由使用，也不必交纳使用费。

第二，许可人有义务保证商标的有效期限。一般情况下，商标许可使用合同的有效期应当在商标权的保护期范围之内。但是，由于商标权在期限届满前是可以续展的，所以就有可能出现这样一种情况，即商标权的保护期少于许可使用合同的有效期。因而若出现这种情形，许可使用合同在商标权的有效期限之内是有效的，而对于超过有效期的合同是否有效则以续展是否成功为效力条件。

第三，商标权若被宣告无效，这会对在此之前签订的许可使用合同产生极大的影响。被许可人在面对此种情况的时候应当积极采取相关的救济措施。根据《商标法》的规定，被宣告无效的商标权即被视为自始不存在。人民法院或者有关部门宣告注册商标无效，这对于宣告注册商标无效之前人民法院已经做出的并且已经交付执行的商标侵权案件的裁判及调解书，以及工商行政主管部门已经做出的并且交付有关部门执行的商标侵权纠纷案件的处理决定，还有相关当事人已经履行的商标转让合同、商标许可使用合同而言不具有溯及既往的效力。但是如果因为商标注册权利人的主观恶意给他人造成损失的，则应当给予相应的赔偿。因此，商标权被宣告无效很有可能会导致被许可人依照许可使用合同而交付的高额的商标许可使用费无法返还，从而导致相对人遭受重大损失。这就要求被许可一方在签订许可使用合同之前，需要对商标的有效性以及权利人是否有权许可进行仔细审查，并在合同中约定若商标权被宣告无效以及许可人无权进行商标许可的有关后果。从而在此类情形出现后，以保证被许可人能依照合同的约定获得充分的保护。另外，根据《商标法》规定，已经注册的商标，若违反商标法规定的，或者是通过采取欺骗相对人的手段，抑或通过采取其他不正当的手段取得商标注册的，可由商标局依照有关程序宣告该注册商标无效；其他单位或者个人也可以向商标评审委员会提出请求由商标评审委员会依照有关规定宣告该注册商标无效。被许可人也应当密切关注被许可商标的状态，如果发现被许可的商标属于本条所规定的无效商标的范畴，被许可人也可以通过申请宣告无效的途径降低自己的损失。

第四，商标许可合同的备案。根据《商标法实施条例》的规定，允许他人使用其注册商标的，许可人应当在许可使用合同有效期范围内向商标局备案并向其报送备案材料。备案材料之中应当包括注册商标许可使用许可者、被许可者、许可的期限、许可使用的商品或者服务范围等事项。根据《最高人民法院关于审理商标民事纠纷案件适用法律若干问题的解释》的规定，商标许可使用合同没有经备案的，并不影响该许可合同本身的效力，但双方当事人另有约定的除外。同时若商标许可使用合同未在商标局备案的，则该合同的效力不得对抗善意第三人。商标许可的备案审查有利于及时发现合同中可能存在的问题并加以纠正，更好地维护当事人双方的合法权益，也为消费者准确选购所需商品提供了便利，因此许可人应当积极履行这一义务。

4. 特许经营中的商标许可

特许经营，主要是指通过签订许可使用合同，特许人将所有或控制范围内的商标、商号、经营模式等各种经营资源交由被特许人使用，赋予被特许人使用权；被特许人按照双方当事人合同的约定在同一经营的体系下从事生产经营活动，并按照约定向被特许人支付特许经营许可使用费。在特许经营中，商标权是被特许人主要许可的，同时商号、商业的外观这些也一并许可。就商标特许经营而言，被许可人依照特许经营合同从许可人那里购买商品进行销售，并采取统一的经营模式。其中店铺的装潢和招牌往往要突出使用商标权人的商标标识，并且在特许经营店投入实际运营之前已经由商标权人作出了商标权的许可。对于特许经营商标授权模式，有一些学者提出以下意见：①特许人具有服务商标的专用权，被特许人如果从事相关服务则应当获得服务商标权的使用权的授权；②特许人仅仅具有商品商标的专用权，被特许者如果仅仅销售商标权人自己制造或允许他人制造的商品则不需要获得商标权的许可；③在店铺装潢上使用他人的商品商标标识可构成商标法上的不正当使用，如果通过采取合理的方法在店铺装潢上使用商品的商标标识，则不会构成商标侵权，如果行为人不能通过正当的方法在店铺的装潢上使用注册商标标识，则会构成不正当竞争；④在店铺装潢上使用他人商品商标标识的合法界限在于：使用出于善意。使用只是为了说明或者描述自己的商品，如果不使用他人享有专用权的商标就难以描述自己所销售的商品，没有以单一性、突出性等暗示自己与商标权利人具有赞助或许可关系的方式使用他人具有权利的商标标识。

（三）著作权许可

著作权许可通常用在生产、传播、推广一项文学和艺术创作的成果上。我国《著作权法》规定，著作权许可使用合同应当包括以下几个方面的内容：①许可使用的权利类型；②许可使用权利的专有性使用或者非专有性使用；③许可使用的地域范围、时间范围；④支付报酬的标准和方法；⑤违约责任；⑥双方当事人认为还需要约定的其他内容。由于著作权中的人身权具有专属性，不属于著作权实施的范畴，不能对外许可也不能转让。因此，著作权许可的标的是我国著作权法上列举的12种财产权。

1. 著作权集体管理组织对外许可

著作权的许可包括两种情形：权利人自行对外许可和授权著作权集体管理组织对外许可。著作权人自行许可主要是指著作权人通过著作权的许可使用合同将自己的作品授权给他人使用。但由于著作财产权的内容丰富，每一项财产权都表现为著作权人实施作品的一种方式。一旦作品发表后，权利人无法或难以直接行使权力控制他人的实施行为。因此，授权集体管理组织对外以自己的名义许可以及维权就成为必要。这种模式与专利联盟有类似之处，都存在权利人通过共同委托第三方（专门机构）对外进行许可的情形。

根据《著作权法》规定，著作权集体管理组织是非营利性组织，著作权人以及与著作权相关的权利人可以授予集体管理组织权利，由它们代表著作权的权力者授予不同的使用者使用该集体组织成员的作品的权利，并收取一定数量的使用费用，支付给著作权人作为报酬。若出现第三方侵权的行为，著作权集体管理组织则对侵权者提出包括诉讼、仲裁在内的法律交涉。根据《著作权集体管理条例》的规定，著作权集体管理合同经权利人与著作权集体管理组织订立之后，不得在合同约定的期限范围之内自行行使或授权许可他人行使合同中约定的由著作权集体管理组织所应当行使的权利。因此，从上述法条中我们可以看出，对著作权集体管理组织进行授权允许其对外许可，这从本质上来看是一种独占许可，一旦进行授权后，著作权人不得再向他人进行许可。

根据《著作权集体管理条例》规定，著作权集体管理组织对外许可存在以下限制：集体管理组织对外进行的许可只能是非独占许可；用户通过设定合理的条件要求与著作权集体管理组织订立许可使用合同的，该组织一般不得拒绝与该用户订立合同；著作权集体管理组织与用户订立的许可使用合同的期限一般不得超过两年，但是合同期限届满后双方当事人可以续订合同。集体管理的模式虽然能给著作权人和使用人带来共同的利益，一方面能大大降低著作权人的维权成本，另一方面也能有效减少使用人谋求授权的成本。但不容忽视的是，集体管理组织事实上处于一种垄断地位，往往容易从事一些抑制竞争的行为。例如，它们可能向著作权人收取高额的代理费或手续费，或向使用人索取过高的许可费，妨碍市场自由竞争。虽然我国《著作权集体管理条例》对著作权集体管理组织的资产使用情况以及财务管理情况等方面进行监督做了规定，但是对于此类组织可能从事的不利于市场竞争的行为并没有从反垄断的角度进行规制。有学者认为，应当设置以下措施来限制著作权集体管理组织的垄断行为：第一，要求著作权集体管理组织保证权利人能够自由地进入或退出；第二，建立一个公平、公正、公开、及时、准确的许可费分配机制，对歧视会员的行为进行严惩；第三，从实体和程序上两个方面对于索要高额许可费用的行为予以限制；第四，建立高度透明的信息公开制度，并且接受来自使用权人、著作权人、政府部门以及社会舆论等多个方面的监督；第五，对于是否签订独占性许可使用协议允许权利人与集体组织之间按照双方的合意进行选择，加大权利者与使用者的选择权。

2. 著作权法定许可

著作权领域的法定强制许可一般限于涉及公共利益的教育、广播电视等传播领域。根据《伯尔尼公约》（以下简称《公约》），在附件中作出了规定，发展中国家基于教育以及科学研究的现实需要，可以在《公约》的限制规定范围之内，按照《公约》规定的程序，赋予翻译或复制有著作权作品的强制许可证，这是发展中国家在 1971 年修订《公约》时强烈要求而增加的。各国法律中规定的著作权强制许可的范围基本也限于此。但使用人需提交申请，由国家版权管理机构审批同意后，方能实施该强制许可。由于我国也是《伯尔尼公约》的缔约国，该规则对我国也适用。我国除专利法外，强制许可制度并没有扩展到著作权和商标领域。但是我国《著作权法》规定了五种法定许可的情形，为实施九年制义务教育以及教育规划而编写出版有关教科书的，除作者在行为人使用以前明确声明不允许使用的除外，可以不经过著作权人本人的同意，在教科书中汇编已经发表的作品的某个片段或者某些短小的文字、音乐作品或者单幅的美术、摄影作品，应当按照规定向著作权人支付报酬，应当在教科书中指明作者的姓名、作品的名称，并且不得侵犯著作权人按照本法规定所享有的其他应当享有的权利。前款的规定对于出版商、表演者、录音录像的制作者、电视台以及广播电台的权利的限制也同样适用。因此可以概括为涉及公共利益的教学使用、报刊之间的转载、音乐作品的二次录制，广播电台、电视台播放已发表的作品与录音制品。只要使用者符合以上条件就可以直接获得许可，不需要经过国家行政机关的审查。

第二节　知识产权许可限制条款的垄断

许多国家的法律都明文规定，禁止通过合同的方式阻碍市场的竞争，这类合同往往被认定为无效，合同当事方也会被处以巨额罚金。在知识产权许可合同中，由于其本质上是给予了被许可方在某一技术上一定的垄断权，因此可能对市场竞争造成不利影响。特别是某些许可协议中通常会包含一些限制条款，例如限制被许可人对应用知识产权的产品进行定价，限制销售数量，限制被许可人在同一市场进一步开发新产品，等等，这类条款就可能阻碍了市场的竞争，从而将会受到反垄断法的规制。

美国在 20 世纪 70 年代就提出了"九不准"。凡是被列入其中的行为都是违法行为。随着社会的发展，其中部分限制行为已经被认定为合法。例如，被许可人对于再次授予许可的否定权以及对被许可人对于依专利方法生产的产品进行销售时所为的限制。另外应当采取合理性规则对某些部分限制进行分析。例如，对于非专利性的项目采取收取使用费的方法和将产品的销售数额作为提成的基底数。当然，一些限制性的条款会对竞争产生极大影响这种情况依旧存在，需要在实践中作仔细分析。例如搭售、回授、价格限制、地域限制。

一、搭售问题

根据《关于滥用知识产权的反垄断执法指南（国家工商总局第七稿）》（以下简称《指南》）的规定，知识产权的搭售，是指权利人就一项知识产权通过授予许可他人使用等方式行使权利时，违背交易相对方的真实意愿而要求其接受另一项知识产权的许可，或者从权利人那里和权利人所明确指定的第三方处购买某些种类的商品。可以单独分开许可或销售这些构成搭售的知识产权或者商品，并且具有独立的消费需求，前一个知识产权可以被称为搭售品，而后一项知识产权或者商品则可以被称为被搭售品。相关产品销售业绩下降，甚至将其排除在市场竞争范围之外，从而为自己谋取足够多的商业利益。并且，还有极大的可能性提高被搭售品的许可消费水平，以至于损害消费者自身的自主选择权。但是，并非所有的搭售行为都构成不法的垄断行为。例如，在被许可的技术或是含有被许可技术的商品，与其他技术或商品组合销售相比，分别销售更加有利于降低市场主体自身的经营成本，或者能够使得被许可技术得到更加有效的利用，抑或只有在搭售的情形下才能确保被许可产品达到技术要求或质量标准等情况下，该行为在专利许可中是被认定为合法的。它有利于提高效率，保障消费者的利益，更有利于促进竞争。

我国《反垄断法》规定，对于具有市场支配地位的经营主体从事滥用市场支配地位的行为予以禁止：例如，以不公平的高价销售商品或以不公平的低价购买商品；尚无正当合理的理由，要求交易相对人只能与自己进行交易或只能与自己指定的经营者进行交易；国务院反垄断法执法机构所认定的其他被认为滥用市场支配地位的行为。若具有市场支配地位的经营者没有正当理由从事了搭售行为，构成滥用市场支配地位的，可以使用本款规定进行规制。我国《反垄断法》规定，经营者依照有关知识产权的法律法规的规定行使知识产权的行为，不适用本法的有关规定。但是经营者对知识产权进行滥用，排除限制竞争的行为，则适用于本法的有关规定。因此，与知识产权相关的搭售行为最先会受到反垄断法的豁免，并且该行为主体只有在滥用知识产权的情形下才会需要接受反垄断法的审查。有人提出建议，我国对搭售行为的反垄断分析可以从以下几个方面着手：首先是对技术市场的范围以及当事人的市场支配力进行界定，我们可以通过界定技术市场下游的商品市场的范围从而来界定技术市场，同时还需要对与技术市场相关的地域范围予以考虑。在此前提下，市场支配力或市场份额的认定可以参考欧盟的做法，对于当事人在相关技术市场的市场支配力可以通过许可使用费用的比例及下游产品的相关市场份额予以推定。其次是知识产权许可使用制度的当事人之间的关系是极具特殊性的，既可能处于纵向关系又可能是横向关系，需要合理妥善地分析。再次是合理性规则的运用需从以下三方面着手：第一，认定权利人是否构成权力滥用；第二，搭售对竞争的限制是否超出对知识产权的促进，需考虑知识产权本身的垄断性质以及对竞争的积极作用；第三，结合知识产权在有关市场中的地位、持续性的时间，以及知识产权所具有的其他特殊功能，考虑该许可行为对市场竞争总体产生的消极效果是否适用反垄断分析的例外情形。

二、回授问题

根据《指南》的规定，回授是指被许可人同意给予知识产权的权利人其对于许可技术的改进的一种制度安排。如果回授是具有非排他性的，则很可能会产生促进竞争的效果。这种安排有利于减少许可交易中的谈判成本，有利于技术一体化的实现。这是为许可人以及被许可人提供了风险承担的一种方式，并使得许可人从许可技术再次进行进一步的创新中或受许可技术的启发而作出的创新中得到一定的回报，不但推动了技术创新，而且还促进了对创新成果的连续性许可。另外，回授条款可以促使许可人毫无保留地进行许可，鼓励双方交换信息，进而实现新的技术创新。但是，相比较之下，排他性的回授条款则更有可能面临反垄断审查的风险。因为它降低了被许可人进一步从事研究开发的积极性，限制了创新。此外，倘若许可人已经在市场上具备了支配地位，通过这类回授条款它的市场支配地位将不断得到强化，从而限制了技术市场下游的商品和服务的竞争。

据《指南》规定，主管机关分析回馈授权的一个要素是许可人在有关技术或创新市场中是否具有市场支配力。如果一项特定的回授条款有极大的可能性会将被许可人投资改进许可技术的积极性进行实质性的降低，那么主管机关将会对回授条款在多大的程度上会将其促进竞争的效果予以抵消而进行考虑，这些被抵消的竞争促进内容主要包括：①有利于推动被许可人对于已改进许可技术的传播；②极大地提高了许可人对于传播许可技术的积极性；③通过一定的方式对相关技术市场或创新市场上的竞争以及产量予以提高。我国《反垄断法》规定了禁止滥用市场支配地位的行为，在对回售行为进行反垄断分析时，通常会引用该条款。另外，在确定许可人是否具备市场支配力的时候，还需要对《反垄断法》的规定进行参考，即：①该经营者在相关市场的市场份额和有关市场的竞争情形；②该经营者控制物品销售市场或原材料采购市场的能力；③该经营者的经济和技术条件；④其他经营者在交易上依赖于该经营者的程度；⑤其他经营者进入有关市场的难易程度；⑥与认定该经营者的市场支配地位相关的其他考虑因素。

三、价格问题

《指南》规定了竞争者之间的价格限制，即竞争者通过有关的知识产权合同对知识产权许可费用或者使用知识产权生产相关商品的价格进行固定或者变更。竞争者之间的价格限制主要包括直接价格限制或者间接价格限制。直接价格限制主要包括价格固定、限制最低价格、限制最高价格、制定推荐价格或者指导价格、制定具备上限折扣的价格清单；间接价格限制主要是指通过提高知识产权的许可使用费率或者提高许可使用费等方式，迫使经营者去遵守已经为人所限定的有关知识产权商品的价格，间接地对该商品的价格进行控制。简而言之，价格限制主要是指许可者和被许可者在许可合同中明确约定，被许可人实施所授权的知识产权而制造的产品的售价由许可人来进行控制。这既可以限制被许可人销售该种产品的价格，也可以要求被许可人在售卖该种产品的同时对购买人的转售产品的价格进行限制。有学者提出，对于初次销售产品的价格限制以及转售产品的价格限制应该给予区别对待。专利产品初次销售价格限制所指向的是处于初次销售阶段的专利产品，而专利产品的转售则是专利权人自行制造并售卖专利产品与第三人或者被许可者制造并售卖专利产品以后，第三人对该种专利产品进行销售。因而专利产品转售价格的限制所指向的专利产品已经处于初次售卖完成以后的贸易流通阶段。由于处于初次销售阶段的专利产品还没有完全进入流通领域，这种价格并没有约束到更多的交易环节。因此，对竞争难以产生长远性损害。但是，当专利产品脱离被许可人，即进入产品流通领域的时候，许可者对专利产品转售价格的限制主要是通过被许可人与第三方已经签订的销售合同来实现的，许可人如若通过被许可人和第三人对再次转售的产品价格进行限制。如此类推，专利产品无论流通至哪些人手中，许可人对产品的转售价格进行限制都可以对专利产品的销售价格予以限制。如此，产品转售价格的限制将会对商品的自由流通造成严重的威胁，这就是"专利权穷竭原则"所禁止的。因此，在实践中，应当对产品初次销售的价格限制与产品转售价格限制对竞争产生的影响进行充分的考虑，对这二者应当加以区别对待。

四、地域问题

在许可协议中，存在两种区域限制的情形：其一，许可人限制被许可人只能在某一特定地域实施其专利，并且不再许可第三人进入该领域；其二，在交叉许可中，双方约定专利权的使用范围，在该范围内从事被许可的知识产权交易，从而达到划分市场的目的。这种市场分割主要包括知识产权的许可市场或者利用知识产权生产产品的销售市场，以及要素投入的原材料采购市场。地域限制可能会导致许可人与被许可人在一定地域范围之内形成共同垄断，或者使得在特定区域内竞争者无法许可知识产权，以及不进行生产或者不积极售卖利用相关知识产权生产的产品或者与其生产有关的要素投入，以此将特定的市场预留给其他市场主体。从本质上而言，这种行为抑制了竞争，破坏了正常的市场秩序。

第三节　许可制度的应用

一、专利许可的应用

专利许可方面的巨头中有许多来自信息技术和生命科学领域。在计算机行业，出现过一些令人瞠目结舌的许可收入数据。在过去几年中，甲骨文、微软、赛门铁克以及国际商用机器公司都曾经盈利超过 10 亿美元甚至更多。甲骨文获得 74 亿美元，微软获得 59.3 亿美元（有可能更高），赛门铁克获得 13.1 亿美元，国际商用机器公司获得 3.68 亿美元（近年来数值更高）。化工行业、制药行业以及电信技术行业近几年也同样从知识产权许可使用中获得了极为惊人的回报。例如，默克公司、礼来公司、雅培公司和强生公司都通过使用知识产权的方式获得了巨额收入。其中这些行业的其他领先者主要包括：杜邦获得 10.76 亿美元，惠氏获得 3.83 亿美元，陶氏化学获得 2.47 亿美元，辉瑞获得 2.24 亿美元，庞贝捷（PPG）工业获得 4800 万美元，亨斯迈获得 3170 万美元。制药业中，百时美施贵宝获得 1.55 亿美元。电信业中，康卡斯特获得 4.73 亿美元，美国电话电报公司（AT&T）获得 4.09 亿美元，威瑞森电信获得 4700 万美元。

二、商标和著作权许可的应用

涉及知识产权许可业务的并非只有那些技术开发型的企业。一些服装业的公司通过向其他机构许可使用自己的知识产权（例如设计权和商标权）的方式，每年的收入也达到了数千万美元。耐克公司以及其旗下拥有的威格（Wrangler）和 Lee 品牌牛仔裤的威富（VF）公司可以算得上是最大的许可人了。近几年，通过许可的方式获得一大笔回报的其他公司主要包括：服装业中，李维斯获得 9480 万美元，琼斯（Jones）服装集团获得 5200 万美元，丽诗卡邦获得 4100 万美元，高尔斯（Guess）获得 973 万美元。饮料行业中，可口可乐通过向其他机构许可多达 450 个品牌的方式来进行创收。百事公司和安海斯-布希公司（Anheuser-Busch）也同样采取这样的方式进行创收。摩森康胜（Molson Coors）的许多知识产权收益都主要来自它的"自有品牌"（own-branding）战略。在食品行业领域，百事公司依旧是其中的领头羊，例如卡夫食品、萨拉·李（SaraLee）、通用磨坊（General Mills）以及其他一些公司现在也具有领先地位。在内容为主的娱乐产业中，大多数公司都是不折不扣地通过许可的方式来赚取高额利润的公司。娱乐业中，哥伦比亚广播公司（CBS）获得 13 亿美元，维亚康姆获得 12 亿美元，华特·迪士尼约获得 7.5 亿美元，华纳媒体获得 7.22 亿美元。

当向他人发放使用许可证的时候，对于如何拟定交易中的细则问题，以及向他人收取知识产权许可使用费用的多少，基本上许可使用人自己具有完全的选择自由。一种比较常见的策略就是普遍性地采取价格上的区别待遇。例如，作为专利权的许可使用人，在面对不同的情形时，根据消费者的不同而收取不同的费用。定价方法和策略可以基于被许可机构对于已经许可使用的知识产权的处理形式，被许可机构对于这些知识产权的渴望程度，他们将会在怎样的地理范围之内使用这些被许可的知识产权等。对于制药行业而言，依照知识产权许可使用的地域范围的不同，可以规定不同层次的价格。这是一种很常见的许可方式。换句话说，许可使用人可以通过地理区域范围来确定所要开发利用的被许可使用的知识产权的市场，从而根据产品的最终销售地来对价格作出不同的规定。计算机公司在一般情况下，会依据消费者的付费情形来生产在功能上有所增减的设备。例如，国际商用机器公司生产的 E 系列激光打印机的价格之所以相对便宜，主要是因为它的芯片具备提供延迟的这样一种附加性的功能。如此一来便可以让打印机在每分钟之内只打印五页出来，而不是打印出十页。

价格上的区别待遇带来的主要风险就是，针对相同的产品或权利支付较少费用的顾客，会沾沾自喜；而支付了更多费用的顾客会感到不满。但如果方法得当的话，这同样会成为一种比较有效的创收策略。即便是一些不善经营的企业，在停止产品生产之后仍然可以凭借此种方法进行创收获利。在 20 世纪 90 年代，思考机器公司（Thinking Machines）虽然拥有大量人才，甚至在广告宣传方面也投入大量精力，但是在高端计算机市场仍然不能出类拔萃。在公司几乎面临着即将垮台的风险时，临危受命的首席执行官理查德·费希曼（Richard Fishman）把公司中与专利有关的部分单独地剥离出去，通过将公司的专利技术许可给曾经的竞争对手的这样一种方式，最终让这部分衍生业务为公司的股东们赢得了上亿美元的收入。即便公司还不至于要走到破产这一步，但当市场低落惨淡之时，要想把自己的经营收入状况维持在良好的水平，充分挖掘以及利用知识产权，已经成为越来越普遍的和较为有效的战略方法。有限排他型的策略方法能够鼓励其他人按照许可人自己的设想对自身的技术作出提高和改进，并且自己还不需要为此支付有关的费用。在计算机技术行业领域，那些最普遍盛行的网络技术平台和计算机编程语言的开发者们，都十分热衷于借助他人的技术成果来为自己谋取利益。从 20 世纪 90 年代一直延续到 21 世纪，微软、太阳（SUN）、诺威尔（Novell）以及一些其他互联网公司，它们之间的大规模的战争印证了一点：公司可以通过多种不同的方式借助于知识产权去获得利益。在这些互联网公司之间，为增加产品销售额的高度激烈的竞争之中，都对自己的经营策略进行了或多或少的调整，并且到今天为止，许多公司还坚持采取创新性的思维对知识产权策略进行各种更新与实践。

1982 年，四个大学生创办了一个名为太阳计算机的公司（Sun Micro-
systems），其主要目的是进行计算机工作站的开发。自创立以来，太阳公司就信奉开放式的模式。它的方案之一，是面向公众公开自身的技术设备规范，鼓励其他人开发与之相兼容的产品。受益于此，太阳计算机公司在整个 20 世纪 80 年代和 90 年代这一段时期内，在企业计算机技术领域范围占据了极大的市场份额。

　　微软公司是由比尔·盖茨同他的高中同学兼朋友保罗·艾伦（Paul Allen）在 1975 年创立的。最初的时候还是一家为计算机厂家提供服务的软件公司。之后很快，微软公司就变成了在个人计算机操作系统和商用应用程序方面，占据绝对优势地位的计算机软件供应商。其对于知识产权的策略方案，在最开始的时候实施的是一种专有排他性的模式。微软大体总是自行开发计算机软件或者通过与他人进行交易的方式从别人手里购买代码。在对待知识产权的一般性策略上，太阳和微软通常情况下被看作是针锋相对的两头。太阳公司经常被人们描绘成是开源技术以及软件开放标准的长期性的拥护者，微软公司则是因为经常采取独占和排他的态度来对待知识产权，而一度被人们认定为软件开发产品线并且都获得十分丰厚的利润的过程之中其所采取的战略方案有不少的差异，倒不如说它们二者有很多相似之处。两家公司都清晰到认识到，如果它们要想取得令人满意的成绩，就必须让其他人能够有效地接入自己的系统。人们常说太阳公司在软件行业采取的是相对来说更加开放的一种策略，而微软公司长期以来面对开源以及开放标准运动保持一种比较抗拒的态度，这固然没有说错。但实际上，微软策略的一个关键部分就是想要让其他公司的应用程序能够在微软公司的 Windows 操作系统上保持持续性运营。想象一下在一台个人电脑之中，运营着多少并不是经由微软公司自行研发的软件包，例如财捷（Intuit）的特波税务（TurboTax）、苹果的 iTunes 软件，以及谋智（Mozilla）的火狐网页浏览器，难以计数。

　　从功能的实现上来看，太阳公司和微软公司是曾经几十年间采取有限排他型的知识产权策略的典型例子。采取该策略的主要目的，就是将自己的基础代码让他人能在一定程度上使用，从而研发出具备互动和可操作性的系统。近年来，在产品销售市场上拼得你死我活的两个敌对手——微软公司和诺威尔信息技术有限公司签订了协议，其目的主要是建立一个能够让两家公司的开发人员通力协作的有效机制，以至于让他们自己研发的系统更加具备交互操作的性能。这个协议中的一个核心部分就是，在这个进展过程中，双方都需要承担这样一种义务，即不得起诉对方侵犯了自己所

享有的知识产权。在当下信息技术发展迅猛的环境下，我们也可以称之为
新兴的在线社交网络。在知识产权的有限排他策略方面，我们能够举出的
例子更是数不胜数。促使脸书爆炸式发展的一个核心因素主要是向其他组
织机构发出公开的邀请，希望这些机构能够开发出一种在脸书的线上环境
下保持运营的应用程序。与苹果手机（iPhone）或者苹果平板电脑（iPad）
的应用程序有些相似，这些"脸书App"自己就促使了一个小型行业的产
生，推动风险投资机构热切地将资金投入进去，盼望着能够把它们做得更
大更强；并且，广告行业也希望能够从中获得利益。谷歌、雅虎、亚马逊
和一些互联网行业的巨头们都将自己的系统予以开放，同意其他机构使用
它们自己的数据及代码，从而能够开发出具备交互操作性的系统。这些所
有的机制都依赖于一系列法律协议的支持。以太阳公司来举例，它把应用
范围最广的Java技术许可给其他人使用的一个条件就是，被许可者必须遵
循这样一个特别的协议——1998年签订的社区开源许可协议（1998 Com-
munity Source License）。最吸引人们注意的社区开源许可协议主要是由理
查德·斯托曼（Richard Stallman）以及他的自由软件基金会推广开来的革
奴计划（GNU）公共许可。同其他Web 2.0公司一样，脸书依照自己制定
的独立许可协议将其系统向他人开放。软件共同开发标准所采取的做法也
体现出相同的道理。共同参与的企业需要在前期主动对自己所享有的权利
进行核查并声明自己的权利，然后同意自愿受某些条款的约束以此来进行
合作，并且为了达到某一个目的而开发一个公用标准。

　　基于以上种种情形，最后要达成的目标都是围绕自己的产品将一个生
态系统创造出来，也可以说是创造出一个对其中参与的各方都具有价值的
系统。依据现实情况，你可以自主选择形态各式各样的有限排他型知识产
权策略。这其中蕴含的根本性原则极为简单。在有些时候，最为聪明的做
法就是促使他人通过有限的方式使用你自己的知识产权，从长远的视角来
看这会让你可以通过其他方式去获得利益。让我们再来举一个能够强有力
地展现有限排他型策略的优点的论据。在农业技术领域，孟山都公司
（Monsanto）于1974年研发出了一款能够有效帮助农民消灭虫害的明星产
品即农达（Roundup）。几十年来这个产品销量都比较高。但事实上，孟山

都公司通过利用农达成功研发出的自己的知识产权，在这方面它赚的钱更多。孟山都的工程师们研发了这样一个产品，该产品能够促使农民去种植和销售的农作物（比如马铃薯）而无须使用农达。这项发明被人们称为抗农达，其通过使用一种被人们称为根癌农杆菌的寄生微生物的方式，制造出了转基因大豆。孟山都公司在此之后作了一个十分重大的决定就是，它并不只是通过自己的种子公司销售抗农达产品，而是通过向其他企业发放"广泛的许可"的方式许可他人使用该项技术。截至 2009 年，在美国本土所种植的大豆之中差不多有 91% 的大豆都属于转基因产品，并且其中又有92% 的大豆都显现出孟山都的抗农达产品的特性。到了 21 世纪初期，抗农达通过该种许可策略所获得的销售额都已经超越了农达产品自身的销售额。

三、排他型许可技巧的运用

在分析所采取的策略的过程中，起始点应当是有限排他策略，而不应当是完全排他策略。与完全固守自己所拥有的权利，即剑与盾的策略相比较而言，将自己所拥有的一些权利许可给他人使用，这也许会让你获得更多的利益。并且，在有些情况之下，更为明智的做法就是将你自己所享有的权利全部赠予他人（纯粹性的开放获取方式）。与排他导向型的策略相比较而言，这种方式可以为你带来更多以及更令人惊讶的逾期利益。

（一）完全排他型许可

采用完全排他型的策略，这就意味着你对任何其他人使用你所拥有的全部或部分知识产权持有一种彻底拒绝的态度，反而是尽可能在法律允许的范围内竭尽最大的可能自己实施以及利用这些知识产权。有些时候，采取此种策略也是理所当然的举动。首先，笔者先对知识产权是剑与盾的这样一种传统的观念进行分析讨论，之后再作其他分析。将知识产权当作剑来使用的时候，你将通过针对竞争对手的方法旗帜鲜明地使用和维护你自己的知识产权。通常情况下，这种权利的行使和维护会通过多种形式表现出来，你可以采取向侵权一方发出警告信的方式，警告他们让其立即停止侵犯你的知识产权。当接收到他们作出的回应之后，你可以拿出一份知识产权许可协议并让他们在许可协议中签字，这样才能授权他们继续使用你所享有的知识产权。但是他们需要为其支付一定的费用，并且在他们使用知识产权的过程中应当遵循一些条款。对于大多数公司来说，向侵权一方发警告信这样做的动机是推动自己的经营收入予以增加，而不是进行一场长时间的维权诉讼。也许，当你向他们发出警告信以后，他们依旧不当一回事，还是持续性地侵犯你的知识产权。又或者，比较常见的一种情况是，你们双方就许可协议的内容持续性地商讨了一段时间，但仍然无法就有关许可的事项达成一致意见。于是你决定花钱将侵权者告上法庭，与此同时，他们通常情况下会找别的理由对你提起反诉。这样的法律实践活动已经让知识产权诉讼成为法律行业业务中的一个主要内容。世界范围内最聪明的一些律师都已经在处理此类案件。与专利纠纷有关的知识产权侵权诉讼所涉及的争议标的，常多达数亿美元甚至数十亿美元。知识产权诉讼的过程，往往会跨越很长的时间段，有时候甚至会把参与诉讼的公司完全拖垮。并且紧随其后的律师费用成本也常常会多达数百万美元。正像某两位作者所说的那样，在美国，常规性的专利侵权诉讼案件，花费大致在300万至1亿美元，主要耗时2年至3年。经研究表明，大约有75.60%的公司被指控为专利侵权的一方，在最后都打败了想要通过诉讼途径维护自身专利权的提起诉讼的一方。如果不是到了万不得已的时候，没有哪一个机构愿意去打一场与知识产权相关的官司。但这并不是就说打官司这种方式没有任何意义。在有些时候，这是能够较为有效地阻止其他机构侵犯你所拥有的知识产权的唯一方式。这也是剑与盾策略真正发挥效力的时候。当然，将知识产权当作剑的获胜者，会因为这样一场诉讼走上发家致富的道路。如果你成为一个胜利者，那么最直接的效果就是你要么成功地阻止了你的竞争对手仿冒你的产品，要么至少让他们因为侵权行为承担一定的费用。最终的结果往往是你同他们一起签订了知识产权许可协议，从而为你所拥有的知识产权在将来可能的使用上提供了一些保障。如果将知识产权作为盾来使用，你可以通过组合利用知识产权的方式阻止别人向你提起知识产权侵权之诉。这个概念与核武器竞赛情况下所出现的一种缓和局面有点相似。在冷战时期，美国与苏联都生产了一大批的核武器。在某一个时间点，他们其中的一方可能会这样想，我们为什么还要连续不断地生产核武器呢？一个最有可能的答案就是，只有不断生产核武器才能够确保对方不会首先开火。因为如果不采取这样的方式，他们一定会被另外一方十分彻底地消灭。这也就是所谓的"确保相互摧毁"（mutually assured destruction）理论。

从权利的视角上来看，这个理论同样也可以适用于某些组织机构。一旦国际商用机器公司以及微软公司卷入了专利权侵权诉讼之中，那么我们几乎可以肯定的是，相互是竞争对手的这两家公司中的任何一方都会大批量地侵犯另一方的专利。其最后的结果就是双方各自都会去指责对方所实施的大面积侵权行为。因而，这些巨头们一般不会在知识产权相关问题上进行过多的纠缠。然而，你也不是必须得是微软公司或者国际商用机器公司这样的大企业，才可以以这样一种方式将你的知识产权当作盾牌进行使用。你可以在脑海里设想一下这样一种情形，你的其中一个竞争对手，起诉你实施了侵犯他的知识产权的行为。你答复他说实际是他们正在侵犯你所拥有的独立知识产权。最后的结果可能并不会是由法院作出的巨额赔偿金的裁决，而是你们两家机构相互之间进行交叉许可。这样的一种交叉许可能够有效地抵消两个知识产权侵权诉讼案件。但是在这里值得一提的就是，剑与盾的知识产权策略会具备一些局限性。保护知识产权一般是不能阻止他人进行具有开创性的发明创造。把知识产权当作剑与盾的这样一种做法，能够比较有效地阻拦你的竞争对手在你研发的产品基础上，生产出一些后续改进的产品，这就会导致他们提供的新产品或者新服务，与你之前做出的产品或服务相似或有所不同。但是你无法阻拦别人弄出一种同你自己的产品完全不同的计算机算法、特效药或捕鼠器。这个层面的产品上的较量，应当是在研发实验室里进行而不是在法庭上进行较量。至于你从多大程度上会将知识产权作为剑和盾来使用，其中还是有一定的法律上的限制规定。换句话说，从一定程度上来看，一些限制性的规定就是，不允许你完全排除别人使用你自己的知识产权的机会。政府在有些时候，会强硬地让你向他人进行知识产权的许可即强制许可。在2001年的时候，发生了一件令人关注的事情，美国政府向社会公众声称要启动强制许可，允许大量地进口以及储存通用的环丙沙星，从而应对即将可能会发生的炭疽病攻击。在 2005 年的时候，关于涉及向政府部门和通过使用黑莓设备的方式，同政府一方通信的私人机构所提供的有关黑莓电子邮件服务的专利侵权纠纷一案，美国司法部对该禁令救济明确提出了反对的观点，并且申明根据强制许可的有关规定其具备行使那些专利的权利。在某些情形之下，公众有权利通过有限的方法行使其所享有的知识产权，例如涉及著作权这方面合理使用的原则。这一原则是允许我们将知识产权应用于社会性评论，或者应用于社会公众所需要了解的其他事项。并且，如果你实施的行为太过头的话，还会有极大的可能性引起与反垄断有关的问题。但是这些问题是我们需要在其他的时间段所要讨论的。

身为一个客户，你应当告诉你所聘请的律师，永远不要通过向竞争对手提起诉讼的方式，来维护你所享有的知识产权。这也不是说，已经审理了许多此类案件的得克萨斯东区法院，或者主要审理上诉案件的联邦巡回上诉法院，都应当将这些诉讼拒之门外。一家管理机构在管理其知识产权的时候，想要采取具有竞争力的方式获得长远的利益，实际上还可以选择一些成本比较低、更为和谐的其他策略。

（二）开放式许可

在各种不同的知识产权策略之中，开放式获取的知识产权策略是与完全排他的知识产权策略相对立的另外一端。有些时候，这可能会是一个比较合理的选择，即将具有一定形式的知识产权或其全部拱手让与他人。该种策略是类似于有限排他型的知识产权策略的。这二者背后的逻辑也差不多是相似的，即当你已经决定许可其他人使用你所享有的知识产权的时候，即是法律已经给予你去阻止他们实施该种行为的权利。同时开放式获取策略同完全排他策略亦具有不同之处。这二者的不同之处主要在于，即使你认为当别人因此而不向你支付报酬的情形时，也依旧可以将知识产权拱手让与他人。这一策略的最佳例证，主要来自令人高度关注的开源软件领域。已经有很多的报道对这些故事做出了比较详尽的说明。所以笔者在这里只就最为核心的问题进行分析讨论。在多数情况下，像商业机构、非营利机构以及个人，一般都决定当软件被开发出来之后，将自己所享有的发明创造回馈给社会公众，即他们本来可以通过行使著作权或者专利权的方式来对这些软件给予保护。此种开源软件模式，已经能够生成你所能预想到的各种软件程序。其中一些软件程序已经成为其所属领域的行业标杆程序。例如阿帕奇网页、谋智火狐网页浏览器、尤尼克斯操作系统等，同很多其他人的开源软件产品，使用者加起来差不多有数亿人之多，并且其中有一些软件还可以称得上是至今为止最好的程序。

在开源模式之下，这些软件的开发者把他们的产品贡献出去的时候，一般情况下会设定一定的附加性条件。我们可以基于绝大多数的开源许可协议来看，开发者如果将他们自己的产品置于社会公众可以接触的领域，对于许可的条件而言，一般会要求使用该代码的人也依照此类方式做事情。换句话来说，对于那些已经免费获得软件的人而言，他们也应该向他人免费提供该软件。正如有一家开源软件的领导人所说的那样，自由免费软件，它的自由及免费，这是从"言论自由"意义上来看的自由，并不是从"免费午餐"意义上来看的免费。

从开源软件行业的这个例子给我们展示的情形来看，在某些时候，你具有十分充分的理由，让他人使用你所享有的知识产权，并且不需要施加任何法律允许你去施加的限制。你能够对一些具有创意性的作品将某些权利贡献出来。创意大众模式与这样是相同的。在这种模式之下，上亿件具有创意性的作品在满足"保留一些权利"这样一个条件的情况下被许可给社会公众。依照创意大众许可协议的有关规定，对于那些使用受著作权法所保护的作品而进行创造的人而言，也应当依据众多可能的著作权许可协议条款将他们自己的作品贡献给他人。比如说，有这样一个相类似的许可协议规定，别人能够再次使用你所拍的照片，只要使用者将照片的出处指明是你就可以。另外一个许可协议同盛行的自由软件协议有点相似，要求那些使用他人已经发表的作品的人对另外一些预想使用自己作品的人应当"照样进行分享"。有一些制药公司也选择了通过免费许可的方式，许可他人使用他们的药物，主要目的就是促进与之有关的项目在发展中国家能够得以开展。葛兰素史克近来建立了一个有关"专利池"的项目，其中已经包含了800项正在授予或者已经经过审批的专利。针对这些专利，研究者能够免费得到该许可，来研发及生产能够用以对抗那些在最不发达的国家或地区中，常常被人们所忽略的热带疾病的新型产品以及药物配方。对于葛兰素史克来说，这一举动不但能够提升它自己在社会公众中的形象，而且还有利于同将来的合作伙伴建立密切的联系。这在将来有机会将自己已经拥有的知识产权通过许可给他们进而来获取利益。同时有一点是非常重要的，当你身处于一个具体的组织机构内部的时候，你应当尝试通过不同的模式，对自己拥有的知识产权组合进行开发与建设。全球化的知识经济时代，对于具备相当灵活性的知识产权策略是急切需要的。这种灵活性能够通过多种形态表现出来，来引导你去获取、管理以及使用你自己所享有的知识产权，并且还需要考虑的就是怎样利用别人的知识产权来寻求合作。

第四节　案例分析：高通反垄断案

美国移动芯片行业的巨头高通公司在中国遭受意想不到的麻烦。2013年11月26日，这家公司向公众发布官方消息称，自己已经从中国国家发改委那里接到通知，之后将会配合发改委对自己实施的与反垄断有关的调查。高通公司同时又表示，自己还没有意识到其实施了违反反垄断法的有关规定的行为。

一、反垄断调查

2005年，欧盟从诺基亚、爱立信等六家公司那里接到了一些投诉之后，曾经就高通公司制定过高的专利授权定价开展反垄断调查。经过四年的反垄断调查，这桩官司最终宣告终止，主要是因为各厂商之间达成了和解协议而撤诉。

高通公司曾经在韩国遭受了多达三年之久的反垄断调查。该反垄断调查在2009年的时候结束了。韩国官方宣称，高通针对客户采取差别性的对待方式，对其中某些客户的收费相对来说比较高，韩国公平贸易委员会因此向高通公司开出了一张数额大约为 2 亿美元的罚单。

2013 年 11 月 26 日，高通公司接到中国国家发改委的通知，配合中国有关反垄断的调查。发改委于 2013 年 11 月的时候对高通公司启动了反垄断调查，发改委曾经还对高通的北京以及上海分公司进行突击搜查，同时也对手机制造厂家、芯片制造厂家以及有关的其他企业展开调查。2014 年 2 月 19 日，发改委的价格监督局同反垄断局查实，国家发改委正在针对高通公司就与价格相关的问题展开调查。该调查工作开展的原因，主要是高通公司涉嫌实施滥用无线通信标准①。

正在接受国家发改委反垄断调查的高通公司，向公众公开发布声明称自己公司开展的各种业务活动是合法的，并将持续性地配合发改委针对自己的反垄断调查。在此以前，《中国日报》已经援引发改委工作人员的表态称，国家发改委针对高通公司存在垄断情形的大量证据皆已经收集完毕。

这一调查有较大的可能性同中国即将推出的长期演进 TD-LTE 这一服务有关。据一位接近高通公司的有关人士称，高通公司的总部管理层对于在中国这一市场之内收取第四代移动通信技术（4G）TD-LTE 专利费用的信心是比较大的。随着中国启动 4G 网络，高通公司预计于 2014 年把中国市场之内的专利授权性收入予以提高。

据业内人士分析，高通公司被开展反垄断调查的主要原因，很可能是高通公司在 4G 专利授权的范围内拥有强势的地位。基于手里掌握着如此庞大的通信领域范围之内的核心专利，高通公司每年的收入里面，有相当大的一部分都是来源于其专利授权的有关费用。特别是在 4G TD-LTE 这一领域，高通公司更是一些重要核心专利的主要拥有者之一。

据互联网数据资讯网（Strategy Analytics）这一数据明确显示，在 2013 年的第二季度全球蜂窝基带芯片销售市场之中高通公司占据了多达 63% 的市场份额。记者于国内的一些手机生产厂家中了解到，目前国内市场中即将上市销售，或者已经上市销售的 4G 手机之中，通常都是使用高通公司

---

① 齐力：《2014 年反垄断第一案：调查高通》，《中国对外贸易》2014 年第 3 期。

的芯片。但针对这些厂商，高通公司也约定了比较高昂的专利许可使用费。有一些手机生产厂家向社会披露，高通公司针对每一款使用其制造的芯片的 4G 手机一般都会收取大约是产品本身售价的 5% 的专利授权费。之后再加上一些硬件费、配适费用等一些费用。一台手机的销售价格中，差不多有 20% 都被高通公司给拿走了。这一比例甚至比一些厂商自己于产品上获得的利益还要高。

2014 年 7 月，国家发改委已经就高通公司垄断这一事实予以确认，正在从中国的相关公司中就高通公司的销售数据进行调查①。高通公司的总裁德里克·阿伯利针对与反垄断调查相关的问题与国家发改委相互交换意见，同时接受与之有关的调查询问。国家发改委对高通开展反垄断的调查，一共派出 80 个内部工作人员，耗费了极大的调查成本。发改委不但调查高通公司，同时还调查高通公司的客户，封存了与之有关的大量资料。

高通存在许可费率过高问题。高通在宽带码分多址（WCDMA），有三个第三代移动通信技术（3G）制式并存，分属不同运营商在做。三个运营商是移动、联通、电信。WCDMA 和码分多址（CDMA）这二者的名字虽然有一些相似，但总的来说它们并不是一个层次上的东西。CDMA 是第二代移动通信技术（2G）上的网络。CDMA 即 C 网，现在主要是由电信在经营。这需要具备专机专卡的条件。因而，C 网的卡是不能在 WCDMA 制式的手机上使用的。通用移动通信技术的长期演进（LTE）这些标准中的专利份额的比重早已下降，但是却依旧延续了 CDMA 的收费标准。中国互联网技术（IT）企业积极参与 4G 的准制定工作，在这之中已经产生了许多的核心专利。然而于高通公司构造的体系范围之中，这样的价值并不能体现出来。目前社会主流业界对专利许可使用费的共同看法就是其累计的费用，不能够超出产品销售价格的 10%。但就高通公司这一家而言其就已经达到 5%。2013 年，中国手机公司赚取的利润均值，还没有达到 0.5%。事实上，高通公司所拥有的专利仅仅就是数量众多的手机专利范围中的一小部分，这当然是极为不公平的。

---

① 余胜良：《发改委已确定高通垄断事实》，《证券时报》2014 年 5 月 21 日。

在 2013 年的时候，高通公司所拥有的芯片以及专利许可使用费用，收入一共有 243 亿美元。之中将近有一半的收入皆是来自我国。专利许可业务收入主要占据总收入的 30%，获得的利润却达到了 70%。该数值是芯片业务数值的两倍。我们了解到，高通公司的聪明之处，并不是依靠芯片业务来赚许多钱，而是通过降低价格的方式剥夺竞争对手的机会。凭借在芯片市场中的垄断性地位，高通公司可以通过搭售专利的方式赚钱。想要生产出比较高端的手机，只能从高通那里采购芯片，下游生产厂家为了能够从高通公司那里购买芯片，只能同意高通提出的专利费要求。

高通公司还搭建了一个可以进行交叉许可的专利平台。一方面来看，凭借同其他专利的持有者进行专利的交叉许可，高通公司可以将一些没有法律纠纷的比较"安全"的产品提供给顾客，高通将所有与之相关的专利进行整合，这样能够比较有效地避免专利侵权纠纷，高通芯片因而就更加受欢迎。其他芯片的生产者更是难与之抗衡；另一方面来看，高通公司却把相关费用给予交叉许可的专利持有者。

高通公司针对三星、诺基亚等公司所设定的许可使用费用的标准，远远低于对中国手机生产商设定的标准。这已经成为一种歧视性许可。实际上这是上述公司在享受政府同高通公司进行斗争的结果。近 10 年以来，高通实施的专利许可模式以及芯片的销售模式，在许多国家广受质疑，反垄断纠纷以及知识产权侵权纠纷不断发生。

据有关消息称，对高通进行反垄断调查一案，美国政府十分重视，最后实施的罚款数额，估计没有原来人们所估计的那样高。国家发改委要求国内的一些企业提供自 2009 年以来的销售数据，这主要是为罚款收集有关数据。

从人民网 IT 频道的初步统计情况来看，依照我国《反垄断法》的有关规定，如果高通公司在国内实施的涉嫌垄断的行为被有关部门调查认定为垄断行为，高通公司则将需要交付最高超过 70 亿元人民币的罚款[1]。2014 年 8 月 27 日，媒体再次曝出这样一个消息，即高通公司将面临欧盟

---

① 王尔德：《中国反垄断第一大案：高通认罚 60 亿》，《21 世纪经济报道》2015 年 2 月 11 日。

的反垄断调查。同时消息也显示出，若欧盟最终判定高通公司确实实施了
违反欧盟规定的垄断行为，高通公司可能即将要交付最高到 150 多亿人民
币即 25 亿美元的罚金。

二、被罚款的三大理由

（1）收取极为不公平的高价专利许可使用费用。在对我国的企业实施
专利许可的时候，拒绝提供相关的专利清单。专利组合中一直包含着过期
专利并且向被许可者收取许可使用费。要求我国的被许可使用者将其所持
有的有关专利，向他们进行反向许可且不收取许可费用，拒绝在许可使用
费中对反向许可的专利价值进行抵消或拒绝提供其他的对价。对于曾经被
迫接受非标准必要专利一揽子许可的我国的被许可人，高通公司在坚持主
张较高的许可费率的时候，依照整机批发的净售价格来收取专利许可使
用费。

（2）在没有正当理由的情况下，对非无线通信标准必要专利许可予以
搭售。对于性质不同的无线通信标准必要专利，以及非无线通信标准必要
专利没有进行区分，并且也没有分别对外进行许可，而是通过利用无线通
信标准必要专利许可的市场支配地位的方式，无正当理由就将非无线通信
标准必要专利许可予以搭售。

（3）在基带芯片销售的时候附加众多不合理的条件。我国被许可人获
得其基带芯片供应的条件就是签订以及不去挑战相关的专利许可合同。若
潜在的被许可者并没有与之签订内容囊括了以上不合理条款的专利许可合
同，或者被许可人就专利许可合同发生争议并向法院提起诉讼，高通公司
则会相应地拒绝向其供应基带芯片。

三、整改措施

发改委对高通公司的整改措施是：①在我国境内使用以及销售的手
机，其应当按照整机批发净售价格的 65% 来收取专利许可使用费；②向我
国的被许可人许可专利的时候，应当提供专利清单，并且对于已经过期的
专利不得收取许可费；③不得强硬地要求我国的被许可人将自己的专利向

其免费进行反向专利许可；④在进行无线标准必要专利许可的时候，在没有正当理由的情况下不得对非无线通信标准必要专利许可进行搭售；⑤在销售基带芯片的时候不得强制性地要求我国的被许可人与之订立包括众多不合理条件的许可合同。审理过程已经持续差不多有一年的高通公司反垄断案终于落下帷幕。

四、本案的意义

60.88 亿元的巨额罚款，这一罚款之于国际芯片巨头高通公司而言，只占据了其在 2013 年中国销售市场的销售额的 8%。高通公司非常干脆地接受了此项罚款。这更加能够证明它完全不需要担心这次处罚会对其垄断地位造成影响，因为在这个战场之中，尚没有一家能够同它相抗衡的市场主体出现。不过，我们并不能轻视这次发改委对高通作出的反垄断处罚的作用以及意义。因为它结束了高通公司凭借其市场支配地位，强有力地在行业内积极推动"免费反向授权"的专利模式。这对于改善我国内部的市场竞争环境，能够产生直至现在我们都还无法估计的深远影响。"免费反向授权"的这样一种模式，对于国内拥有自己的专利储备的厂家而言，确实是一顿不得不吃的"霸王餐"，而对于那些缺乏专利储备的厂家而言则是一把"保护伞"。如今，"霸王餐"和"保护伞"都不存在了，专利的竞争至此才会真正开始。

第四章　专利运营管理

第一节　专利管理

目标企业有专利或专利申请的计划是企业进行专利管理的前提。不同企业由于其所在行业不同，同时企业内部发展状况也存在差异，故而企业的专利管理制度等也就不尽相同。一般来说，企业进行专利管理的对象主要是与专利或专利申请相关的人、财、物。其中，"人"主要是指包括技术研发人员和专利代理师等在内的专利研发和管理人员；"财"主要是指支撑专利研发、专利购买及专利成果转化的资金；"物"主要包括专利本身，以及与之相关的特定产品。

一、专利管理的特点

专利信息是专利管理的主要客体。专利信息是指以专利文献作为主要内容和主要依据的，经分解、加工、分析、整合和转化等不同信息处理手段处理后形成的各种专利信息的总和。一般来说，专利信息与其他知识产权信息存在一定的差异，其特点如下。

1. 信息的丰富性

专利信息涵盖的范围比较广泛，主要包括技术信息、商业信息和法律信息等。专利技术信息主要记载于专利的权利要求书中，内容基本涵盖了该专利的主要技术要点，其重要性自不待言。就商业信息属性而言，专利信息具有转让、许可、质押融资等多种变现途径，因而具有一定的资产属性，能为拥有者带来商业利益。就法律信息属性而言，专利权利要求书等专利文件中涵盖了专利信息的权利归属、权利范围、权利时效等信息，体现出一定的法律信息属性。可见，专利信息的内容具有很强的丰富性，相比之下，同样属于知识产权信息的商标信息、著作权信息等在内涵的丰富性上就有所减弱。

2. 技术的全面性

若从时间维度进行考察，我们就会发现，随着工业革命以来科学技术的不断发展，专利技术的内容也得到了空前的丰富。欧洲专利局的报告曾指出，当今存世的专利文献中涵盖了世界上 97% 的科学技术，因此从时间上来看，文献中记载的专利技术是极其全面的。从涵盖领域来看，当前全世界专利数量已达 1.3 亿条，其内容涵盖化学、机械、电学等各个技术领域，从螺钉制造到石墨烯电池技术都有覆盖。也就是说，专利文献所覆盖的科技信息是非常全面的。

3. 体系的规范性

就专利信息记载规则而言，世界各国的发明专利信息都执行类似的记载规范，其内容主要包含著录项目信息、摘要、权利要求、说明书等部分。这种规范记载方式的存在，使得全球专利信息被纳入一个数据库中进行管理成为可能。此外，专利信息的规范性还体现在它独特的分类体系。以全球通用的国际专利分类体系为代表的体系分类也为专利文献的查找和归类分析提供了有效的抓手。这些制度也使得专利信息体现出与其他信息不同的体系性特点。

二、专利管理的局限

专利信息的特点使得专利管理工作并不等同于对人财物单纯的管理。专利管理涉及包括技术研发、人事安排、财务制度等在内的不同领域。具体而言，专利管理工作体现出以下特点。

1. 牵涉面广

专利管理工作需要技术研发、人事管理和财务管理等不同部门的参与。专利管理参与主体的复杂性也使得协调工作更为烦琐。安排薪酬奖惩、管理专利资产、控制法律风险，并以多部门的配合支持技术部门进行专利研发。这种复杂的管理工作更体现出管理者的智慧。

2. 容易忽视

企业生存的基础在于销售收入的稳定。出于这样的考虑，生产和销售部门往往会得到异于其他部门的重视。因而，在传统观点中，专利管理部门得到的关注较少。但是，近几十年来世界贸易格局的变化和专利制度的不断普及，特别是我国部分核心技术被"卡脖子"的状况，使得专利权的形成和发展受到越来越多的重视。以至于有一些专利管理者认为，应树立"专利第一"的观念。笔者认为，企业发展的程度受到多方面因素的影响，很难说哪一个就是"第一"。但不可否认的是，专利管理应当得到适度的重视，这一点对于科技型企业尤为重要。

3. 见效缓慢

不少企业在遭遇专利侵权诉讼时才会意识到专利的重要性，但显而易见的是，临时抱佛脚是很难弥补企业长期发展中的缺漏的。我国专利申请审查周期较长，加之技术前期研发和后期经营维护投入的时间金钱成本，一个专利技术的管理周期就可能有二三十年之久。因此，在专利管理的过程中，必须要放眼整个企业发展的全局，就专利研发管理经营的全局进行综合性考量。

三、专利管理的技巧

基于专利管理的以上特点，专利管理者的综合素质就显得十分重要，既要懂技术、懂管理，也要懂法律、懂经济。在我国的专利实践中，这一点也得到了充分的证明。譬如，专利代理师既要有理工科背景，又要有系统的法律知识储备；专利分析师除了具备以上素质外，还要掌握相关产业的商业信息。即使是在知识产权法院中，技术调查官的引入也使得知识产权案件的审理体现出更多的专业化特征。

也就是说，企业专利管理者控制着专利生产的全局，专利管理者能力不足会导致专利质量低下、防御和进攻作用不足，最终使专利技术成为企业的负资产。具体而言，对企业专利管理者的要求主要有以下三个方面。

1. 看清格局

企业专利管理者要从战略上对企业发展进行把握，认清企业经营领域是否属于专利密集领域。譬如，对于生产原研药的企业，专利技术的重要性再强调也不为过；但对于日用陶瓷企业，由于陶瓷烧制技术历史悠久且迭代缓慢，在专利上进行过分投入就可能会得不偿失。同时，还要从战略高度对行业未来的发展趋势进行把握，认清该技术是处于增长期还是下降期抑或进入平稳期，并对技术研发进行相应安排。只有认清形势，才能找到正确的管理目标和道路。

2. 明确定位

企业专利管理者要明确本部门在企业经营发展中的作用。首先，专利管理者要为企业整体战略服务，帮助企业提升综合竞争力，推动企业创新发展；其次，专利管理者要为企业的创新研发人员服务，使研发人员的积极性得到激发，促进高质量专利产品的产出；再次，专利管理者要为企业的销售部门服务，帮助提升专利产品市场价值；最后，专利管理者要为法务人员服务，让企业专利成为法务部门有力的业务抓手。

3. 增强实力

如前文所述，专利信息特点明显但内容复杂，这就要求专利管理者善于学习，不断增强自身业务水平。一方面，要掌握专利相关的金融知识、法律知识和技术知识，还要了解相关的技术路线和技术发展趋势；另一方面，也要勇于实践，通过制度性创新提升专利及技术在企业发展中的地位和对企业发展的作用，全面提升专利管理能力。①

第二节 组织体系

专利管理需要有专门管理人的领导和协调，设置专岗专人进行管理。

---

① 何耀琴：《北京市知识产权运营模式分析》，《北京市经济管理干部学院学报》2013年第3期。

企业专利管理应当从纵向和横向两个维度进行。所谓纵向是指专利管理要依据专利生命周期，横向是指专利要与国家政策相符合，与企业各部门相配合。

一般来说，专利从产生到终止的过程主要包括专利的产生、专利的维持和运用、专利的更新升级以及专利失效或者被无效四个阶段。专利管理的纵向体系要形成贯穿专利全生命周期的研发创造、维持运营、更新升级和失效处理全过程的纵向轴线。专利管理的横向体系要在宏观上与国家政策、企业战略相协调，同时要在微观上与企业的研发、销售、人力等部门联合推进，形成跨部门协作机制，促进企业创新发展。

一、分工明确

与其他知识产权事务不同的是，专利管理较强的技术性特点使得很难将其与一般法律事务进行类比。虽然很多企业将商标事务合并至法务部门管理，但专利事务的特殊性使其很难由单一的法务部门进行全权管理。譬如，在 IBM 公司中，知识产权部门就被划分为法务部和专利部两个部门，专利管理的特殊性可见一斑。

首先，专利管理事务需要由企业高层管理人员负责。在这里，"负责"是指承担领导职责，而非直接从事具体管理工作。诚如前文所述，专利管理涉及的范围广，与不同部门存在牵连关系。因此，专利管理者在企业中应当处于较高位阶，方便进行业务的跨部门协调。同时，专利管理事务难以为企业带来直接的收益，也难以对相应的投入进行简单的总体计算，因而低层级的业务部门无法决定专利管理业务的收支预算，高级管理者决策则可以有效解决这个问题。此外，对于一些创新型企业，专利战略的执行程度直接影响着企业生死存亡，因而从专利技术对企业的重要性角度进行考虑，专利管理也应当归属于较高层级管理者。在这里，董事会或专利委员会之类的决策集体，首席执行官（CEO）、首席技术官（CTO）等团队成员均可以成为本文所称的高管，其职权核心在于赋予协调管理者决策权和跨部门协调权。

其次，企业专利管理不宜由法务或商标等部门代管，而应设立专岗专人进行管理。与其他业务不同的是，专利管理事务繁多，专业化程度高，因而专门的专利管理岗位甚至是专门的专利管理部门的设立就显得十分重要。在此以国外的大型制造企业为例，其知识产权管理部门通常直属于公司总部，对经营决策和技术研发起重要支撑作用。如在 IBM 中，知识产权管理总部专门负责处理所有与 IBM 公司有关的知识产权事务，其中专利管理也包括在内。在本田公司中，知识产权部门独立且设有超过 6 个下设部门，对战略、品牌、商标、合同、专利、争议解决等不同事务进行管理。

专利管理部门内设具体岗位的数量要根据企业规模、专利数量等因素来综合考虑。专利数量较多的企业的专利管理部门往往较为庞大。如宝马公司的知识产权部门的规模基本与生产部门相匹配。而对于业务相对简单，或者专利规模较小、数量较少的企业，专利管理人员的配置就可以适当缩减。

二、突出主力

专利管理不是劳动密集型工种，不能一味贪图规模，而应当适当控制人数，提升人员质量。在社会发展过程中，适当的层级分工是社会发展的必然结果。企业发展也是如此。在企业的专利管理中，专利代理机构负责专利申请文书撰写，法务部门或律师事务所负责专利诉讼等事宜，而专利的质押、转让等运营活动，专业的知识产权运营服务机构也将协助企业发挥作用。无论从效率、质量，还是经济成本方面来考虑，专业的事找专业的人，都是性价比最高的选择。但这并不意味着企业专利管理者失去作用。事实上，于他们而言，制定企业专利战略，并严控实施过程，从而确保企业专利战略的实现是他们最主要的工作。

专利管理者要着眼于战略方向的制定，并积极同各部门沟通协调。要做好专利布局工作，就必须要了解技术发展的方向，把握未来技术发展的主流。同时，还要了解市场的动态，及时将专利技术上的突破转化为受消费者喜爱的市场产品，为企业带来相应的经济收益。因而，当前市场对专利管理者有着复合型人才的要求，他们既要能够把握技术发展方向，也要充分把握市场动态。

三、全局掌控

如果把专利比作一个生命体，那么它的生命周期包括以下四个阶段：第一，以专利的研发、申请、审批、授权为主要环节的专利的产生阶段；第二，以专利的证券化过程为代表的专利的维持运用阶段；第三，以专利的技术更新和外围专利布局过程为代表的专利的更新升级阶段；第四，因专利的保护期届满等原因而出现的专利的失效阶段。

上述的每一个阶段，都需要进行专利管理。这种纵贯专利全生命周期的管理过程就被称为专利的纵向管理，其基本内容包含专利的研发、运营、技术升级和失效处理。从使专利技术更好运营发展的角度来看，专利纵向管理的开端需要早于专利的产生，也即从战略上进行提前布局。提前绘就蓝图，才能使专利发展过程有章可循、有据可依，从而使专利技术更好地服务于企业发展战略。

制定专利纵向管理体系的关键在于使管理计划全面涵盖专利技术的整个发展过程，不能遗漏或者偏废。没有具有前瞻性的专利导航，专利的整个发展过程就很可能发生战略性错误，甚至南辕北辙；没有好的专利成果管理，前期巨大的投入就很可能付诸东流，难以回馈企业发展。可以说，专利价值的实现和专利管理体系的制定及实施关系密切。

至于专利管理的横向体系，则指专利管理要在宏观上顺应国家政策、服务企业战略；要在微观上对接企业的科技研发、市场销售、人力、财物等部门，以跨部门协作机制促进专利技术的发展，进而促进企业的发展。

对于横向体系的运作，其关键在于促进企业内部各部门的良性运作和对接。具体来说，就是专利管理部门要充分发挥它在专利管理上的统领地位，从决策投资、研发立项、专利审批，再到技术的资本化具体运营，方方面面都离不开专利管理部门发挥的统领作用。如果在专利运作过程中管理失序，受挫几乎是必然。2015 年，小米公司在市场营销中宣称其手机边缘触控技术是一项已申请四十余项专利的"黑科技"。然而，该项技术在当时尚在申请阶段，并没有取得专利证书。2016 年，北京市市场监督管理局海淀分局即因小米公司违反《中华人民共和国广告法》对其处以 3 万元罚款。由此观之，由于专利运营涉及的专业知识种类繁多且差异性强，因此必要的专利管理就显得十分重要。专利管理的存在可以让企业尽可能地规避可能存在的法律风险，避免落入侵权陷阱。同时，其他部门也应当尽可能配合专利管理部门的工作，避免企业支出不必要的成本。

第三节　专利管理的技巧和内容

专利管理的方法主要包含专利分析和专利导航两种。专利分析是指通过对特定领域的专利信息进行搜集、标引，并对有效信息进行提取，结合政策导向、市场方向进行研判，得到最有利于企业发展战略的结论的分析方法。专利导航是指基于企业的行业定位，通过明确企业的战略发展目标，规划实现该目标所必需的合理路径的分析方法。

企业专利管理以专利获取的管理、专利运营的管理、专利更新的管理和专利纠纷的管理为主要内容。专利获取的管理是指企业对独立的原始专利的管理，这种原始专利不依附于其他专利的获得，同时也是后续专利运营的基础和起点。专利运营的管理是指企业对专利资本化的过程的管理，这种管理过程是知识产权进入金融市场的一个重要表现。专利更新的管理是指随着技术发展，对迭代专利技术的管理。专利纠纷的管理是指一种贯穿于专利生命周期全过程的，对专利有关法律问题的管理。专利管理是实现企业专利战略的有效手段。企业专利战略的最高目标是通过专利战略的实施，提高企业在汹涌市场浪潮中的核心竞争力。

一、专利管理技巧

专利管理的模式依企业所需差异而有所不同，但 PDCA 法仍在国际知识产权管理中占有相当的主要地位。所谓 PDCA 是指以计划（Plan）、执行（Do）、检查（Check）和改进（Act）为主要环节的专利管理模式。该模式的四个环节形成了一个完整的闭环，不仅可以顺畅地进行专利管理，也可以随时检查行为和计划是否相符，从而进行纠偏。

这种方法在我国也是一种主流知识产权管理方法，该方法也得到了我国关于企业知识产权管理的国家标准《企业知识产权管理规范》（GB/T 29490-2013）的认可。在实际工作中，企业专利管理主要分为以下几个工作环节：制定计划，指依据企业产品发展方向和专利发展需求，制定专利发展目标，理解企业专利管理需求，制定专利方针和目标；执行计划，指在产品的立项、研发等环节对专利进行运用；检查，指监控和评审专利管理效果；处理改进，指根据实际运营情况对专利管理体系进行改进。

以上环节的实际推动需要通过企业文件及操作规范进行进一步的细化。在具体的专利管理过程中，在发挥管理者的重要作用之外，企业还可以借助知识产权资产管理工具，实现企业自有专利清单化，并进行相应的统计评估，从而构建企业知识产权数据库。

二、专利管理的目标

对于不同发展阶段的企业而言，专利管理的目标有所不同。由于初创公司的三年内倒闭率约为八到九成，故而对于这类公司而言，贪大求全的专利战略就显得有些不切实际。但是，对于已经具备了一定体量和市场竞争力的公司而言，长远专利战略的规划和实施就对企业未来发展具有至关重要的作用。因此，本书在这里主要着眼于成熟企业的专利管理目标。

专利管理的目标主要是指企业通过有效的专利管理手段希望达成的战略目标。企业的专利管理目标应当由企业的高级管理层依据企业未来发展战略制定，并由有关不同部门协作完成。而专利管理者在其中发挥着非常重要的作用——按照企业专利战略来组织实施、督促执行、评估绩效、总结改进。他们既是专利战略执行的掌舵人，也是部门协调的管理者。专利管理者在其中发挥关键作用。因此，在设置企业专利管理目标时，应将其细化为不同环节的目标，从而方便实际执行人完成具体的工作。

企业专利目标的制定并非仅为了专利研发本身，更是为了企业的长远发展。企业专利战略的最高目标，是以专利战略实施的方式使企业的核心竞争力得到有效提升，从而使企业取得更加有利的市场竞争地位。在实际操作中，专利战略主要分为进攻型专利战略、防御型专利战略和攻防兼备型专利战略。企业应当根据自身的实际情况，如自身研发水平和市场竞争环境等制定相应的企业专利战略。

能否制定并执行适当专利战略对企业能否良好发展至关重要。此处以格力集团为例。面对家电行业的激烈竞争，为保证格力集团的行业领先地位，其建立了知识产权战略，并形成了相应的知识产权战略体系。该战略体系在执行上由董事长直接挂帅，形成企业高层对专利工作的直接领导。在具体执行上，格力通过建立覆盖研发全生命周期的知识产权管理体系，将知识产权管理嵌入物料采购、产品研发、生产销售等各个环节，实现了体系化的知识产权管理，实现了对风险的严密监控。同时，格力还重视对技术研发人员的培养，形成了一支强有力的科研队伍，增强了企业的自主知识产权优势，从而增强了企业的核心竞争力。

同时，针对核心技术的运营，格力特别采用了"对上游企业进行专利帮扶，对竞争对手实施专利许可，对下游企业进行专利技术升级"的知识产权运营模式。针对上游企业，格力从技术领域和诉讼多发领域两个角度入手，为核心供应商提供知识产权诊断和托管，并将格力专利技术许可给供应商使用。针对竞争对手，特别是侵犯了其知识产权的竞争对手，格力往往和其进行主动接洽，以发售专利许可的方式解决侵犯纠纷，在必要的时候辅以诉讼的手段。针对下游企业，特别是对大型企业级客户，格力一般通过转让专利技术的方式提升他们的技术水平。

三、专利激励制度

专利的激励制度主要包括报酬激励、荣誉激励和升职激励等多种形式。在企业激励中，报酬激励往往最易收到实效。而对于规模大、历史长的企业来说，荣誉激励和升职激励对员工来说也具有很大的诱惑力。此处以日本的精工爱普生公司为例。该公司具有完备的奖励机制，并成立了专门的裁定委员会来对奖金发放和职称提升进行评定。在企业的奖励体系中，科技成果的产出既可以作为评定员工奖金数额的指标之一，也可以被纳入员工职称职级晋升的考量因素，从而鼓励员工进行技术创新。

在企业规章之外，报酬激励制度也在我国法律规定中得到了体现。我国《专利法》第16条规定："被授予专利权的单位应当对职务发明创造的发明人或者设计人给予奖励；发明创造专利实施后，根据其推广应用的范围和取得的经济效益，对发明人或者设计人给予合理的报酬。"

一般来说，专利奖励主要分为以下三种。

1. 申请阶段奖励

这种奖励方式应用广泛且作用直观，可以帮助企业较快地提升专利申请量。特别是对于初创企业而言，专利申请奖励是一种十分有效的奖助方式。但值得注意的是，较为成熟的企业应当采用授权后再奖励的奖助方式，这样既能够帮助企业降低成本，促进技术人员研发水平的不断提高，也有利于避免研发人员通过编造专利来领取补贴。

2. 收益阶段奖励

在实践中，先进的专利技术不仅会使企业在技术迭代中占得先机，也会为企业带来降低产品成本或提高产品效能的作用，这类专利被称为高价值专利。然而，并非所有的技术创新都会产生这样的效果。因此，为了鼓励高价值专利的产生，企业应当对这类专利技术的发明创造人予以奖励，从而对他人起到正向激励作用。这种制度在我国规范性文件中也有所体现。现行《职务发明条例》第22条规定，单位未与发明人约定也未在其依法制定的规章制度中规定职务发明的报酬的，单位实施知识产权后，应当向涉及的所有知识产权的全体发明人以下列方式之一支付报酬奖励：在知识产权有效期限内，每年从实施发明专利权的营业利润中提取不低于5%，或者每年从实施发明专利权的销售收入中提取不低于0.5%，参照前两项计算的数额，根据发明人个人工资的合理倍数确定每年应提取的报酬数额；参照前两项计算的数额的合理倍数，确定一次性给予发明人报酬的数额。据此可见，企业可以在本单位合法规章中规定对员工的奖励机制，无规定的，企业应当依照《职务发明条例》对发明人予以奖励。

3. 成功阶段奖励

营利性企业的最终目的是尽可能多地增加效益。除由专利应用而获得产品销售利润外，企业也可以直接进行许可使用、专利转让、作价投资等金融化的方式获得专利运营的收益。对于这类专利的发明人，企业也应当进行一定的奖励。

以上只是三种基本激励方式。为最大化地发挥奖助体系对员工的激励作用，企业经营者应当以法律规定为基础，结合企业的实际发展情况和企业需求，制定能够最大限度调动员工积极性的制度规范，服务于企业的专利发展战略。

四、具体程序的管理

专利分析是一种搜索、标引特定领域专利信息，并对得到的技术路线、申请人、权利人、权利有效性等信息进行分析，并结合政策信息、市场方向进行研判，最终得到企业所需要的情报结论的方法。专利分析是专利布局、预警、导航的基本方式，也是一项专业性较强的技能。

专利导航是专利分析的一种方式。笔者这里借用交通导航的概念来对这个名词进行阐述。交通导航的目的在于规划起点到终点的路径，而专利导航是指通过专利分析，明确企业当前在行业内的定位，并对达成企业战略目标的路径进行规划的一种方式。专利导航在国家战略和企业战略层面均有所体现。就国家而言，战略目标的实施路径关系整个国家在某项产业领域的发展；而于企业而言，专利导航的质量也在相当大的程度上影响着企业的未来。具体而言，它影响着企业专利目标、布局方向的确定，影响着企业重点产品的研发规划。可以这样说，专利导航在专利管理工作中起到基础性作用。

诚如前文所述，专利导航工作专业性强、内容繁杂，又在很大程度上影响着企业的发展，因此，对于数量众多的尚不具备独立完成这项工作的能力的中小型企业而言，专业性机构的辅助必不可少。不同的服务机构的服务内容有所不同，但其基本框架并无二致。我国规范性文件也对专利导航的基本内容予以了规定。2016 年，国家知识产权局出台《企业运营类专利导航项目实施导则（暂行）》，对专利导航的基本内涵、主体内容和实施要点进行了规定，是企业进行专利导航项目的指导性文件。依据该导则，企业在实施该专利导航时首先应当从宏观层面入手，分析产业发展现状、市场主要需求，并基本确立企业定位。其次，要结合企业自身发展状况，制定重点产品，布局核心专利。同时，企业要结合竞争对手企业的发展状况，明确其对本企业产品的威胁和挑战，制定出本企业重点产品的开发策略和开发路径。在此基础之上，对企业的研发人员、产品运营等进行相应的布局，提升知识产权管理的管理效率和产品的创新和运营效率。

在管理专利导航时，企业专利管理者要注意以下五个方面的问题。

1. 内容和工作时限的确定

一般来说，要分析的数据体量越大，最终得到的数据分析成果也就越多。但是，对于企业专利管理者而言，数据的多寡和数据分析质量并非绝对成正比关系。因此，在合同订立时，企业专利管理者要就最终交付的项目成果和乙方达成一致，避免后续因成果不符合企业需要而返工浪费时间。

2. 项目时间节点的把握

专利导航涉及环境调研、专利搜索、专利信息处理、报告撰写等四个不同的阶段，其分别花费的时间存在差异。环境调研的主要目的是搞清楚目标企业所处产业的市场状况和政策方向。专利搜索涉及的主要工作是将目标产品所涉及的相关专利摸排清楚。这两项工作可称为专利导航工作的前期准备阶段，所涉及的时间不需要很长，分别约一周就可以完成。专利信息处理是专利导航的主体工作阶段，关系着整个专利导航工作成果的产出。这一环节需要信息处理机构综合运用人工分析和软件辅助，所需约一周到几周时间。报告撰写是专利导航分析最终的呈现阶段。因此，在最终的报告撰写的过程中，分析机构应当进行一定的取舍，将机构专利导航分析成果既全面又详略得当地呈现在目标企业面前。这个环节可能会和数据分析环节互有反复，比如在报告撰写的过程中，可能需要另外的统计数据，或者需要就某个数据的异常寻找原因。加之报告是呈现在目标企业面前的最终成果，因此分析机构也需要对报告页面排版等进行一定的美化。因此，这项工作一般需要几周的时间完成。

3. 参与分析过程

在进行导航项目管理时，企业专利管理者既不能过度插手分析机构的工作，也不能做甩手掌柜。过度插手可能会扰乱分析部门的工作进程，而完全放手也可能导致管理者对有关内容的了解逐渐生疏，甚至脱离工作实际，这样就会给企业专利管理后续工作安排带来困难。具体而言，在前期，企业专利管理者和项目成员一起规范标引标准；在后期，也应当持续和分析机构沟通，对分析报告初稿进行把关，确保机构所分析的问题能够击中目标企业的痛点。

4. 项目质量把控

在专利导航项目进行过程中，企业专利管理部门应当做好全流程的质量把控。环境调研要从国家、市场、产业等不同层面着手，确保调研覆盖范围广，和企业所关注问题的适配度高；在检索阶段，要避免信息错检漏检，做到高准确率、低漏检率；数据分析和报告撰写要紧密围绕项目目标和企业需求展开，击中企业痛点，避免出现企业想要的信息却未得到深入分析的问题。

5. 有效利用成果

企业专利导航报告，大的方面可以服务于企业的发展战略，小的方面可以指导具体产品的研发，甚至可以指导企业进行人才引进。好的导航报告，能包含政策、技术、市场、法律和人才等各方面的信息。专利管理者一定要深挖其中的有用信息，发挥其最大的作用。

五、获取专利的管理

专利获取的管理，即企业专利管理者对企业获取专利的过程进行管理。企业专利主要可以通过以下两个途径获取：一是通过许可、购买等方式获得专利或者其使用权；二是通过研发获得新技术，包括自主研发、委托研发和联合研发，再经申请获得专利。不同的专利获取方式有不一样的专利管理的内容，具体内容见下文所述。

1. 购买专利

专利引进就是指通过许可和购买获取专利。企业对专利引进的管理，可以遵循如下步骤：第一，检索目标专利和相关科技文献，寻找目标专利的替代技术，如果存在替代方案，将大幅降低专利目标的许可费和价格。第二，多部门联合，做好对目标专利的充分调研。研发和生产部门的合作调查尤为重要，对目标专利技术的创新性评估决定了其可能为产品带来的溢价；还需要与法务部门联合或委托检索咨询机构，分析评估目标专利的法律稳定性，避免目标专利无效；最后，还要联合市场部门或咨询机构，了解同类专利的交易或许可费用，获得谈判优势，避免价格歧视。第三，如果涉及行业整体的专利许可，企业还要取得行业协会或者联盟的支持，避免不合理的许可费用。

2. 创造专利

专利创造就是指通过研发技术，申请获得专利，再到专利授权的过程。专利管理工作最为繁重的一个阶段是：从专利技术研发开始，一直到申请审查结束之前。在此期间，企业专利管理者需要全程跟踪管理，管理内容主要包括以下几个方面：选择代理机构、对技术交底书把关、选择申请时机、明确专利布局方向和区域等。

其中，代理机构的选择至关重要。由于企业的专利管理部门大多不负责撰写专利申请文件，专利管理者首先面临的问题就是选择代理机构。代理机构的选择需要综合考虑，而不能简单地选择价格低廉的机构。首先，对代理机构最基本的要求就是具有专利代理资质。在选择机构前，应登录国家知识产权局网站，在"专利审批流程"的链接中点击"专利代理管理系统"，查询相应的代理机构，避免选择在官网查询不到的"黑代理"。除此之外，选择代理机构还需要考虑以下几个方面：

通过查询知识产权局关于专利代理机构的批评或惩戒通报文件，了解专利代理机构被政府部门进行通报批评或惩戒的情况，避免选择相关的代理所，防止出现不必要的损失。

代理机构有相应擅长的专业领域，可以利用国家知识产权局的专利代理管理系统，查询代理机构代理师的相关信息，充分考察代理机构对于相关技术领域的专业程度。

高水平的代理师意味着高质量的专利撰写。可以通过专利信息检索系统，查找相关代理师代理的案件，通过考察其以往撰写的专利文书来确定其水平，从而找到符合企业要求的代理师。

代理机构确定后，企业专利管理者还要督促研发部门提交技术交底书并进行把关，确定专利布局策略，委托代理机构进行申请文本撰写，配合提交专利申请手续，参加审查意见答复，直到专利审查完成。企业专利管理者的任务繁重在于：除了要协调研发部门撰写技术交底书、判断该技术在企业战略中的地位外，还要通过一定的决策程序（如专利委员会或者经过公司高管审批），明确该技术以何种方式布局，具体包括确定专利申请的时机、专利布局的国家和地区以及是否要申请优先权、是否要布局系列专利等。

在专利创造中，特别是委托研发和联合研发时，一定要明确知识产权权属的条款。在合同中，明确约定有关知识产权所有权的归属问题。对于使用权，还应该把许可方式、收益分配等相关问题付诸文本，避免将来产生纠纷。

4. 专利持续运营

对专利权的维持和已经提交的专利申请的管理统称为专利维持运营的管理。专利维持运营管理的优劣，将直接影响企业专利管理的绩效。因此，有必要将专利（申请）视为知识产权资产的一部分加以管理。而估值一直都是资产管理的核心问题，但由于专利的特性，往往很难对专利进行准确价值的评估。对此可以采用分级分类的方式，通过建立企业的专利分级分类模型，对专利进行归类，从而使用不同的方法分别处理不同级别、不同类别的专利。建立专利分级分类模型需要考虑的因素主要有：专利与产品的关系（二者是否对应）、专利的荣誉价值（获得奖项并为企业带来荣誉）、专利的竞争性（能否增加竞争筹码）、专利的创新性（颠覆创新或是微小改进）、专利的联合性（是否需要其他专利技术配合或授权）、同族专利情况等。管理者须根据企业发展需要权衡相关因素的重要性，建立符合企业专利管理需要的专利分级分类模型。

企业通过分级分类模型得到的不重要的专利，有两条处理路径：一是可以考虑放弃对其的维持；二是可以与基本专利、核心专利进行打包运营，从而提高外围专利的估值。对于重要分类的专利，可以选择许可、诉讼等方式运营，最大化专利的市场收益。

专利运营的方式还与企业发展状况密切相关。处于亏损又难以获得融资的企业，可以选择出售专利，将专利与其他资产一起打包出售；也可以以核心专利或其他组合进行证券化融资或质押融资。不论选择哪种专利运营方式，都需要进行专利的价值评估。通常认为，专利的价值评估有收益法、成本法和市场法。收益法和成本法的方法较为固定，基本可以得出相对稳定的专利价值。市场法对目标专利的定价则是通过参考、对比同类型专利的市场成交价格来进行的。笔者认为，目前市场法的操作可行性还比较低。其原因主要有：①专利交易数量小，可参考的同类专利价格少；②专利交易价格不公开，由于大部分专利涉及商业秘密，专利交易也是不公开的；③专利价值差别巨大，即使是相同领域的专利，在不同的所有人手中，其价值也是不同的。多种因素共同决定了专利价值难以直接横向地参考，因而笔者认为，市场法的精髓在于谈判，而不是价格参考。在实践中，交易双方根据双方的发展状况、市场规模、产业背景等因素，再结合同类专利价值进行谈判，最终达成一致的专利价值更为可行。

此外，企业还可以通过无偿许可的运营方式推动专利技术的快速变现，或对未来产品生态建设进行战略布局。例如，丰田和特斯拉都纷纷宣布开放其新能源汽车的相关专利，其目的在于通过免费许可专利的运营方式推广企业的技术标准，推动新能源汽车产业完整生态的建设。当新能源汽车市场逐步建成，其技术在市场上的占有率能有极大的提高。等到市场份额达到一定规模后，就可以通过收取许可费或者通过其对产业链上游的掌控取得垄断收益。①

按照一般的专利管理思路，丰田拥有自己的混动技术，坐收专利许可费即可。但出人意料的是，2019 年 4 月，丰田公开宣告，无偿开放其两万余项电动汽车相关专利，其他厂商可以免费使用到 2030 年。在这些开放的技术专利中，甚至还包括了许多核心技术，如电源控制元件、电动马达、系统控制功能等。这些技术都已成熟，且已经大批量地应用在丰田旗下多款车型中，并且同样适用于燃料电池汽车和插电式混合动力车。

---

① 刘春霖：《中小企业专利托管的问题及对策研究》，《河北科技大学学报（社会科学版）》2014 年第 4 期。

其实，这已经不是丰田第一次大规模开放专利了。早在 2015 年，丰田就曾宣布开放 5000 多个燃料电池技术专利的使用权，全球范围内的厂商都可免费使用丰田相关技术至 2020 年。

以专利管理的视角来看，丰田开放专利背后的原因没那么简单。

第一，市场的有效维持。毫无疑问，中国是当今全球最大的新能源汽车市场，这其中的原因除了中国消费潜力巨大之外，还离不开政策的推动。中国新能源汽车产业在补贴政策的作用下，产量有了巨幅的增长，从 2012 年的 1.1 万辆迅速增长至 2018 年的 125.6 万辆。增程式车型、纯电动车型、插电混合动力车型都可以享受新能源政策的补贴，但丰田油电混动却不在补贴政策范围内。这意味着，丰田的混动技术想在中国市场迅速推广，还存在巨大的阻力。

混动汽车与纯电动汽车相比，具有明显的优势。不仅不需要专门的充电接口，不存在里程焦虑，而且油耗较低，用车成本明显下降。与之相对应的则是混动汽车技术门槛较高。单排行星齿轮结构，是丰田油电混动最核心的地方，丰田相应布置了大量的专利围栏。因此，油电混合动力成为丰田的专属领域，其他公司在短时间内无法绕过丰田技术路线，开发更加合适的油电混动技术。很多车企为了规避复杂的油电混动技术，纷纷选择纯电动汽车的研发路线，进一步使得丰田在混动领域一家独大。

然而，专利保护太强有时候未必是好事，丰田的专利封锁使得其他车企难以进入混动领域。又因为我国的新能源补贴政策不涉及混动车型，丰田想要在未来的新能源汽车市场占有一席之地，必须要推广其混动技术。对丰田而言，最好的推广就是开放其相关专利，让市场都来使用其混动技术。尽管前期会损失许可专利的收益，但对于后期混动技术的市场占有率的提高是非常有帮助的。

尽管纯电动汽车在政策的推动下有了快速的发展，但其市场口碑却有些不尽如人意。在电池寿命方面，依然存在电池寿命较短、续航里程不及预期、更换费用过高等问题；在充电配套设施方面，充电桩数量和分布还不能满足现有车主的需求；在二手车保值率方面，新能源汽车保值率普遍大幅低于燃油车；在用户体验方面，电动汽车技术还不够成熟。综上，混动汽车的存在，有一定的合理性。只要政策放开，混动汽车应该能获得蓬勃发展。

第二，把握发展时期。燃油汽车发展到一定阶段必然会出现油电混动车型，因为油电混动可以大幅降低油耗、提高燃油经济性。但根据新能源汽车的发展趋势，新能源汽车的发展终点应该是纯电动汽车，一旦动力电池核心技术得到突破，纯电动的优势将明显扩大，届时油电混动会缺乏竞争力。所以，留给混动的窗口期并不长，丰田研发 20 年积累的混动技术，一旦没有在市场上得到大规模的使用，可能会导致其研发投入难以"回本"。

我国新能源汽车补贴政策的调整也印证了这一点。随着国家补贴大幅减少、地方补贴完全取消，我国的新能源汽车（纯电动、插混、增程式）价格优势不再，丰田混动汽车与纯电动车相比价格优势明显。例如，丰田卡罗拉双擎售价为 13.78 万～16.78 万元，卡罗拉双擎 E＋补贴后售价为 18.98 万～21.98 万元，在同级别纯电动车型中价格优势明显。

因此，这段时间是丰田混动技术快速扩大市场的宝贵窗口期。丰田选择此时开放混动技术专利，可以很好地利用纯电动汽车补贴退坡、市场体验劣势充分展现混动之利的窗口期，让更多的厂商使用其混动技术，充分扩大油电混动领域。在消费者接受度提升、市场保有量上升后，油电混动将有机会真正站稳脚跟，成为纯电动汽车普及之前的主流技术。

第三，积极参与竞争。开放专利的车企并不只有丰田一家，特斯拉和大众同样开放了其专利。2014 年特斯拉就宣布开放其纯电动车技术，其他公司不需要申请就可以使用特斯拉开放的专利，掀起了汽车行业的"开放源代码运动"。大众随后也在 2019 年宣布，有偿开放其研发投入超过 50 亿欧元的纯电动车模块化平台 MEB。尽管是有偿开放平台，但实力较弱的厂商依然愿意付费使用，以大幅降低企业在相关领域的研发费用。

特斯拉开放技术，大众开放平台，纯电动技术得到了充分的共享。丰田的油电混合技术受到了前所未有的排挤，如果丰田依然选择封锁相关技术，很有可能会失去新能源汽车技术的竞争高地。

丰田受到的技术威胁除了新兴的纯电动技术，还包括混动技术。在混动领域，已有不少车企在加速追赶。例如，本田的 i-MMD 混动系统，采用"发动机带发电机发电+友动机直驱"的技术路线；通用、宝马、奔驰联合开发"双模混动系统"，采用多行星齿轮规避丰田相关专利；另外，国内的比亚迪、上汽集团也成功开发了自己的混动系统，虽然在节能效果上还与丰田存在一定的差距，但是其性能基本追赶上了丰田。丰田如果继续故步自封，其多年的技术积累将只能束之高阁，难以转化为企业收益。

第四，延长专利的后期效能。早在 1997 年，丰田就已经申请了混动专利，如丰田混合动力系统（THS）的核心技术。但鉴于专利的保护期限只有 20 年，该核心专利已经到期，届时会有许多相关专利相继到期。专利到期意味着技术的公开，其他厂商就可以无偿使用这些到期专利。专利保护期即将届满，丰田主动开放相关技术不仅赢得了好口碑，还能加快混动技术的推广。

总而言之，在混动技术领域苦心研发了 20 多年，丰田不能坐等其核心技术被纯电动技术淘汰。因此，丰田选择在纯电动汽车核心技术尚未突破之前，开放专利以获取市场。一方面发挥其混动优势、提高其技术的市场占有率，另一方面也为其研发纯电动技术争取时间。综上，丰田开放专利的行为大有深意，经过了深思熟虑的战略考量，是专利管理的典型。该案例也提醒我们，专利的保护要在一定的限度内，不能因过强的保护而限制了市场的发展，避免专利技术壁垒过高而使竞争技术实现弯道超车。

5. 注重专利的升级和更新

关于专利的升级和更新，可以从两个方面对其进行解读：第一，是指采用新型科技手段研发可替代性的技术，根据该技术对之前的专利进行科研创新，并取而代之。第二，是指对现有的专利加以升级改造，然后提出专利申请。专利的升级和更新需要精确化的管理运作，这就要求专利的管理部门积极行使管理职权，及时同市场营销部门和科研创新部门传递部门信息，讨论下一阶段的专利产品的科研方向和营销战略。在进行这项工作的同时，也要对目前市场上的行业竞争中的专利布局加以研究，结合各部门间信息沟通的结论，讨论并决策升级和管理现有专利的方略。研究专利管理的策略性，可以从美国辉瑞集团名下的药物万艾可的管理的例子入手。从 1994 年起，辉瑞公司就开始了对万艾可药物专利申请，在接下来的若干年，又申请了涵盖化合物的药物剂型、制备方法、组合物等多个外围专利。在 2014 年，辉瑞公司最开始申请的基础专利已届期并失效，但是凭借后来申请的外围专利，辉瑞公司通过技术手段对其加以升级改造，使得该公司在药物市场上的垄断地位在多年之内从未动摇[①]。

六、专利纠纷的解决途径

专利纠纷能否得到妥善解决是专利管理要面临的一个重要问题。在全球化竞争不断加剧的大背景之下，专利诉讼已经成为解决专利纠纷的重要渠道。企业所面临的专利纠纷解决问题，可以将专利纠纷区分为国内纠纷和国际纠纷两个板块来讨论。

国内纠纷的解决方式有多种，例如，向竞争企业递送律师函，请求其停止侵权行为，也可以要求对方支付专利许可费。此外，还可以向法院提起民事诉讼。如果我方企业收到对方发送的函书，应当及时作出回应，积极分析我方的专利，加以判断是否确实侵权。如果没有侵权行为，则发函回复；如果确实存在侵权行为，此时要会同专利研究部门、营销部门和法务部门沟通分析，制定应对举措。应对措施有如下三种。

1. 利用宣告专利无效的手段

根据我国《专利法》的规定，专利被宣告无效后将被视为自始就不存在。此外，专利无效的宣告，对于此前已经执行的专利侵权判决、专利许可合同，不具备追溯力。换句话说，对于已经付给对方的专利使用费用，对方没有退还义务；但对于没有支付的专利使用费用，我方有权停止支付。因而，如果提出宣告对方专利无效的请求，出于利益最大化考虑，要在专利侵权判决书作出前提出，不然如果判决既已作出，即便无效宣告成功，也没有太大意义。在诉讼程序上，基于发明专利的稳定性，一般情况下，法院不会作出中止诉讼的裁定。但是，根据《民事诉讼法》第 105 条

---

① 何邈：《政府科技政策对专利品质的影响分析——以苏州工业园区为例》，硕士学位论文，苏州大学公共管理，2018，第 48 页。

的兜底性条款"其他应当中止诉讼的情形"的规定，仍然存在中止诉讼的余地。为达此目的，就要求我方请求宣告对方无效的事实和证据足够充分，对被请求宣告无效的专利涉嫌侵权的怀疑足够合理。这一步极为关键，要确保认定无效的证据链能够完美闭合，认定无效的理由正当。如果不能满足这些基本条件，那么如果宣告专利无效的请求被驳回后，根据民事诉讼"一事不再理"的诉讼原则，就很有可能失去了救济途径①。

2. 替代技术的利用

充分检索科技期刊和全球专利数据库，查寻目标专利的备选技术方案，并进行综合成本分析。若替代技术划算，则用替代技术规避。若无法替代，那么应该考虑是否可以不用该技术。评估由于不用该专利技术会导致产品技术水平降低而失去市场份额。如果可能失去的市场份额小于专利许可费用，则可采用这种方案。

3. 发挥交叉许可转让的作用

面对对手的进攻，我们要从自己的"弹药库"里寻找反击的武器——自我拥有的专利。查清对手有无侵犯我方专利权。若存在，则可以与对方进行交叉许可谈判，实现纠纷和解。如果自身专利较少，没有武器组织反击，则应寻找同行业其他可能被诉讼的企业，联合起来应对专利拥有者的进攻。

对于国际纠纷，要根据目标国的专利制度和相关法律法规来办理，此处的目标国是指纠纷发生所在地或者专利纠纷管辖区域。应对专利的国际纠纷时，最好能聘用专利管辖地区的代理机构。因其对当地的政策、法律等有较深入的了解，可以避免走弯路。此外，若案件影响较大，可能威胁到产业或企业安全，则管理者应积极联系商务部、海关和国家知识产权局等部门，寻求政府帮助，协调更多的应对资源和策略，从而化解纠纷。目前，就知识产权国际纠纷的解决方法而言，政府已制定了诸多援助措施和网络平台。

---

① 沙莎：《专利无效与专利侵权诉讼的协调机制研究》，硕士学位论文，烟台大学法学，2013，第28页。

（1）商务部建设了中国知识产权保护网，设有知识产权国别环境指南、海外知识产权办事和救济指南、海外知识产权纠纷案例等栏目。这对于解决海外知识产权纠纷有很好的指导价值。此外该网站还有海外律师事务所的推荐，可以按国家或地区进行查找，非常方便。

（2）国家知识产权局于 2019 年设立了海外知识产权纠纷应对指导中心。智南针网是其网络平台，其内容十分丰富。从"走出去"的角度出发，企业设有海外专利布局、海外纠纷应对、海外参展、海外国际化人才引进和国际化贸易等栏目。该网站的各国（地区）知识产权环境概览经过专业编辑，参考性更强。该网站还有海外知识产权实务指引、海外专利申请、海外知识产权信息检索、海外知识产权服务机构、海外知识产权实务专家、典型案例等丰富的内容，不仅有利于获取相关信息，还有很强的操作性。

第四节　专利权运营制度

一、专利运营的技巧

1. 利用互联网模式

专利是受专利法保护的知识产权，由国家专利主管部门国家知识产权局确认并授予发明人。专利权由所取得的专利证书确认。

2. 发挥专利运营优势

排他性和开放性是专利的两个基本特征。排他性即专利的垄断，是指法律规定属于专利发明人享有一定期限内的专有使用权的权利。开放性即专利的公开，专利发明人同意公开其发明，以获得法律授予他的专有权，继而公众可以通过各种合法渠道获得相关专利的技术信息。

3. 专利的类型和期限的控制

专利共有三种：发明、实用新型和外观设计。发明是具有独创性的技术方案，指对产品的构想、方法或颠覆性的改进。实用新型是提出新的，对产品的形状、结构或组合更切合实际的技术方案。外观设计是指运用图案、形状和颜色的组合，形成具有美感的用于工业生产的新设计。发明分职务发明和非职务发明。职务发明是指，发明人所创造的发明主要是利用本单位的物质技术条件或者是在执行本单位任务的过程中完成的。以单位实体发明创造申请专利的，专利权利属于该实体；申请被批准后，该实体为专利权人。非服务性发明是发明人或者设计者利用自己的资金、设备、工具以及其他材料和技术条件，在自己的工作之外进行的发明和创造。非职务发明申请专利的，专利权利属于发明人或设计人；申请被批准后，发明人或设计人为专利权人。

专利的保护期限，发明专利二十年，实用新型和外观设计专利十年，均由申请之日起计算。

二、专利运营的特点

1. 专利申请的目的

专利申请的目的和功能：一是为保护发明创造的积极性，尊重保护发明人、设计者的智慧劳动和创造；二是为了促进发明成果的转化，推进科学技术的进步，促进经济社会的发展。

2. 发明或实用新型专利申请标准和条件

（1）新颖性。一项发明或实用新型必须满足四个条件才能具有新颖性：①在提交日期之前，国内或国外出版物中均未公开发表过相同的发明；②尚未在中国公开适用或以其他方式被公众悉知；③在中国还没有通过别的方式公开相同的发明或实用新型；④在申请日之前，没有其他人向专利局申请过相似的发明或实用新型，且没有记录在以后公布的专利申请文件中。

（2）创造力。一项发明必须满足以下两个条件：①与申请日之前的现有技术相比，具有突出的实质性特征；②与申请日之前的现有技术相比有重大进步。

实用新型专利的创新标准略低于发明专利的创新标准。只要它具有实质性的特征和进步，并且不必成为突出的实质性特征和重大的进步，就可以认为它满足了创作标准。

（3）实用性。发明和实用新型的实用性是指发明或实用新型可以生产制造且可供使用，并可以产生经济和社会价值，有积极的效果。

三、专利申请

1. 专利申请启动

有两种申请专利的方法：首先，发明人自己申请专利，申请人本人直接向国家知识产权局或其代理人办理专利申请手续；二是申请人提供专利构想和发明材料，委托申请，由专利代理机构办理专利申请。

2. 专利申请文件

根据专利法，申请人申请发明或者实用新型专利，应当向国家知识产权局提交请求书、说明书、说明书附图、摘要附图等文件。请求书是一种统一的表格，申请人应填写申请人的姓名、名称和地址，发明人或设计人的姓名、名称、地址以及发明主题。说明书中应全面、仔细地介绍本发明，以利于本领域的通用技术。人们可以根据说明重做本发明。说明书应说明发明人对技术水平的理解，发明人要解决的技术问题以及解决方案的新颖性。主张通常分为两部分：第一部分指出发明人从现有技术中得出的结论；第二部分指出发明人从现有技术中获得的收益。第二部分指出了发明的新颖性和创造性，其目的是确定专利专有权的范围。描述的摘要使用大约用 200 个字来介绍本发明的主要技术背景和特征。应当注意，为了清楚和完整地介绍本发明，通常需要使用附图。附图是说明书的组成部分，申请实用新型专利的说明书中必须包含附图。

此外，申请人要求享受优先权的，还应当提交优先权证明；如果他要求代理人提出申请，他的代理人还必须提交委托书和其他证明文件。

申请外观设计专利，根据专利法，申请人应当提交：请求书、外观设计图片或照片、简要说明等，且应当注明使用该外观设计的产品和其所属的类别。外观设计专利请求书是一种固定的格式，请求书中应当写明外观设计的名称、设计人和申请人的姓名或者名称以及地址等信息。请求书中还应注明使用该设计的产品及其所属的类别。外观设计的图片或者照片要满足从各个侧面、状态、角度等都能清楚地显示所要求保护的外观设计。对外观设计的简要说明，应当清楚地说明该外观设计的主要创造性部分、要求保护的颜色、省略意见等，并且不得用于描述产品的用途或性能，也不得使用商业术语。和申请发明或者实用新型专利的方式一样，申请外观设计专利并主张优先权的，应当提交优先权证书；授权代理人申请的，还应当提交专利代理委托书和其他证明文件。

3. 专利申请时间

专利申请后收到接受通知的时间大约一个月。

4. 申请费用的缴纳

应缴纳费用为：申请费、申请附加费、出版物印刷费；发明专利申请的实质审查费和复审费；专利注册费、公告印刷费、申请维持费、年费；优先权要求费、说明书变更费、恢复权请求费、延期请求费、恢复权请求费、实用新型专利检索报告费；强制许可请求费、强制许可使用费、裁决请求费、中止程序请求费、无效请求费。国家实行专利费减免政策，其中，服务发明减少70%，非服务类发明减少了85%①。

四、专利权授予的程序

发明专利的授予专利权的过程分为以下四个阶段。

1. 接受、初审

使用新模型或新设计授予专利权的3个过程：接受、初步审查和授权。初步审查：对专利申请是否存在明显缺陷进行审查，包括对专利申请书、受理申请的文件和手续的初步审查。主要审查申请内容为：①是否明显违反国家法律、社会公德或者妨碍社会公共利益；②是否明显属于不授予专利权的对象；③是否明显缺乏技术内容不能构成技术方案；④是否明显缺乏整体性。还需要检查实用新型和外观设计专利申请，看它们是否明显与已经授予的专利相同，不是一个新的技术方案或者新的设计。

---

① 张铁麟、王兰君、李莉、李雅娟、邵凤伟、赵海伶、陈立：《明明白白缴费——专利申请各阶段相关费用解析》，《中国发明与专利》2007年第6期。

2. 公布

自申请之日起满 15 个月，进入公告准备流程。申请公开后，申请人可以要求实施发明的单位或个人支付费用，即申请人就获得临时保护权。在发布申请记载的内容之后，申请记载的内容就成为现有技术的一部分。

3. 实际审查

审查员检索现有技术后，全面对专利申请是否具有专利法规定的新颖性、创造性、实用性以及专利法规定的其他实质性条件进行审查。授予发明和实用新型专利权的必要条件是具备新颖性、创造性和实用性。

4. 授权

实用新型和外观设计专利申请经初步审查，发明专利申请经实质审查未发现驳回理由的，由审查员准备授权书，专利局将发出授权通知书和办理登记手续通知书。在规定的时间内完成登记手续并缴纳了规定的费用的，专利局将授予专利权，颁发专利证书，在专利登记册中记录，并在《专利公报》上予以公布。专利权自专利证书颁发之日起生效。

《专利法》规定，授予专利权的外观设计应当与在国内外出版物中公开或者在申请日之前在国内使用的外观设计不相同或不相似。

五、专利权人的权利和义务

1. 专利权人享有的权利

根据中国《专利法》的规定，专利权人享有以下权利：

（1）专有权：授予发明和实用新型专利权后，未经专利权人许可，任何单位和个人不得利用其专利，不得以任何目的使用、制造、承诺出售、出售或进口其专利产品。生产和经营不得使用其专利方法，也不得使用、承诺出售、出售或进口根据专利方法直接获得的产品。授权外观设计专利后，未经专利权人许可，任何单位和个人都不得实施其专利，不得为生产和经营目的制造、出售或进口其外观设计专利产品。

（2）许可权：指专利权人对他人使用其专利的许可。具体而言，即专利权人通过签订合同，允许他人在一定条件下使用其专利发明的全部或部分技术。

（3）转让权：指专利权人将其专利转让给另一方的法律行为。专利权的转让是专利权主体的变化，即原始专利拥有者不再拥有专利权，而受让专利者拥有专利权。专利权转让的方式有两种，分别是合同转让和继承转让。

（4）专利权人还享有其他权利，例如标记、放弃、要求保护等的权利。

2. 专利权人的义务

专利权人的义务主要是支付年度专利费。专利申请人需要支付申请专利所需缴纳的各种申请费用。专利申请人在取得专利权后应当在一定的日期内缴纳规定的年度专利费。年度专利费也称为专利维护费。每年的专利费是累进的，即专利权人支付的年费逐年增加。

第五节　专利挖掘

1. 专利挖掘的意义

专利挖掘的意义在于：第一，在日常工作、研发、制造中获取的具有实用性、新颖性、创新性的技术并申请专利；第二，探索具有市场潜力但尚未形成专利红海的项目，进行专利申请和布局；第三，创建或者挖掘令竞争者头疼的项目，并通过专利申请进行布局。

2. 专利挖掘的优势

专利挖掘的优势是：第一，专利不是万能的，但在知识经济时代，没有专利是万万不能的；第二，树立企业整体的知识产权意识，同时注意全方位的保护专利；第三，主张专利权比主张商业秘密要容易，并且要减少同伴挖掘对技术外流的影响；第四，有限的资源和无限的欲望，研发资源是有限的，必须合理使用于最有价值的领域；第五，通过金矿分离进行定位、采矿和石油钻探；目标定位，结果事半功倍。第六，早日掌握前沿技术，并通过专利布局建立专利壁垒，从而在市场中获得竞争优势。

3. 专利挖掘的主体

专利挖掘的主体是：第一，研发人员；第二，营销人员；第三，知识产权人员。

4. 专利挖掘时间

专利挖掘的时间：第一，任何时候；第二，当市场/技术尚未成熟时。

5. 专利挖掘的数据来源

专利挖掘的数据来源：第一，市场信息；第二，学术论文；第三，专利数据库。

6. 专利挖掘的顺序

研发—原型机—实际批量生产—批量生产—开拓渠道—销售—市场信息。其中，在研发中，可以进行论文制作和专利申请；在样机（试制）中，也可以申请专利。

第六节　专利布局战略

一般来讲，专利布局有四种策略，第一，以当地为中心，以乡村为中心；第二，将索赔同时部署到产品和方法中；第三，同时要求从小型组件布局到大型系统；第四，从核心组件布局到应用程序产品的主张。

专利布局方式有宏观专利布局、微型专利布局和专利挖掘与专利布局的有机结合。

1. 宏观专利布局

专利布局的具体方法主要包括申请时间、地区、内容、产业链等的部署。尽管专利布局的方法很多，但是企业应该根据公司的发展背景、前景和市场的具体情况进行专利布局，这意味着公司必须从一开始就坚持专利布局的思想。因此，在进行专利布局之前，企业必须了解产品或技术的市场环境以及企业的法律环境。具体来说，公司需要在全球范围内搜索和分析其产品或技术以获得专利技术，并了解其在该地区或其他地区市场中的竞争环境和产品发展方向，然后确定总体专利布局的目标和方向。从专利布局的方向来看，主要有三个方向，即保护性专利布局、攻击性专利布局和储备专利布局。为公司自己的产品或技术建立完整的专利保护网络就是所谓的保护性专利布局；进攻性专利布局是指公司用来消除竞争对手对其产品和技术的威胁的有效专利布局策略；储备专利布局是为了在未来的产品升级。产业变化中继续保持技术升级，可以增强企业的市场竞争力或者在某些领域寻求专利控制，甚至参与制定下一代行业标准。

2. 微型专利布局

在宏观层面确定问题之后，公司需要在微观层面进一步进行专利布局。简而言之，不同的专利布局目标和方向对应不同的专利布局方法。例如，如果专利布局的目的是保护市场，那就应当关注产品所覆盖的国家和地区；如果专利布局的目的是保护核心技术、核心产品或打破市场壁垒，我们应该对相关技术或产品的产业链进行深入研究和全面探索，提取所有可能的解决方案以及其他相关核心技术、外壳技术，将区域专利布局与基于产业链布局的专利布局进行比较。可以发现，与基于产业链布局的专利布局模型不同，地理专利布局的原因和关键考虑因素不是技术问题。首先，专利布局需要在地理上进行的原因主要是知识产权的地域性。众所周知，在一个国家受保护的专利在另一个国家并不当然受保护。因此，企业需要根据自身发展情况和规划，判断是否在其他国家申请专利，以及在哪些国家申请专利保护。相比之下，基于产业链布局的专利布局模型主要是为了实现对公司技术的全面保护。其次，与考虑产业链的布局模型相比，区域专利布局需要更多地考虑市场因素，而不是单纯的技术因素。具体来说，公司需要考虑公司产品的制造和销售地点以及将来可能的销售区域。他们还需要了解主要竞争对手和合作伙伴的分布，并专注于上述领域的专利布局。当然，公司在进行区域专利布局时，如果能够理解每个国家的专利保护政策，将更有利于国家间市场竞争的发展。

就专利布局而言，宏观内容，例如专利布局的总体目标以及具体的和微观的布局方法，非常重要。宏观与微观相结合，不仅可以保护专利技术，而且可以促进企业发展。在具体的布局中，企业不仅要考虑技术的完善，还要考虑市场和企业发展的因素，以进行多样化的专利布局①。

3. 专利挖掘与专利布局的有机结合

在专利挖掘与布局的思想创造过程中，相关主题的知识背景将无形中影响专利挖掘与布局的质量。其中，两个最重要的知识背景是技术知识和法律知识。当然，如果专利挖掘和布局的主体具有市场知识，也将有助于公司的专利挖掘和布局工作。显然，上述技能不仅对企业自身的技能水平提出了要求，而且为企业储备人才提供了方向。应当指出的是，作者并没有否认缺乏上述任何技能的人不能进行专利挖掘和布局，但是他们对挖掘和布局的视野一定会受到限制②。

企业具有创新思维和技术、法律技能，可以灵活运用专利挖掘和专利布局的两把利剑，实现企业的创新发展。以下将结合具体情况来分析企业应如何将专利挖掘和专利布局有机地结合起来。

以浙江省药业公司与日本兼营公司之间的专利纠纷为例，在这种情况下，浙江省药业公司不仅被判定为不侵犯日本中渊化学（Kancka）公司的专利权，而且还成功地在日本取得了兼营公司的专利。日本有关辅酶Q10无效。该专利纠纷的背景是浙江药业公司进入德国市场，而日本的Kaneka公司提出这一专利纠纷是为了维持其辅酶Q10在德国的垄断市场。浙江药业公司之所以能赢得专利侵权纠纷，是因为浙江药业公司的最终产品有效地避开了日本Kaneka公司的发明要点，这是专利开采与专利布局有机结合的体现。详细地说，浙江药业公司在进入德国市场之前，首先需要了解市场的基本情况和企业的基本发展方向。在此基础上，浙江药业公司需要分析德国辅酶Q10市场的专利申请和授权状况，然后发现并分离出可以进一步开发和使用的技术信息。最后，浙江药业公司需要从微观的角度分析技术信息所处的链接，以及如何利用技术信息来最大程度地发挥其作用。综上所述，这种逻辑体现在宏观专利布局—专利挖掘—微观专利布局上。值

---

① 中国国际贸易促进委员会：《企业应当如何进行专利布局》《互联网文档资源（HT-TP：//WWW. CCPIT. ORG）》，2015。

② 专利布局很重要，企业5大布局策略你知道几个？《互联网文档资源（HTTPS：//WWW. SOHU. COM）》2021。

得注意的是，这种逻辑是循环关系，而不是简单的线性关系。换句话说，在进行微观专利布局之后，公司可能仍会找到可以开采的技术信息，并将新开采的技术信息用于专利布局。

第七节 案例分析

案例一：江苏惠通 VS Hillcrest

1. 双方技术条件。江苏惠通的市场在欧美，客户是江苏惠通 VS Hillcrest 飞利浦（PHILIPS）、SHAP 等，产品是空间鼠标，专利：中国申请发明专利 28 项，专利合作条约 PCT 专利 21 项。

Hillcrest 的市场在欧美，客户是 PHILIPS、三星等，产品是空间鼠标，专利：80 多件授权专利（申请中 200 件）。

专利诉讼：向国际贸易中心（ITC）诉任天堂

2. 惠通商业目标：①能够进入与 Hillcrest 交叉市场；②扩大市场容量，提升竞争优势。

3. 江苏惠通专利对抗布局方案：①从 Hillcrest 角度出发：从市场、客户市场、产品技术发展趋势以及专利各个维度去挖掘；②结合惠通自己的技术成果，去挖掘与 Hillcrest 关联以及对抗的专利申请；③公司根据相应的市场策略、竞争对手市场及其专利情况，进行专利规划布局。

4. 对抗型专利布局的特点（防御型专利布局）

（1）典型代表：江苏惠通和绝大多数中国企业，包括中兴、华为；

（2）主要特征：有一定的规模和研发能力，面临竞争对手的专利布局，需要突破竞争对手的布局，形成自己的布局，巩固和扩大市场；

（3）运营方法：第一，密切跟踪主要竞争对手的专利申请和产品发布；第二，在关键零部件、核心技术方面加大研发投入；第三，制定与研发相关的专利布局计划；第四，通过布局实现对竞争对手的对冲，达到和平共处的目的；第五，通过专利申请适时公开相应的技术方法，破坏竞争对手的专利布局。

（4）布局团队：第一，本领域技术专家；第二，资深专利审查员或专利分析师（必须是相应领域的专利分析师）；第三，专业代理机构（一定注意：先排雷后布雷）；第四，制定专利布局计划。

（5）专利布局流程：第一，对产品或工艺进行认真分析，列出关键点，找出其中的创新内容。第二，对创新点进行产品或工艺的关联度分析，确认其中的关键技术或工艺。第三，围绕产品进行专利分析，了解专利分布和竞争对手专利申请情况，以及是否有专利地雷阵。第四，围绕创新点及核心技术进行分析：一是是否适用专利保护；二是对可能的技术进行穷举和分析；三是确定拟采用专利保护的技术和工艺。组织填写技术交底书，并与专利代理机构进行沟通。第五，确定产品现在和未来目标市场（国际），根据目标市场情况，确定 PCT 专利申请的技术和数量。第六，由专利代理机构代理申请专利，在提交前需经过组织审查和讨论。第七，对专利布局进行持续评估和动态跟踪，适时组织研发和新专利申请。

案例二：专利围剿

上海纺织集团下属纺织科学研究院和合成纤维研究所，在三代研究人员的不懈努力下，自主研制出中国首个原创高性能纤维——芳砜纶，耐高温是其最显著的特点，因此，可用于过滤、阻燃和绝缘。1973 年，上海纺研院开创性地在大分子结构中引入对苯环和砜基结构，项目组承担了国家科技攻关项目，建成聚合、纤维小试生产线。2000 年，中国工程院在给国务院的报告中对芳砜纶有专门的评述：我国自主开发的芳砜纶，具有卓越的耐高温特性，已用于军工配套等方面，应集中人力物力扩大生产。2002 年，上海纺织控股（集团）公司集中公司资源，进行产学研联合攻关，成功开发千吨级的芳砜纶产业化工程的关键技术、攻关项目，建成聚合、纤维小试生产线。

2006 年 3 月，上海特安纶纤维有限公司作为芳砜纶产业化项目的运营实体，由上海纺织（集团）有限公司投全资注册成立。于 2007 年 10 月，在上海某开发区顺利建成年产 1000 吨的芳砜纶生产线，并进入试生产。

从中我们为民族的技术工作取得的成就而自豪，纺织集团的纤维是可以取代 DP 公司（一家世界级数字技术公司）产品的一种产品，甚至在耐高温方面还超过了 DP。为此，上海纺织控股集团公司、上海市纺织科学研究院、上海市合成纤维研究所共同申请了名为"芳香族聚砜酰胺纤维的制造方法"的专利，申请日为 2002 年 07 月 16 日，申请号 02136060.X。此专利于 2004 年 11 月 17 日获得专利权。

这一切，当然逃不过 DP 的商业情报系统。2007 年初，在生产线建设过程中，DP 首席科学家（同时也是美国工程院院士）V. 加巴拉来到中国，访问该公司，并希望收购该公司，该公司当然没有同意。于是，在 2007 年 8 月，DP 公司几乎同时在美国申请了 13 件围绕该纤维的下游产品专利。该纤维可以用于阻燃、过滤、绝缘，该纤维的制备单体是「3，3-DDS」或「4，4-DDS」，而 DP 公司的专利都从该纤维的这两种单体出发，与其他下游厂商常用的材料混合，形成阻燃、过滤、绝缘等材料。这样，TL 公司（一家软件公司）因为有专利不会侵权，但是，它所有的下游厂商用它的纤维生产产品，都会侵犯 DP 公司的权利，这样一来，下游厂商就只能去买 DP 公司的该替代产品，而不敢买 TL 公司的该纤维产品了。

DP 公司的专利运作在 2007 年就开始了，而 TL 公司对此毫不知情，直到有国外客户告诉它们，不敢买它们的产品了，因为可能会侵权，TL 公司才察觉到 DP 公司的这些专利篱笆的存在。2010 年 2 月，这些专利的 PCT 申请进入中国国家阶段，目前都处于审查阶段。

从这一专利围剿过程中，我们可以看到国外大企业的专利运作是如何为它们的商业利益服务的，而相比之下，我们国内的企业还不熟悉专利的游戏规则。

谈到专利价值认知，现在很多国内企业还没强大到对国外巨头构成威胁，一如 2004 年之前的纺织集团。这些企业都不重视专利技术，而去追求短期的经济效益。更别说专利布局，专利不仅仅要申请自己现有做到的产品，还要申请它的上中下游的产品，从产业链、供应链、价值链角度去布局专利，那要花费企业多少金钱啊？

案例三：三个互联网企业实战案例

"梦想总是要有的，万一实现了呢？"这句话随着马云成为中国首富之后，迅速火遍整个网络，成为"鸡汤中的鸡汤"，从侧面反映出梦想的重要性。而将有梦想、实现梦想表现得淋漓尽致的，应该非互联网行业莫属了。

每年有无数人怀揣梦想跳入互联网浪潮之中，有逆流而上成为佼佼者的，也有不幸被"淹死"的。一方面是互联网创业成功后的辉煌景象，另一方面是互联网创业失败后"尸骨无存"的恐怖结果。究竟该带着梦想何去何从？究竟该如何保证自己的企业在瞬息万变的互联网行业中站稳脚跟？这些问题困扰着人们。但是，如何在创业之初、发展之中，运用专利保护自己，避免陷入专利侵权纠纷之中，人们却是很清楚的。

说到互联网创业，不得不提一个很出名的公司——小米科技。自 2010年 4 月成立至今，小米从默默无闻到如今提出"进军美国"这样彰显野心的目标，被冠以"行业搅局者"称号，路人拍手称赞、业内抱团，如此种种，都表现出了它如今的发展和地位。对于一个成立五年的企业，能稳步发展到今天这样的地步，一定离不开其日趋完善的企业专利布局。据不完全统计，小米现在的发明公布已有 2000 多项，获得国家授权的有两三百件，而其负责人表示小米还在不断地申请专利，期望获得更多的专利授权。

企业专利布局是指，企业对专利根据其市场、产业和法律等因素进行有机结合，涵盖企业利害相关的产品、技术、地域和时间等维度，最终构建高效严密的专利保护网，从而形成一个保护层级分明、功效齐备、在特定领域有竞争优势的专利组合格局。

比如微软解锁新专利，手势解锁认机主。微软日前曝光一项新的专利，手机屏幕解锁系统通过监测用户的手指在屏幕上的移动轨迹等简单手势下的生物指纹信息，然后通过这些信息来确认解锁手机的是否是机主本人。并且微软还表示，这项专利其实还可以用在屏幕尺寸更大的设备上，比如微软 Xbox One（微软发售的家用游戏机）和 Kinect（一种 3D 体感摄像机）等。众所周知，安全问题一直是众多手机厂商关注的焦点，微软这一专利不但能够为己所用，并且能够为其他企业申请类似技术的专利设置一道门槛，给竞争者回避其设计设置了很大的障碍。这就是企业专利布局中的"路障式布局"。

又比如脸书（Facebook）专利战：你告我专利侵权，我说你专利无效。Facebook 大家都不陌生，它被一家科技公司以专利侵权名义告上法庭，Facebook 在辩解自己没有侵权的同时，还拿出了有利的证据来请求法院对涉及的诉讼案件做无效宣告。Facebook 有如此气魄，重要原因就是拥有一个强大的企业专利布局，在该企业获得专利权前先获得授权，在专利布局的时间维度上面占尽优势。由此可见，在企业不慎卷入专利侵权纠纷中，专利布局就会变身最牢固的铠甲来为企业遮挡"明枪暗箭"。

还比如，三星专利授权量连续五年排名第一。最新数据显示，三星授权专利量是苹果公司的 4 倍。目前，三星除了占据终端的制高点之外，还拥有全球领先的芯片、面板、电池等技术，这些领域超高的技术含量，不仅让三星在整个产业链上拥有非常充分的话语权，而且让三星的企业专利布局也日趋完善。三星所采用的专利布局方式是"地毯式布局"，这种专利布局是指围绕某一技术主题充分进行专利挖掘，取得大量该领域的专利，从而形成牢固的专利网，以有效阻止竞争者进入，保护自己的技术。一旦竞争者进入，就可以通过专利诉讼等合法方式将其赶出自己的保护区。如此一来，三星坐拥那么多专利，一旦许可他人使用，每年仅靠大量专利就可以取得丰厚的专利使用费。

企业专利布局能"守"也能"攻"，建立一个完善的企业专利布局在企业发展中有着举足轻重的地位。可能有的初创企业会觉得自己没有办法和微软、Facebook、三星等大公司相提并论。但是，再大的公司都是从最开始的一个小公司起步的，而且诸如微软这样的企业都如此看重专利布局，何况一个刚起步的企业呢？所以，对于一个互联网初创企业来说，构架一个严密而完善的专利布局的重要性是很明确的了。

案例四：专利布局给企业带来几亿利润

关于专利布局，每个企业的情况都不一样，光从糖衣式专利布局、围栏式专利布局、城墙式专利布局、地毯式专利布局、路障式专利布局等名词中，往往难以结合企业的实际情况，对专利申请形式进行合理的规划。

专利布局案例（一）：企业发展的瓶颈

企业的第一个瓶颈是，客户 A，玻璃制造行业，工厂有一定的研发实力，根据订单为客户提供玻璃产品，但整体经济效益一般，处于一种半死不活的状态。这是企业遇到的第一个瓶颈。但是客户 A 的老板比较有头脑，每一款新产品或产品的改造都会去申请专利。由于有专利，在产品的宣传、科技含量和质量保证上都给他的客户提升了很大的信任度，因此产品的销量逐渐提高，客户的订单越来越多，他也申请了更多的专利，良性循环。企业的第二个瓶颈：过了一段时间，客户 A 发现，市场虽然很大，但不会有太多的新产品需求。没有新产品需求，那就只能生产高价值的产品才能占领更高的市场。因此他们改变策略，对现有的产品进行研发升级改造，从而在生产成本降低的同时提高产品的质量。对于玻璃制造行业，产品的改进会涉及玻璃的原材料、玻璃的制造工艺方法等等。因此，随后在技术研发出成果后，他们又申请了大量的玻璃材料、制造工艺方法的专利。企业的第三个瓶颈：又过了一段时间，客户 A 发现，采用新材料、新工艺方法制造的产品，虽然利润可观，但对于一个快速发展的企业来说，似乎来钱有点慢，毕竟一块玻璃的单品利润还是很低的。由于对玻璃的原材料、玻璃的制造工艺方法的改进，就会涉及生产设备的改进。

专利布局案例（二）：企业专利布局的升华

也许是一句话让客户 A 的老板脑洞大开，做出了企业转型的决定，要把一个传统卖玻璃的企业，变成一个卖技术、卖设备的企业。客户 A 的老板又快马加鞭，将所有生产产品的设备都非常细致地申请了大量的专利。为什么要这么做？一块玻璃利润几块钱或几十块钱，一年企业的利润也就几千万。如果要增加利润，唯一的办法是开新厂。

但是要开工厂，需要大量的资金投入和前期准备，如场地、人员、设备等，这是一个风险很大的工程。客户 A 会想，卖玻璃不如卖设备挣钱快。于是客户 A 就开始转型卖设备，只运用现有条件生产少量玻璃产品。客户 A 甚至将生产玻璃的技术，全部申请了专利，然后搞专利许可。这样反而获取了丰厚的专利许可费，同时卖设备收入也不薄。客户 A 的企业经营模式于是就成了一个低风险、高利润的经营模式，因此也成了一种经营模式的典型案例。

第五章　商标运营管理

第一节　商标的注册和使用

一、商标的特征

1. 商标的可注册性

企业在设计发布新商标时，须重点考察商标是否具有可注册性。我国《商标法》对申请注册的商标应符合的要求做出了明确规定，企业选择与设计的商标应做到：①尽管我国允许声音等非视觉性标志申请商标注册，但企业设计商标时，通常应优先选择可视性标志；②不属于法律禁止注册或使用的标志；③不与他人的企业名称、姓名、肖像等在先权利相冲突；④若为颜色商标或三维标志的，要具有非功能性。

2. 商标的显著性

企业选择与设计的商标，应具有便于识别的显著性特征。商标具有显著性，即人们在看见商标时，可以准确定位出相关商品的种类、地位等。如"耐克"组合商标，当我们看到此商标时，就能反映出其依附的商品是价位偏中高的运动服饰。而对于不具有显著性的商标，其对所依附商品的特性的标识作用不强。例如用"香口胶"来标识口香糖，因"香口胶"在口香糖这一商品类别上不具备显著性，因此此商标不会通过商标局的注册。

一般来说，企业应避免使用描述性商标作为主打商标或品牌，可以使用显著性较低的商标作为子副品牌，且应尽量结合主商标一起使用。

3. 商标权的完整性和合法性

企业选择和设计的商标，应尽量保证商标权的完整性和合法性，具体体现在：①确保企业对商标具有完整的版权。无论通过广告征集、委托或由员工设计等任何方式取得的商标标识，都应与相关主体签订相应的版权转让协议，要求相关主体做出不侵权承诺或保证，并与其就保密与违约责任等作出约定。②商标应避免与他人已注册商标近似或相同。③商标应避免与他人的驰名商标（尤其是同行业驰名商标）近似或相同。④商标应避免属于法律所禁止的标志。如《商标法》规定，含有商品地理标志的商标，其标识的商品并非来源于该地理标志所标示的地区，误导公众的，不予注册并禁止使用。⑤商标应避免与他人已经使用、并具有一定影响的商标近似或相同。

二、商标注册

（一）商标注册申请

商标注册申请的程序具体如下：

1. 申请程序

商标申请注册的流程如下：①注册前的准备，明确注册方式，自行申请还是委托相关代理机构代理申请；②准备材料，注册商标申请人需准备5张商标图样（商标若为彩色，应准备5张着色图样，1张黑白墨稿图样；图样纸张的长与宽不得大于10厘米、小于5厘米）；身份证与个体营业执照复印件（个人申请）或企业营业执照副本复印件（企业申请）；已盖章的商标注册申请书；③开始申请，注册商标申请人应以我国商品与服务分类表为依据，确定申请商标的类别。同一商标使用于不同类别商品或服务上的，申请人应就不同类别提出注册申请；④确定申请日，我国采取申请在先的商标注册原则。商标申请日为商标局收到申请书之日；⑤商标的审查、初审公告与注册公告，通过初审的商标，在初审公告后的3个月内无人提出异议的，核准注册，受法律保护；⑥领取商标注册证，核准注册的商标，商标局应向申请人颁发商标注册证。委托申请的，由代理人转交注册证于注册人；自行申请的，申请人应自收到《领取商标注册证通知书》的 3 个月内，携身份证原件及复印件、营业执照副本原件、领取通知书（或介绍信）及注册人名义变更证明（注册人名义有变更的情况）等文件，到商标局领取注册证。一般情况下，商标的注册时长大致为一年半（申请受理与形式审查约 3 个月，实质审查约 9 个月，异议期 3 个月，核准公告到发证约 2 个月），若存在驳回、异议等情况的，时间会有所延长。

2. 注册技巧

商标注册的技巧具体如下：

（1）企业对于其使用的主副品牌、品牌的简称或别称、字号、广告语，其他具有标识作用的文字或图形符号，都应考虑对其进行商标注册申请，以实现企业商标权益的最大化保护。

（2）定期检核准备使用或正在使用的商标，是否已经提交商标注册申请；定期检核已提交注册申请或已注册的商标，其指定的使用范围是否能覆盖企业现有以及未来可能的业务范围。

（3）注册防御性商标。企业可将与其商标或品牌相近似的标志，在相同或类似的商品或服务上，进行商标注册申请。企业也可在类似或相关联的商品或服务上，申请注册其核心、重要商标。企业还可对其字号或核心品牌，进行域名注册申请。

3. 商标的国际注册

商标进行国际注册的情况包括：①企业准备开拓国外市场或有对外贸易业务的，应根据需要，适时地进行商标的国际注册，或向相关国家或地区（商品的制造地、销售地、商标的许可区域等）申请商标注册；②企业应在了解各国风土人情、地域文化背景的基础上，设计、选择商标，以避免在国外申请商标注册时遭遇文化障碍。

4. 商标注册的持续

关于商标注册的维持：①企业因经营需要，需变更注册人名义、地址或法律规定的其他注册事项的，应在相应工商登记手续完成后，向商标局提出变更申请；②注册商标的有效期限为 10 年，期满需续展的，企业应在期限届满前的 12 个月内，向商标局提出续展申请，到期未续展的，应在期限届满后的 6 个月宽展期内，向商标局提出续展申请；③企业应定期对其注册商标进行核查，对已不再使用的注册商标，可经企业内部的决策程序，决定是否有必要对其进行续展。

三、商标使用管理

1. 商标使用的合法性

注册商标使用的合法性管理的具体内容包括：①注册商标可以使用注册标记。企业可以在商品、商品包装、说明书或者其他附着物上标示"注册商标"或注册标记。注册标记一般标注在注册商标的右上角或右下角。②在使用注册商标过程中，印制或实际使用的商标标识应与核准注册的商标标识相符，企业在使用商标时不得擅自改变核准注册的商标图样。③若企业在使用注册商标的过程中，无法保持实际使用的商标标识与核准注册的商标标识一致的，不得标示"注册商标"或注册标记在实际使用的商标标识上。④注册商标的使用范围，必须与商标局核定使用的范围相同，企业不得超出核定范围使用注册商标。⑤企业需扩大注册商标使用范围的，应当在需要使用商标的商品或服务类别上，提出新的商标注册申请。在新的商品或服务类别上还尚未获准注册的，不得标示注册标记。

2. 未注册商标的管理

企业使用未注册商标的情形包括：①商标因不具有显著性，而无法获准注册；②商标正在进行申请注册；③商标只是被临时使用；④未注册的临时使用的商标，在经过使用具有一定知名度时，应当立即进行商标注册申请；⑤不具备显著性的商标，经过使用具有显著性、识别性的，应当立即进行商标注册申请；⑥对未注册的商标，不得标示注册标记。

3. 商标使用规范

商标的使用规范包括：①为充分发挥商标的识别功能，企业在使用商标的过程中，应将其置于突出的核心位置；②企业应强化商标的使用规范，规范的内容包括商标标志的构成、大小、字体、颜色以及标志位置与周围符号的间距、是否标示有注册标记等；③企业不得将"驰名商标"字样，用在其生产、经营的商品、商品包装或容器上，或者用于广告宣传、展览及其他商事行为之中；④对于企业的制造商、代理商、经销商，应注意核查他们的商标使用行为是否符合企业的商标使用管理规范。

对广告宣传的商标管理，主要包括以下内容：①企业在制作广告策划方案或营销方案时，应检查所要使用的宣传口号或广告语在知识产权方面是否存在问题，是否会与他人产生冲突与纠纷；②对于设计的宣传口号或广告语，企业可以将其进行商标注册申请与版权登记。

第二节　商标许可与转让

一、商标的许可

商标许可的管理内容包括：

第一，除企业外的任何主体（企业子公司、关联企业和其他企业）需要使用企业注册商标的，应与企业签署商标使用许可合同。企业应就相关商标使用许可，在合同的有效期内，向商标局备案。

第二，商标许可合同应具有的条款，包括但不限于以下内容：①定义条款。关于许可合同中的关键细节或词语，当事人应进行明确的解释说明。比如质量标准、许可方式、净销售额等。②许可标的。也即许可使用的商标，除商标名称描述、附着商标图样外，商标注册号和核定使用的商品或服务类别也最好进行列明，商标注册证的复印件也最好附着在附件里。③许可方式。约定明确属于独占许可、排他许可与普通许可三种类型中的哪一种。④许可范围。商标许可使用的空间范围、类别范围及时间界限等方面。⑤许可使用费支付。包括支付方式、使用费数额等。⑥商标权的维护。包括对商标的续展问题，处理解决商标争议、商标异议等的方法等内容。⑦瑕疵担保责任。比如许可人应保证对商标享有处理权、商标权具有有效性，不存在影响该商标许可的其他独占许可障碍等。⑧积极使用的义务。规定被许可人负有积极实施相关商标的义务。⑨质量监督。约定被许可人产品质量的检验方式、时间及相关检验费用的承担问题。⑩侵害救济。约定发生商标侵权纠纷时，谁有权主张权利，谁应承担相关的维权费用，争议的解决方式是诉讼还是仲裁，仲裁是选择在国内还是在国外。

还可以约定的条款包括：当事人应当对商标许可的细节，尤其是其中的许可费保密；许可费是按税前还是税后计算；被许可人的信息标明义务，比如被许可人应标明其名称与商品产地；商标许可的备案问题；违约及违约金的计算问题；其他可进行约定的条款。

此外，企业应当对被许可人的商标使用行为进行监督，以保证其商标使用的规范性。企业的质量检测部门以及商标管理部门，须对被许可人的产品进行检测监督，以保证使用商标的产品的质量。

二、商标的转让

商标的交易方式包括转让、许可与质押。此外，商标交易还可能存在于企业并购、OEM/ODM、合资合作及特许经营等商事行为中，但无论何种商标交易情形，就商标问题，都必须具备详尽的合同规范，以保证商标价值的实现，权属的清晰。企业在对其商标进行转让、许可、质押及投资时，应委托有资质的资产评估机构，及时评估商标的价值。

在进行商标交易前，企业应对对方的商标情况进行调查，调查内容包括但不限于：①商标是否已核准注册。②商标是否享有无瑕疵的著作权、专利权等。③商标权利人是否真实。④商标专用权的有效地。⑤商标的指定使用范围，是否满足企业需要。⑥商标是否存在质押等情况的限制。⑦商标是否存在异议或争议等问题。⑧商标是否存在相同或类似的商业标志。⑨其他问题。

第三节 商标权的保护

一、商标侵权行为

我国《商标法》《商标法实施条例》以及相关司法解释，对侵犯商标专用权的行为作出了明确规定，构成侵犯商标专用权的行为的，主要有以下几种：①未经商标权人许可，在同一商品上使用与其注册商标相同的商标的；②未经商标权人许可，在同一商品上使用与其注册商标相近似的商标，或在类似商品上使用与其注册商标相同或近似的商标，容易导致混淆的；③销售侵犯注册商标专用权的商品的；④伪造、擅自制造他人注册商标标识或者销售伪造、擅自制造注册商标标识的；⑤未经商标注册人同意，更换其注册商标并将该更换商标的商品又投入市场的；⑥故意为侵犯他人商标专用权行为提供便利条件，帮助他人实施侵犯商标专用权行为的；⑦在相同或类似商品上，将与他人注册商标相同或者近似的标志作为商品名称或者商品装潢使用，误导公众的；⑧将与他人注册商标相同或者相近似的文字作为企业的字号在相同或者类似商品上突出使用，容易使相关公众产生误认的；⑨复制、模仿、翻译他人注册的驰名商标或其主要部分在不相同或者不相类似的商品上作为商标使用，误导公众，致使该驰名商标注册人的利益可能受到损害的；⑩将与他人注册商标相同或者相近似的文字注册为域名，并且通过该域名进行相关商品交易的电子商务，容易使相关公众产生误认的；⑪给他人的注册商标专用权造成其他损害的。

二、商标的打假

企业应当建立商标侵权监控及打假机制，并对机制内的工作人员进行培训教育，让他们具备基础的商标知识，能对侵权行为作出初步判断，以及能收集相关的侵权证据等。企业还应当对其销售及售后人员，代理商与委托制造商进行培训，以让他们知悉如何发现、识别及报告商业活动中的商标侵权行为。企业还可建立奖励、表彰机制，消费者举报机制，通过奖励或表彰等方式，鼓励消费者举报其了解的假冒商品。

三、商标维权

企业发现其商标权正在或将要被他人侵犯的，可以向有管辖权的人民法院申请诉前禁令，以阻止行为人继续实施侵权行为，在必要时，还可申请财产保全。对于已发生的侵权行为，企业可采取与侵权人协商、报请工商行政部门、提起诉讼等措施进行处理。企业可以将其商标向海关总署申请备案，在发现侵权货物可能将被进出口时，可以向海关申请实施保护措施，扣留侵权嫌疑人的进出口货物，以实现及时并有效地保护企业的合法权益。

四、商标信息

企业应对商标公告，包括商标局发布的商标初审公告、商标注册公告、商标转让公告、商标使用许可合同备案公告、商标注销公告、商标撤销公告等，进行定期的跟踪监控。以在发现存在与自己的注册商标相同或近似的商标，或监控到存在有损企业利益的信息时，能及时采取商标异议等手段来维护企业的合法权益。若有人对本企业已初审公告的商标提出异议的，企业应当自收到商标局发出的有关文书后，于答辩期内，提出答辩意见。若有人对本企业已核准注册的商标提出商标争议的，企业应当积极应诉、答辩。

第四节　商标标识印制

企业应当对拥有的商标或标识制定印制管理办法，对商标的具体印制流程、规范及相关的权利义务等内容进行规定，并安排专门的工作人员，对商标标识印制的监督工作予以配合，对承印单位的资质进行审核，对相关印制合同进行签署，对合同的履行进行监督，对印制的质量进行把控等。

一、商标印制

企业将相关商标及标识委托给他人进行印制的，须与其签署正式的商标印制协议。协议应尽可能详尽地规定有关订单的管理、生产的管理、流通的管理、质量的管理及违约责任等内容。企业委托印制机构进行印制的，应依法出具委托书和商标注册证的复印件，并对其进行妥善保存。对于已印制的商标标识，需经企业检验合格后才能使用。印制机构应对完成印制的商标标识质量与数量进行查验，印制质量不合格的，应进行彻底的销毁处理，并与企业的商标管理人员进行交接，履行相关登记手续。

商标标识的印制确需被许可人负责的，商标许可的当事人双方应在商标许可合同中，对印制商标标识相关的义务与责任进行明确的规定。企业商标的被许可人，在商标或标识印制之前，印制的图样应经过企业的许可，并应在标识印制后，将相关的样稿及印制完成的包装交由企业备案。被许可人需在产品标签、包装袋、彩膜、包装箱、包装盒、宣传画及其他物品上标注商标标识的，须经过许可企业的审核后才可印制。

二、商标标识的生产

企业印制商标或标识必须严格按计划执行，按规定的程序进行领取，不得未经批准，擅自发放。企业应安排专人保管商标标识，对销毁的废止商标标识进行记录，不允许任何人私自对商标标识进行处理。

第五节　商标档案

企业商标档案作为企业商标信息的载体，其价值与作用对企业竞争力的提高至关重要，因此，企业应对商标档案进行有效规范的管理。

一、商标档案的分类

商标档案是指企业在商标的注册、运用、管理等活动中形成的，具有保存价值的商标资料。商标档案的内容具体包括：①商标的基本资料。主要指商标的样式、版式、申请注册材料及商标许可使用合同等。②生成商标前的准备资料。主要指商标的策划文件、设计方案及模型等。③商标的使用材料。主要指标识企业商标的商品，在近三年的主要经济指标、同行业排名、销售量与销售区域等。④商标的动态情况资料。主要指有关注册商标的变更、补正、转让、续展、注销与撤销等文件。⑤商标的维权资料。主要指涉及商标异议、争议等的诉讼材料。⑥商标的广告宣传及公告文件等。

二、商标档案的管理

商标档案的管理内容具体包括：集中归档有关的商标文件，统计、整理、利用、鉴定及保管商标档案等。商标档案管理的建设办法具体如下：

首先，设立专岗。为避免商标档案的管理工作出现断层，以及影响商标档案的利用，企业有必要为商标档案设立专岗进行管理。不同企业对商标档案管理的建设可以采取不同的措施。中小型企业因有限的人力与财力，可将此岗位设置在办公室、市场部等部门，并指定专人对商标档案进行管理。对于有较多注册商标的大企业，可由法务部或知识产权管理部门负责商标档案的管理工作，条件成熟的，可设立商标管理部门对商标的档案工作进行直接管理。

其次，强化商标档案的惯性管理。商标惯性指企业以商标战略为基础，对商标管理事务的处理习惯。惯性管理的过程指惯性的建立到保持。商标档案的惯性管理，指企业应在认识商标档案管理工作重要性的基础上，明确商标档案的各环节管理态度。比如，企业应明确形成注册商标档案的方式，商标档案在拟定商标保护策略、处理商标异议、争议及纠纷时的运作方法等。企业应考虑是否对具有独创性的动画形象、产品名称、广告语等文字或图形组合，申请商标注册并形成档案，以备不时之需。

第六节　商标的风险和防范

一、商标危机处理

1. 商标危机处理的意义

商标（品牌）危机是指商标依附的产品或服务存在问题、商标权主体的缺失、外部不利信息在公众中传播，导致商标（品牌）被怀疑、拒绝、敌视等，从而使得商标（品牌）面临严重的损失与威胁的突发性状态。引起商标（品牌）危机的原因有很多：由于企业内部管理疏忽导致产品存在质量瑕疵，致使消费者不满，从而引发质量危机；企业在产品质量、性能、包装、售后等方面与消费者产生争议，企业品牌形象因此受损，引发品牌信誉危机；企业的商标（品牌）被抢注、仿冒等，引发品牌丢失危机；企业的新旧产品形象与定位相偏离或存在矛盾，引发品牌延伸危机等。

商标（品牌）危机会影响产品在消费者心中的联想、好感度、忠诚度与感知，对企业的商标（品牌）价值产生损害，进而企业的产品市场也可能会遭受损害。因此，企业应将商标事务纳入危机事务管理的体系之中。

2. 商标危机处理的技巧

第一，商标（品牌）危机预防管理。在现代企业管理体系中，危机管理是非常重要的部分，企业应树立商标危机管理意识。在当今，商标（品牌）淡化越来越常见，对企业来说，这是一个灾难性事件。为避免危机，解决危机，需企业建立商标（品牌）的使用与维护监测机制，商标管理人员应时刻具备危机意识，监测商标的时效性，避免连续三年不使用商标而被撤销等导致权利丧失的情况发生，监测商标公告，是否存在相同或近似商标，以及时作出相应反应。

第二，拟定危机应对计划。通过计划以使企业在出现商标危机时能及时有效地应对。企业应根据行业特点、可能面临的危机类型，制订一系列危机应对计划，明确危机爆发的预防机制及危机爆发后的应对。

第三，商标（品牌）危机的恢复管理。商标（品牌）危机已经发生的，企业的商标品牌已被影响的，危机管理的重点在于危机的恢复工作。此时，企业为解决危机，吸取教训，需制定危机恢复计划。危机恢复计划的内容应至少包括危机恢复目标、危机恢复对象、计划的制定者与执行人、资源支撑、恢复期限、企业形象恢复策略等。

二、商标注册中的法律风险

在当今激烈的市场竞争背景下，著名商标的诞生，往往需要企业投入大量的智力与财力，不采取适当防范的商标注册，商标容易遭受巨大的法律风险。

1. 常见法律风险

商标遭受的法律风险有：

（1）抢注商标。商标抢注是指先于商标所有人注册相关商标，以获取利益的竞争行为。广义的商标抢注指将他人已为公众熟知的商标或驰名商标，在非类似商品或服务上申请注册的行为。从广义上说，将他人享有在先权利的创新设计、外观设计专利、企业名称与字号、著作权等作为商标申请注册的行为构成商标抢注。商标抢注行为虽不道德，但法律苛责性低。企业不得不对承载商誉等利益、被抢注的商标进行高价回购，因而造成经营利益的损失。

（2）申请在后。我国商标注册采取申请在先原则。商标保护意识低的企业，若未注册其使用多年的商标，该商标可能被抢注，而致使自身使用受限，市场成本增加。如联想的"Legend"商标，因在多国被抢注，而不得不在国外使用其他商标。

（3）滥用商标。域名的注册程序简便但不够完善，侵权人注册他人的商标或与他人商标近似的商标为域名，以达到混淆的目的，向商标权人出售，谋求不当利益。

（4）触及商标禁用条款。我国《商标法》对不能作为商标注册的情形进行了列举，但法律含义的解释具有模糊性，从而可能存在法律规避。一般地名不能作为商标使用，但具备其他含义的例外。但对法律规定中所谓的"其他含义"，难以在实践中界定。还有人认为，法律不会禁止地名名称顺序反向的商标注册，但问题在于，此商标即使被核准注册，使用过程中与地名产生混淆的，可能构成以欺骗手段或者其他不正当手段取得注册，被商标局撤销注册的情况。另外，将原料、商品的通用名称，作为商标注册的，也可能被撤销。因此，企业应谨慎选择、使用与地名相同的商标，以避免塑造品牌形象的努力白费。

（5）与他人在先权利冲突。我国《商标法》规定，申请注册的商标，不得损害他人的在先权利。如姓名权、肖像权、商号权及地理标志等。

①商标的弱化宣传。我国《商标法》对驰名商标进行"跨类保护"。商标的弱化，指商标被他人用在无竞争关系的商品或服务的广告宣传中，弱化了该商标与原商品间的特定联系。②商标的退化使用。商标的退化，指商标被他人采用使消费者误认为是相关商品或服务的通用名称，削弱了商标的显著性。如"敌杀死"商标成为农药产品的通用名称。商标使用不正确、不恰当，可能为侵权规避行为提供条件，企业应避免其商标被指代为商品的通用名称，避免商标的退化。③商标的丑化使用。有侵权者丑化或玷污竞争对手的商标，以达到损害对手商誉、市场销售的目的。如将他人的饮料商标，使用在厕所洁具等产品上的行为。④其他侵权行为。如申请注册的商标为外文商标的中文译文、发明人（或创始人）的肖像、他人商标的分解部分、具有双重含义的名人姓名等。有的把他人商标的关键词作为自己网站或网页的关键词使用，使用户在利用搜索引擎进行搜索时产生误认，以增加自身的宣传与交易机会的。

2. 防范技巧

随着时代发展与商业变化，有关商标的法律风险行为屡禁不止。如何有效降低风险，是商标权利人值得重视的问题。

不具有显著性的商标，虽然也可以使用并获得注册，但容易被当作通用名称，也容易被他人以合理使用为由进行抗辩。企业在设计、选择商标时，除避免《商标法》的禁用条款规定外，还应考虑商标的显著性，那种臆造的、与商品或服务的联系越少的商标，越能获得法律保护，越不易被他人恶意利用。

及时申请，保护权利。若企业等到其商标已经使用很久、培养成熟后才申请注册，很容易被抢注。并且不注册商标，就不能排斥他人在相同的商品或服务上，使用相同的商标，相当于给其他企业提供了进行不正当竞争的机会。由于商标注册从申请到获准存在时间差，因此，企业应在产品进入市场前，对商标进行注册申请。企业同时进行商标申请与产品开发，也是一个不错的策略。

曲径通幽，借力打力。注册商标的使用受类别的限制，因此存在法律规避的情形。企业对相关注册商标同时进行著作权登记或外观设计专利权申请的，与相关商标的抢注、淡化、弱化、退化或丑化侵权行为，企业可以利用《著作权法》或《专利法》来进行保护。

防御商标，指商标权人将其注册商标同时注册在其他多个商品或服务类别上，以防止他人"搭便车"。一般常见于驰名商标。联合商标，指企业在同一或类似商品或服务上，申请注册两个或两个以上的近似商标。联合商标中，应指定一个商标为正商标，其中任一商标的使用，视为其他商标也被使用。

企业可以根据《商标注册马德里协定》在国外申请商标注册。企业可通过国家商标局向世界知识产权组织的国际局提交国际注册申请，取得公约成员国的注册。总的来说，就是一次申请，多国适用。企业设计的商标，应思考产品出口国家或地区的风土人情、法律规定，以避免不能取得国外的注册，需专门打造国外品牌的情况。同时，还应及时在可能出口的国家或地区申请商标注册，以避免因抢注而无法出口的情况。

企业在产品（特别是新研发产品）的宣传中，应普及相关产品的通用名称，以避免商标退化的可能。另外，在商标的使用过程中，应将商标与商品包装上的其他文字或图形相区别，并按规定标注注册标志，以加强商标的显著性。

三、商标使用中的法律风险

商标成功获准注册后，就涉及注册商标的规范性使用问题。只有实际使用了注册商标，注册商标才能与产品或服务产生特定关联性，发挥识别功能。不规范性使用注册商标，可能面临以下三大风险：①注册商标专用权无法获得充分的民事保护。根据《商标法》的规定，注册商标的专用权，以核准注册的商标和核定使用的商品为限。根据《最高人民法院关于当前经济形势下知识产权审判服务大局若干问题的意见》的规定，确定对未实际使用的、请求保护的注册商标的侵权民事责任时，主要方式是责令停止侵权行为，确定赔偿责任时，除合理的维权支出费用外，无实际损失、其他损害的，一般不再以侵权人的获利为依据；此外，还可能被法院认定为仅将注册商标作为索赔工具，而无法获得赔偿；②注册商标可能被行政主管机关依法撤销。根据《商标法》规定，商标注册人未规范使用、自行改变注册商标的，商标局可责令商标注册人限期改正，利害关系人可向商标局申请撤销。另外，连续三年未使用的注册商标，也可能被商标局撤销。实践中不乏此类案例；③可能侵害他人注册商标专用权。商标注册的分类，使在不同商品或服务类别上，可能存在商标相同、权利人不同的情况。商标权利人对商标的不规范性使用，不仅影响自身商标的品牌培养，还可能构成侵权行为。

第六章　商业秘密运营管理

第一节　商业秘密概论

一、商业秘密的特点

《反不正当竞争法》将商业秘密定义为不为公众所知，能够给权利人带来经济利益，具有实用性并由权利人采取保密措施的技术信息和商业信息。换言之，秘密性、保密性、价值性、实用性是商业秘密的四个基本特征。对商业秘密的保密性要求不高，即保持大多数技术知识和信息的一般技术水平。

伴随科学技术的发展，企业间竞争的加剧，商业秘密在企业提升竞争力方面的作用越来越突出。商业秘密是指不为公众所知悉的具有经济利益性与实用性并经企业采取保密措施的技术信息和经营信息。从商业秘密的概念中，可知商业秘密具有"三性"，即：

1. 非公开性

非公开性是商业秘密自具的特性，应把知悉商业秘密的人限定在一定的范围之内。如果商业秘密已被公开，则就不再是秘密，也就不能将其作为商业秘密进行保护，例如，如果技术信息已通过期刊等途径公开发表，则该技术信息不能再作为商业秘密进行保护。

2. 保密性

保密性是指企业对相关信息采取了保密措施，做了秘密化管理。例如，公司将包含技术或经营信息的机密文件进行了妥善存放（上锁、设定密码等）、与相关人员签订保密协议等。

3. 商业价值性

商业秘密之所以存在保护的必要，主要在于维护正当的市场竞争秩序，如果在客观上相关信息不具有市场价值，也即不具有市场竞争性，那本就没有对其进行保护的必要。所谓商业价值（经济价值）是指，相关技术信息或经营信息对企业竞争力的提升具有十分重要的意义，若相关信息被公开，企业的竞争力将会受到较大的影响。

二、商业秘密的种类

企业于生产、销售等各环节内，都可能有商业秘密的存在。如企业的产品配方、产品或设计、制作方法、工艺程序、管理决策、营销策略、货源情报、客户名单、招投标标底和标书等，只要满足商业秘密的"三性"，都可能构成商业秘密，获得保护。企业商业秘密的可能来源，具体如下：①配方。企业的药品或化学配方等，如含不同物质含量比例的化妆品配方。②产品。未申请专利也尚未投入市场，处于秘密状态的企业自研产品，非商业秘密产品的组成部分或方式。③工艺程序。经组合编排，非商业秘密设备构成新工艺，如技术诀窍。④机器或设备的改进方法。企业技术人员对机器或设备进行改进，增加用途与提高效率的方法。⑤与研发有关的文件。记录企业的研究、开发等活动内容的文件，如图样或蓝图、设计文稿、实验成果、最佳规格标准件、检验原则等。⑥企业的内部经营活动文件。如采购计划、营销方法与计划、财务报表、分配方案等。⑦客户信息。企业的客户清单信息，若被其竞争对手所知悉，属于本企业的消费群体可能会被竞争对手引诱或骚扰，致使企业造成损失。青年旅行社诉中国旅行总社的不正当竞争案，就是有关客户清单构成商业秘密的典型案例。但若客户名单的内容只包含客户的名称和地址，其制作也未消耗企业的大量时间或经过繁杂手续的，其有可能也不构成商业秘密。

上述情形只是商业秘密的常见类型，其作为一种"信息"范围是非常广泛的。对于有利于企业提升竞争力的，并被采取了保密措施的有关信息，也即能符合"三性"要求的信息，都可能构成商业秘密。

三、商业秘密保护与专利保护的比较

商业秘密保护与专利保护相比，不同的是：①商业秘密具有更广泛的保护范围：商业秘密包括技术信息和经营信息；而经营信息目前无法利用专利进行保护；②保护期限：商业秘密的保护期限与相关信息的保密期有关，具有不确定性，但对其进行永久保密时，具有永久的保护期；而专利具有法定保护期限；③地域优势：商业秘密保护不具有地域性，其所有人可向任意国家的任何人给予实施许可证；而专利权的保护具有地域性，虽然有关的专利信息会在世界范围内公开，但在某国受到保护的专利权，并不等于该专利在除某国以外的其他国家也享有相应的权利和受到保护。

然而，商业秘密这一保护形式也存在着一些不足。首先，不同于专利权与商标权由法律直接赋予，商业秘密的存在依据保密措施的采取。其次，不同于专利等知识产权具有极强的独占性、排他性、对抗性，商业秘密的对抗性不强。商业秘密不能对抗独立研发出相同技术的第三人，也不能对抗具有相同经营信息的第三人。

因此，对相关技术信息、经营信息采用商业秘密形式进行保护，具有一定的风险性。最好的方式是综合运用著作权、专利、商标等传统知识产权保护形式与商业秘密保护形式。对于企业来说，这种方式是一项大工程，其需要技术人员、管理人员与知识产权人员进行协作。在如今激烈的市场竞争环境中，利诱、挖走技术骨干，借学术交流、商业交往之由来获取他人商业秘密的行为越来越多，因此，企业应当加强商业秘密保护意识，建立严格的商业秘密保护防范措施。

四、商业秘密保护的优势

由于激烈的市场竞争，每个公司生产和经营的商业秘密在市场竞争中都发挥着十分重要的作用。全球范围内，商业秘密在许多国家都普遍受到

法律的保护，尤其是发达国家，更是将商业秘密视为知识产权的一部分来保护。中国作为世界上最有影响力的发展中国家之一，对商业秘密给予足够多的保护是非常必要的，这是因为：

1. 保障权利人的合法权益

对于权利所有人来说，商业秘密可以为他带来可观的经济利益。对于不法分子来说，运用各种不法手段来获取他人的商业秘密，可以牟取一定的不法收益，但有时会对商业秘密的权利持有人造成巨大的经济损失。因此为了维护商业秘密权利人的合法权益，就必须从法律法规层面加强对商业秘密的保护。一方面它可以通过民事赔偿一定程度上弥补权利人的经济损失。另一方面也可以通过下令让不法分子停止不法手段，或者对不法分子进行罚款的行政措施，来及时制止这种行为的发生。从而保护商业秘密权利人的合法权益。

2. 维护市场秩序

利用不法手段侵犯他人的商业秘密，属于民事侵权行为。这种行为不仅对商业秘密权利人的经济利益有着重大损害；而且在一定程度上，影响着正常的市场商业竞争秩序。因此保护商业秘密，一方面有利于打击不法分子利用各种手段破坏市场秩序的不法行为；另一方面也有助于建立一个公平、公正、诚实、可信的商业市场管理平台。从而可以结合市场经济的内在要求与民法的基本原则，逐步建立一个完善的、良性的、可持续的市场竞争秩序。

3. 促进经济发展

随着世界经济一体化的发展，世界上越来越多的国家或地区重视商业秘密的保护。遵守"TRIPS 协议"或者通过民事法律手段保护商业秘密，对于 WTO 成员来说都是要遵守的基本义务。自从中国加入 WTO 以来，国内的所有企业都面临着前所未有的挑战，这其中就包括商业秘密的攻守战争，需要中国企业都按照"TRIPS 协议"的要求，加强对商业秘密进行保护。也只有这样，我国企业才能在不断与其他国家进行外交合作的同时，最大限度地保护相关企业商业秘密的相关权利人的利益。

4. 提高保护效果

在当今社会中，常见的商业秘密的侵权行为都属于民事侵权行为。使用民事法律来惩罚实施侵权行为的不法分子，以及通过民事补偿在一定程度上弥补权利人的损失，都成为市场商业竞争中最常见的法律保护手段。另外加强民法法律，一方面意味着掌握了市场竞争中商业秘密保护的基本原理和概要；另一方面也有助于提高实施商业保护的整体效率。因此民法保护成为众多商业秘密法律保护手段中最重要的形式之一。[①]

第二节 商业秘密的保护

一、公司对商业秘密的保护

（一）商业秘密泄露的原因

商业秘密泄露通常发生在以下情况：

1. 人员的流动

当前，中国企业商业秘密侵权主要发生在人才流动过程中，因此在这方面我们应着力加强管理：第一，签署保密协议。可以签署特殊保密协议，也可以在劳动合同中签署保密条款，并详细列出商业秘密的范围，要求员工保守秘密，并约定违约金或赔偿金，具有约束力和可操作性。第二，建立商业秘密行政管理制度。公司的档案、文件、合同等应由专职人员管理，并带有统一的标记、序列号和装饰。文件和合同必须及时进行注册和找回。不必要的文件和文件应及时销毁。档案、文件、合同不能随意带出公司。公司以统一的方式管理计算机，设置密码并经常更改它们，等等。第三，健全公司人事和福利等制度，以提高员工满意度，以减少员工辞职甚至离开公司创建另一家公司的可能性，这更能减少泄露公司机密的可能性。

[①] 舒盈渊：《论企业商业秘密的法律保护》，《企业家天地：下旬刊》2010 年第 2 期。

2. 劳动合同的疏漏

要注意：第一，签订重要合同前应签署保密协议，并约定保密范围和违约金；第二，在签署保密协议之前不要向对方展示公司的重要信息，更不要说让对方将其从公司中带走；第三，如果签订合同的目的是授权商业秘密，则除要求另一公司签署保密协议外，其相关雇员还必须签署保密协议。

3. 不当的代理

生产制造企业依靠各种原材料、零部件等生产产品。因此，他们需要与外部的原材料和零部件供应商有频繁的业务联系。正因如此，供应商极可能会有目的地诱导购买者透露商业秘密，如原材料的使用、产品、消费供应对象等。为了弥补这一差距，一些公司或员工在购买重要材料时经常以化名或匿名进行交易，以防止购买者受到人为因素或其他不利条件的干扰，并防止外部供应公司借此机会进行交易。防止商业秘密所有人如何使用秘密等信息资料被接触。

4. 禁止竞争

关于禁止竞争的范围。一般来说，员工必须是原始企业的关键人员，即了解商业秘密的人。包括：（1）企业技术人员，特别是技术研究、开发和利用人员；（2）企业的高级管理人员，包括董事、经理、首席财务官等；（3）其他，例如办公室主任、部门经理、文件经理等。对于非竞争内容，要注意：第一，在受雇期间没有兼职，甚至没有在竞争公司任职；第二，工作期间，员工不得组织自己的公司与雇主竞争；第三，不要诱使其他员工离开；第四，离职后，不得参与和雇主竞争的业务或受雇于竞争公司雇用的业务。

关于禁止竞争的期限，根据劳动部关于企业员工流动性的若干问题的通知，以及原国家科学技术委员会关于加强科技人员流动中技术秘密管理的若干意见规定，禁止竞争的限制不能超过三年。

关于禁止竞争补偿，根据二十多个国家科学技术委员会关于加强科技人员流动中技术秘密管理的若干意见第 7 条的规定，与员工达成非竞争协议的，原单位应当支付一定的费用。至于给予达成非竞争协议的人员的补偿金额的问题,劳动部关于企业职工流动若干问题的通知中有相应的条款,规定用人单位可以规定掌握商业秘密的职工在终止或解除劳动合同后一定期限内不得自己生产与原单位有竞争关系的同类产品或经营同类业务,但用人单位应当给予该职工一定数额的经济补偿。如果企业不给予员工相应的经济补偿或不支付工资,该条款显然是不公平的,而且该条款可能会被劳动仲裁机构或法院宣布无效,现实生活中存在很多这样的案例。

(二) 企业的商业秘密保护

企业可从"人"与"物"两方面,着手进行商业秘密保护。

1. 注重人员的管理

人才流动造成商业秘密泄露的现象,在当今十分突出。知悉原单位商业秘密的职员跳槽或自立门户的,都可能导致商业秘密的流失。因此,企业应积极采取有效措施,防止在人才流动中,流失商业秘密。

第一,企业应重视与相关员工签订《保密协议》。在商业秘密的保护措施中,签订保密协议是非常重要的一种。企业在与员工签订保密协议时,应当注意的问题包括:首先,企业应对本企业商业秘密的保护范围,员工知悉的商业秘密范围和商业秘密具体的种类与性质作精细化规定,以应诉讼之便。其次,因商业秘密只要不被公开就可获得永久的保护,所以对于商业秘密的保密期限,可与相关员工约定,在劳动合同存续期间及在解除劳动合同后的一段时间内,其都不得披露使用或许可他人使用其知悉的企业的商业秘密。最后,关于违约责任约定,因目前原告举证证明其遭受的损失较难,法院确定有关商业秘密的损害赔偿额也较难,因此,企业有必要事先就与相关员工在保密协议中约定,员工对泄密负有责任时,其应付的违约金与赔偿金数额。以应诉讼之便,也可抑制员工的违约泄密行为。此外,除了本企业员工,与企业有过协商、谈判等活动的第三人,如工厂参观者、上下游厂商、有合作意向的厂商等,也可事先签订保密协议。企业还应尽量限制更多的人接触到企业的商业秘密,对商业秘密的流向与被接触情况进行实时追踪,以防被侵权。

第二,企业应综合考虑员工的职位,及其所知悉的商业秘密的重要性,与相关员工签署《竞业禁止协议》。竞业禁止,指禁止掌握企业商业秘密的员工，在任职期间或离职后的一段时间内，就职于生产同类产品或与原单位具有竞争关系的企业，同时不得自行生产（经营）与原企业同类或存在竞争关系的产品（服务）的竞争性行为。竞业禁止协议的签订，首先应明确协议的对象。根据我国《劳动合同法》的规定，竞业禁止协议的签订人员，主要限于用人单位的高级管理人员、高级技术人员和其他负有保密义务的人员。其次应约定保密期限。法律规定保密期限不能超过两年。最后是企业须给予协议签订人员补偿费。企业无须给予在职员工履行竞业禁止义务补偿，但对于履行此义务的离职员工须给予补偿。协议双方可约定具体的补偿方式，如补偿数额和给付方式（如在职时每月以特殊津贴形式支付一部分或离职后一年支付一次）。即使在未约定竞业禁止或竞业禁止期限届满的情况下，企业也可依保密协议要求相关员工履行保密义务。保密协议和竞业禁止都是企业保护商业秘密的良计，同时加强员工教育、增加员工福利、增强员工企业认同感等方式，也可留住人才、保护企业商业秘密。

第三，离职员工的管理。虽然企业与员工可能签有《劳动合同》《保密协议》与《竞业禁止协议》，但针对员工离职的情况，企业可以采取以下措施进一步防止商业秘密的泄露：员工离职时的具体工作交接内容由其直属领导确定，并书面明确员工须交还的资料文件；细化《离职程序确认表》中须归还的具体内容，如技术与培训资料、专有信息等；在员工的个人档案中，准确、完整地记录其参加的培训、其所接触的秘密信息内容；在员工离职时，再次提醒其所负有的保密义务等等。上述措施应尽量采取书面的形式进行，以应诉讼之便。此外，应尽量掌握离职员工的离职原因以及动向，以帮助企业改善不完善的地方及知悉离职员工是否存在违约泄密违约的行为。

第四，加强教育培训。除与员工签订保密协议、竞业禁止协议外，企业可对员工采取教育培训的方式，使员工了解企业的文化、商业秘密保密的重要性、工作规则及违约后果等，以让员工不会产生泄密的想法。员工教育培训的加强，是企业保护本企业商业秘密的关键，需要企业建立相应的、良好的运作机制。

2. 注重保密措施

除了对人进行管理外，对"物"的管理也是十分重要的。物的管理是指企业自身对商业秘密采取的保护措施。比如企业在对设备进行管理方面，对有关信息传输的机器如复印机、传真机等管制应该更加严格，以免商业秘密的泄露。实践中，有的企业规定，企业重要文件与资料的影印，必须本人处理或须交由专人处理，不能交由随意的第三人。有的企业则针对特定的工作场所制定专门的工作规则，如实验室管理办法（包含进出规则，使用设备的有关流程与注意事项等）。另外，对于日常办公需要的电脑，企业也应加强网络安全建设，限制数据等信息的对外传送。

在日常的经营管理中，企业除明确本企业商业秘密的内容外，更应注重商业秘密的保护方案与制度的制定。商业秘密保护方案是商业秘密保护中的一个完整系统，其包括但不限于具有以下几个方面：①在指定的范围之内，分离并确定可归属于商业秘密的资料或文件；②明确商业秘密的保护责任与监控；③统一标记属于企业商业秘密的文件；④设立商业秘密保护的机械安全系统；⑤对对外发布的新品信息与广告制定商业秘密审查制度等等。①

二、商业秘密的侵权赔偿

《反不正当竞争法》规定了以下侵犯商业秘密的行为：第一，通过盗窃、诱使、胁迫或其他不正当手段获取权利人的商业秘密；第二，披露、使用或者允许他人使用前款所述的手段获取权利人的商业秘密；第三，违反本协议或权利人关于保存商业秘密，披露、使用或允许他人使用其拥有的商业秘密的要求（这种情况在很大程度上反映了员工换岗的情况）；第四，第三方了解或应当知道前款所列的违法行为，获取、使用或披露他人的商业秘密。所以，判定商业秘密是否侵权，一是要看侵权人的主观上是否故意；二是要看是否有侵权的行为；三是要看是否给被侵权人造成

---

① 沈思源：《论大数据环境下的商业秘密保护》，硕士学位论文，郑州大学，2015，第39页。

损失。

商业秘密不仅能给企业带来现实的经济利益，还可带来潜在的经济利益。一旦企业的商业秘密被泄露，会给企业造成巨大的影响，如市场占有额的减少、竞争力的下降等。[①] 企业在其商业秘密遭受侵害时，基本都会立即向侵权人索赔。商业秘密侵权案件，在司法实践中的焦点，不是赔偿责任的确定问题，而是赔偿金额的计算问题。此类案件的显著特点是会产生巨大的赔偿数额。例如富士康公司起诉跳槽到比亚迪公司任职的原职工泄露了其商业秘密，索赔额从最初的 7000 万降至 500 万。2006 年，在国内赔偿额最大的商业秘密侵权案——裴国良侵犯中国机械工业集团公司所属西安重型机械研究所（西重所）商业秘密案中，西安市中级人民法院最终判决某技术工程有限公司与裴国良共同赔偿西重所经济损失 1782 万元。企业最好在提起诉讼前，根据案情，征求律师等专业人士的意见，对诉讼成本与索赔数额有一个预判。在我国目前的司法实践中，对于商业秘密侵权损害赔偿数额的计算，存在如下几种可供选择的方法：

1. 赔偿额的确定

侵权人对企业造成的财产、收入等方面的实际经济损失，如有关商业秘密的研发成本、使用或转让情况、市场容量与供求关系、实际营业额的减少量等，应全部予以赔偿。侵权人对企业造成的名誉、荣誉等方面的损失，需承担非财产责任，必要时，也可要求其给予企业物质性补偿。

2. 赔偿方法

对于将商业秘密违法出卖给他人的，赔偿额为侵权人的违法出卖收入；对于违法使用商业秘密进行生产经营活动的，赔偿额为侵权人所获或所增的利润。但不能在一个商业秘密侵权案件中同时运用"企业所失"和"侵权人所得"两种赔偿数额计算方法，二者只能选择其一。

采用"企业所失"和"侵权人所得"方法具有不便的，可以假定在正常情况下，取得企业商业秘密使用许可的使用费应是多少。以不低于商业秘密实施许可的合理费用来推定赔偿数额的方法，不代表侵权人就此得到

---

① 马宇蕾：《侵犯商业秘密行为的分析研究》，《职工法律天地：下》2017 年第 11 期。

了商业秘密的合法使用权。侵权人在已支付赔偿费的情况下，仍须停止侵权行为，若想取得商业秘密的合法使用权，必须取得权利人的同意，并签订许可使用合同，支付使用费。以调解方式结案的，相关索赔额一般由双方自愿协商确定。

对于商业秘密侵权的民事责任问题，国际上普遍采用"补偿性赔偿为主、惩罚性赔偿为辅"的赔偿制度。而我国基本以"企业所受损失""侵权人所获利益"为限的"补偿性赔偿"确定赔偿额。因此，我国企业应对商业秘密侵权案中的索赔数额作出理性的分析与判断。

此外，企业提诉前除预判索赔额外，在涉及离职员工的商业秘密侵权案中，还需解决"谁是被告"的问题。若职工的离职原因是新公司存在不当劝诱行为的，原公司可以新公司为被告，以使离职员工出于利害关系，在诉讼中作有利于原告的陈述。若新公司已获取商业秘密的，可将新公司作为共同被告。原公司若想要求较大数额的损失赔偿额，因公司的支付能力一般强于个人，可以以新公司为被告。

第三节　案例分析

案例一：可口可乐公司的成功

可口可乐公司作为世界上最著名的软饮料公司之一，其旗下拥有几百个饮料品牌，除了拥有可口可乐这个全球最知名的品牌以外，另外还有着十多个市值不低于十亿美元的其他品牌。可口可乐产品自己独特的"秘方"是其在软饮料界能够获得如今不可动摇地位的最重要的原因，与英国女王的财富以及足球巨星罗纳尔多的体重被法国某一媒体并称为"不为人知的世界三大谜团"。可口可乐软饮料的秘方距其在美国亚特兰大被发明以来已有一百多年历史，至今为止依然没有公布。1977 年 8 月，印度政府给可口可乐总公司以及其在印度的子公司发函，要求其将生产可口可乐软饮料的技术以及其独特的秘方提供给印度政府，并且将其印度子公司的大部分股份都转让给印度国民，否则就要求可口可乐公司撤离其在印度的一切业务。1998年，可口可乐公司在当时的中国就已经拥有着巨大的市场，并且严格控制着其软饮料的原浆生产，不让中方人员参与其中。最后与中方达成了"中方负责主剂和罐装车间的运营，而美方人员控制着原浆车间的生产"的协议。

可口可乐公司在与其他单位进行经济贸易与技术合作时，都是将运用原浆制造技术生产出来的半成品提供给合作方，而将最关键的原浆生产技术牢牢地掌握在自己手中。从而与其合作的单位仅仅只拥有将可口可乐原浆调制成饮料成品的方法，而不具备生产可口可乐原浆的能力。这就是可口可乐公司能够一直占据软饮料行业巨头位置的原因。

可以说对自己产品配方的保密，是可口可乐公司经营至今并一直占据软饮料巨头位置的最重要的法宝。另外对于其他单位对可口可乐饮料配方的猜测，可口可乐公司从来不予回应。对于他们来说，"保住秘密，就是保住市场"。无论是可口可乐公司的高层领导，抑或是公司的一般技术人员、车间加工工人等，在意识形态和自主观念上，都应该拥有企业主人翁意识，牢牢地保守着企业的秘密，形成一种自觉保护企业秘密的观念。1923年罗伯特·伍德拉夫成为可口可乐公司的领导人之后，一直将保护饮料原浆的秘方作为指导思想，并将其作为公司运营与发展的关键，关乎着公司的生死存亡。

可口可乐公司建立了完善的商业秘密管理规章制度。对于可口可乐公司以及其员工来说，受到国家法律保护的合理规章制度是非常重要的，不仅可以作为公司拥有其商业秘密无形财产权的重要依据，也能让公司的员工在其指导下更高效地工作，为自己、为公司获得更多的利益。

可口可乐公司建立了高效的管理监控机构。可口可乐公司对其饮料的秘方进行着严格的监控，无论谁想要看饮料的秘方都要向董事会提交书面申请，投票批准后才可以在公司管理人员的监督下，在规定的时间里取出秘方查看。因此，将可口可乐饮料的秘方牢牢地掌握在公司的董事会以及领导层手中。

可口可乐公司都与涉密人员签订保密合同。可口可乐公司会与每一位涉及其商业秘密的工作人员签订保密协议，从而对相关工作人员进行约束。当相关工作人员违约没有保守公司的商业秘密时，也能作为追究其失约行为的重要依据。可口可乐公司会分别与三个管理商业秘密的重要高职人员签订"坚决不可以泄密"的保密协议，从而在根源上保护着公司饮料配方的商业秘密。

可口可乐公司中只有少数人分管关键秘方。可口可乐公司饮料的关键秘方分成三份，分别由公司总部的三个高级管理者掌握，相互之间都不知道其他人掌握的那部分秘方。可口可乐公司将关键秘方分管在少数管理人员手中，一方面降低了商业秘密泄露的可能性；另一方面即使部分人泄露商业秘密，也不会将全部的商业秘密完全暴露出来。

可口可乐公司建立严格的控制机制。可口可乐公司在与其他单位进行产品贸易或者技术合作时，一旦涉及公司的商业秘密，都会建立严格地管理控制机制，为合作单位提供制作好的公司饮料原浆半成品，使得合作方仅仅只能掌握将原浆调配成公司成品的方法，而将原浆的生产技术牢牢掌握在自己手中。

案例二：商业秘密纠纷上诉案

对于侵犯商业秘密的不正当竞争行为，《反不正当竞争法》及相关的法律和司法解释作了相关规定。当行为人实施侵犯商业秘密的不正当竞争行为，对权利人造成损失的时候，商业秘密权利人就可以按照上述法律的规定，采取以下三种方法维护自己的合法权益：第一，向工商行政管理机关申请查处侵权行为；第二，在有仲裁协议的情况下，向仲裁机构对侵权行为申请仲裁；第三，向人民法院提起诉讼以追究侵权人的法律责任。

1. 案件来源

北京市朝阳区人民法院（2006）朝民初字第14500号、北京市第二中级人民法院（2007）二中民终字第02155号民事判决书。

2. 基本案情

1998年4月，张某与案外人楚某、孙某、钱某共同策划完成了包括前言、组织机构、形象定位、演出计划、演出活动范围等内容的《中华女子乐坊创意策划文案》（以下简称《文案》）。之后，在创意文案的基础上，张某独立完成了包括公司名称、经营范围、公司各部门工作与任务等 7 部分内容的《北京中华女子乐坊文化发展有限公司整合报告》（以下简称《报告》）。《报告》中的公司各部门工作与任务部分，具体囊括了中华女子乐坊形象定位，乐队编制招生管理办法及工作任务和发展方向（5 项任务），形象设计中心工作任务，音像事业发展部工作任务（10 项任务），中华乐坊艺术学校管理办法发展方向等内容。

　　1998 至 1999 年间，张某认识了被告王某，并向王某介绍了关于成立"中华女子乐坊乐队"演奏民乐的创意。张某希望与王某合作，并同意将《报告》和《文案》交给王某。2001 年 5 月，王某与案外人孙某为世纪星碟公司创作完成了《"女子十二乐坊"项目实施计划》（以下简称《计划》）。《计划》由"女子十二乐坊"乐队名称、图文标识与释义及品牌的保护；演出范围、对象及发展动向；相关签约条款、待遇及工作薪金详细条款；艺术指导及乐团训练事宜条款等 6 方面内容组成。一个月后，世纪星碟公司成立并组建了"女子十二乐坊"乐队，有一定的社会影响力。2004 年，张某将王某诉至朝阳区人民法院，认为王某假借合作为名，以不正当的手段骗得了属于自己商业秘密的《报告》，且王某在为世纪星碟公司创作的《计划》中实际披露、使用、实施，侵犯了其商业秘密。遂请求法院判决王某和世纪星碟公司停止侵权行为、赔偿经济损失 998 元及精神损失 1 元、在国家级报纸及电视媒体上向其公开赔礼道歉。庭审中，张某主张商业秘密的保护范围为《报告》的所有内容。被告王某和世纪星碟公司则共同辩称：首先，张某主张王某于 1999 年以合作之名骗得报告，但直至 5 年后才起诉，已经超过了诉讼时效。其次，张某主张作为商业秘密的《报告》，是实施《文案》的计划，而《文案》的作者并不只是张某。再次，张某没有对《文案》或所主张作为商业秘密的《报告》采取保密措施，且《报告》内容中所含的民乐女子乐坊等均属于公知范围，不是商业秘密的客体。另外张某没有证据证明其主张的侵权行为，也没有直接证据证明其《报告》交给了王某。最后即便认定王某接触了《报告》，但王某也没有采取不正当的手段，接触《报告》是因为张某的合作计划。综上所述，张某指控王某侵犯其商业秘密，证据不足，请求法院驳回其诉讼请求。

法院查明，2004年7月，张某曾以世纪星碟公司侵犯其著作权及商业秘密为由，向朝阳区人民法院提起诉讼。但在诉讼中，张某放弃了侵犯商业秘密的诉讼请求，故法院仅对张某主张王某世纪星碟公司侵犯其《报告》的著作权纠纷进行审理，最终法院驳回了张某的诉讼请求。经对比，《计划》的内容与《报告》的内容除个别文字如女子乐坊等以及成立女子乐团演奏民乐的内容相同外，其他大部其他内容均不相同。另查明，《中演月讯》杂志2004年3月第27期刊载了一篇没有王某和世纪星碟公司署名的介绍女子十二乐坊乐队的文章。另，1991年台湾成立了采风乐坊，该乐坊由两男四女组成，以六种乐器演奏台湾地区民乐，在世界范围内进行多场演出。

3. 法院审理

朝阳区人民法院认为：被告主张原告诉讼时效超时的答辩理由不能成立，因为原告张某知道其商业秘密受到侵害的日期应该以2004年看到《中演月讯》上的涉案文章时计算。另外由于《报告》上没有其他人的署名，且《文案》与《报告》的内容并不相同，因此张某可以就《报告》主张权利。本案中，尽管张某主张将《报告》交给了王某，但并未与其签订保密协议，也不能证明《报告》上印有机密二字。因此根据现有证据，不能认定张某采取了合理的保密措施，法院不予支持张某对《报告》构成商业秘密的请求。综上，法院认为张某主张被告侵犯商业秘密的行为缺乏事实和法律依据，驳回其诉讼请求。

张某不服一审判决，以一审法院认定证据不足错误，认定事实不清，提起上诉，请求二审法院撤销原判，支持其一审诉讼请求。被上诉人王某和世纪星碟公司辩称，王某没有证据证明其对《报告》采取了合理的保密措施，也无证据证明其将载有机密字样的《报告》交给了王某。且一审法院已认定《计划》和《报告》内容不相同，因此请求二审法院驳回上诉人的请求。

二审审理期间，双方均未提供新的证据材料。二审法院认定《计划》

和《报告》，具体内容和表达形式都不相同，对原法院查明的相关事实予以确认。二审法院审理后认为，双方争议焦点如下：第一，上诉人张某是否对《报告》采取了合理保密措施，《报告》是否构成商业秘密问题。根据《反不正当竞争法》对商业秘密的定义。商业秘密的特征之一是权利人采取了保密措施，本案上诉人虽然主张《报告》是商业秘密，且其采取了相关保密措施，但不能进行充分举证。并且现有证据也不能证明张某将印有机密字样的《报告》交给了王某。故法院认定上诉人张某关于《报告》构成商业秘密的上诉主张，因证据不足，不予支持。第二，《计划》与《报告》的内容是否相同，上诉人主张的商业秘密是否受到了两被上诉人的侵犯的问题，虽然上诉人主张《计划》与《报告》的内容相同，但是从法院查明的相关事实来看，《计划》与《报告》内容的相同之处仅仅只有个别文字和对于演出模式的描述方面，而两者在具体内容的描述以及表达方面则完全不同，因此法院认为上述人的相关主张缺乏相应的事实和法律依据，不予认可。另外由于《报告》并没有构成侵犯商业秘密的行为，因此法官同样不认可上述人关于被上诉人侵犯其商业秘密以及要求上述人承担相应的法律责任的诉讼。

4. 案件评析

本案中，尽管张某主张其对《报告》享有著作权且该《报告》属于商业秘密，王某假借合作之名骗得了其商业秘密，并将其泄露、使用、实施于计划中，构成不正当竞争。但法院的判决却不认定《报告》构成商业秘密，且认定王某和世纪星碟公司未侵犯其商业秘密，不构成不正当竞争。那么，《反不正当竞争法》究竟如何界定侵犯商业秘密的行为？商业秘密权利人又要怎么利用相关的法律保护自己的合法权益呢？《反不正当竞争法》第十条对商业秘密进行了定义，并规定了侵犯商业秘密的手段、行为。《反不正当竞争法》第二十条规定商业秘密侵犯者应对所造成的损害后果承担赔偿责任，并应支付权利人调查其违法行为的合理费用。还规定权利人可以通过诉讼的方式，维护自身的合法权益。《反不正当竞争法》第二十五条规定了侵犯商业秘密的行政法律后果，相关部门除了责令侵权人停止侵犯行为，还可以根据实际情况对其处以罚款。此外，2007 年最高人民法院《关于审理不正当竞争民事案件应用法律若干问题的解释》里有多达九个条款都涉及侵犯商业秘密的不正当竞争行为的规定。第九条对属于商业秘密的不为公众所知悉的六种情形进行了具体的界定。第十条规定商业秘密的经济利益性、实用性具体指有商业价值，能为权利人带来竞争优势。第十一条规定权利人采取的与商业秘密价值相当的合理防泄露措施属于保密措施，并明确界定了七种行为属于采取保密措施。第十二条规定反向工程或自行研制的方式获取商业秘密的，不属于侵犯商业秘密的不正当竞争行为。第十三条第一款对商业秘密中的客户名单进行了定义。第2款规定除职工与原单位另有约定的，职工离职后能证明客户自愿选择与自己或新单位进行交易的，不属于不正当竞争行为。第十四条规定权利人主张他人侵犯其商业秘密的负有相应的举证责任，举证内容包括证明自己采取了合理的保密措施，以及侵权人采取了不正当手段的事实。第十五条规定商业秘密独占使用许可，排他使用许可和普通使用许可中，被许可人有就侵犯商业秘密行为提起诉讼的权利。第十六条具体规定了人民法院判决停止侵犯商业秘密行为的时间期限，一般持续到该项商业秘密为公众知悉时为止。但该期限明显不合理时，法院可以具体限定一定的时间范围。第十七条明确侵犯商业秘密行为的损害赔偿额可以参照知识产权法有关赔偿金额的规定进行确定。造成商业秘密为公众悉知的，赔偿金额还应根据研发成本、可保持竞争优势的时间、可得收益等因素确定。

第七章　知识产权资本化

第一节　知识产权资本化概述

一、知识产权资本化的概念

知识产权资本化是一专有概念，若要清晰界定其内涵和外延所表达的内容，则需要了解什么是"知识资本"。"知识资本"一词诞生于工业经济时代后期，最先由加拿大经济学家（后加入美国籍）加尔布雷斯（J. K. Galbranith）提出，指的是能够转化为市场价值的知识，也就是能够为企业带来利润的所有知识和技能。知识资本是怎么构成的？不同的区分标准可以把这个问题分为具有强烈差异性的区分结果。通常而言，知识资本可以包括以下范围，即人力、技术、关系、结构等资本范围。知识产权资本根据分类的不同可能被纳入技术资本，也可能被纳入结构资本。但无论归入哪类，其核心内容都是一致的，即包含专利权、商标权、著作权等在内的可资本化知识产权。

知识产权转化为资本的数额有时可能是惊人的。Interdigital Communication（以下简称 Interdigital）是总部位于美国宾夕法尼亚州的一家公司。作为世界无线电话通信的先驱，Interdigital 拥有千余项与无线技术相关的专利。世界无线电通信的几大巨头，例如苹果、捷讯、三星、诺基亚等，为了研发自己的产品，都向 Interdigital 支付了数以亿计的专利许可费用。以三星为例，其在 2009 年与 Interdigital 达成的和解协议中答应向其支付 4 亿美金的专利许可费，在 2014 年 6 月双方的另一次专利诉讼和解后，Interdigital 不仅再次获得高额专利许可费，而且其股价在当日立即上涨了20.69%。由此可见资本化的知识产权对企业利润的贡献。

可以这样讲，知识经济时代的资本革命的标志之一就是知识产权资本化。这意味着资本理论发生了复杂的演进，即从一元理论（简单实物理论）到二元理论（实物和人力理论），再到三元理论（实物、人力和知识理论）的不断发展。简言之，知识产权资本化指的是将知识产权的价值进行评估，进而以转让、许可使用、出资入股、质押等方式将其转化为金钱或作为资本投入生产经营过程，从而实现从知识到资本的转化。也即，用知识产权进行的出资并不属于以现金形态进行的出资，但却属于现物出资的方式之一。

二、知识产权资本化的重要性

根据约翰·帕夫雷（John Palfrey）教授在《知识产权战略》一书中提供的数据，在全球知识产权许可市场中，单是商标和著作权每年的交易值就高达 1000 亿美元，其中总部设在美国和加拿大的公司的收入占到将近 700 亿美元。由此可见，知识产权资本市场具有高度的活跃性，对于掌握知识产权的企业和个人来说，若能够将其资本化并参与市场运作，必然会为公司资本的累积和运营带来巨大的益处。

三、知识产权资本化的特点

1. 评估方式的特殊性

正如政治经济学理论中指出的那样，社会的必要劳动时间决定了商品之价值。也就是说，在正常生产条件下，社会中制造商品所需要的劳动时间是能够决定商品价值的。然而马克思的这一理论虽然适用于物质商品，但适用在知识产权商品上却存在一些无法克服的问题。首先，知识产权商品和一般物质商品在社会必要劳动时间的计算上就存在非常显著的不同。物质的商品可批量生产特性决定了我们可以依据社会劳动熟练程度得知该物质商品产出所必需的劳动时间，然而知识产权商品往往是唯一的，知识产权的特性决定了其无法进行批量生产，因此无法依照马克思的理论来计算社会必要劳动时间。其次，知识产权商品可以获得收益的时间往往受到法律的规制，而非像物质商品一样可以永久存续。再次，物质商品的物质性决定了同一物品在一定时间内只能由一人享有，而知识产权商品则不同，由于其非物质性，使得多人在同一时间内拥有同一商品的使用权成为可能。知识产权商品与物质商品的以上不同都使得知识产权商品无法简单地按照马克思的社会必要劳动时间理论来计算其价值，在进行知识产权的资本化时这一点应当引起注意。

2. 时间限制性

知识产权与具有永久性的所有权不同，作为国家授予的权利，其存续期间有一定年限。举例来说，各国通常规定专利权的权利期限为20年，著作权在50~70年不等，商标权则需要每十年左右进行续展。通常而言，知识产权的时间限制性对其转化为资本时的价值评估是有影响的，二者一般成正比关系，即剩余的知识产权有效期越长，其价值则会随着其获益时长的增加而有所提升。

3. 高回报性

知识产权资本具有高收益性的特点。作为实物出资的机器单位时间内的产出通常是固定的，但知识产权资本的价值之高可能是超出想象的。根据福布斯2016年全球品牌价值排行榜，连续六年夺冠的苹果（Apple）公司单是其品牌价值（Brand Value）就高达1541亿美元，其后的谷歌（Google）、微软（Microsoft）、可口可乐（Coca - Cola）以及脸书（Facebook）的品牌价值也都在500亿美元以上，知识产权资本的高收益性可见一斑。

4. 独立性

知识产权是经济学上所称的"非竞争性"商品，即其使用并不具有绝对的排他性。作为无形产品的知识产权，其本质是信息，因此其本身的价值并不会因为更多人的使用而有所减损，甚至因为更多人的使用，其价值有可能进一步增加。例如一些平台性质的网站，无论是商品交易类还是社交类，通过允许广大用户免费使用，该网站的知名度往往会得到极大的提升，进而实现网站品牌价值的提升。

四、知识产权资本的风险

由知识产权资本化所带来的固有风险以及由知识产权商业资本运作而产生的风险，可被称之为知识产权资本化之风险。[①] 主要两个主要方面：

1. 资本本身的风险

（1）知识产权权利瑕疵之存在

知识产权资本如若存在权利瑕疵，将导致资本无法得以充分运作。一般说来，知识产权资本的瑕疵可能出现在四个方面，即时间性、地域性、合法性和稳定性。其中，时间性是指知识产权作为一项法定权利，具有一定的权利保护期，知识产权一旦过期，便失去投资价值；有些知识产权虽然尚在保护期内，但若保护期即将届满，其投资价值亦将有所减损。所谓地域性是指知识产权的保护依照地域的差异而有所不同，即我国企业并不可以因为其接受国外知识产权出资而忽视该项出资内容在我国领域内的合法性问题，我国企业也必须就该项知识产权在我国领域内受保护与否的问题进行详实的核查。合法性则是指知识产权是否具有合法凭证，如商标权应有商标注册证予以佐证，专利权应有专利证书，计算机软件应有登记证书等。而稳定性方面的瑕疵则来源于知识产权不同于其他物质性商品的特征。由于知识产权具有无形性和由此产生的权能多样化的特性，因此企业在接受来源于此的出资时则应当慎重考察该项知识产权之权能能否为自己所充分占有和利用。例如，商标和专利是否可能会被他人申请撤销或宣告无效；是否会有第三人对权利提出要求；用以出资的知识产权是否存在侵犯他人在先权利的情形等。

（2）知识产权商业化程度之高低

商业化运作的过程本身即意味着知识产权资本化过程中的一项重大风

---

① 董萍、肖权、边利频等，《关于知识产权价值评估的若干思考》，《中国职工教育》2013 年第 22 期。

险。具体而言，商业化程度的高低可以从技术实用性、市场前景和经济寿命三个角度来判断。技术实用性是知识产权资本化的根本条件，倘若不具备实用性，即该知识产权不能被制造或者使用，则该权利就没有投资的价值。市场前景指的是该权利能否在可预期时间内带来实际的市场利益。随着市场行情的波动，专利的价值也会随之产生相当明显的变化。譬如，在申请之时尚且很高的专利之价值很有可能在实际使用时已经随着市场行情的波动发生相当的减损；而有些专利可能其本身具有极大的划时代意义，但因为过于领先时代，使得该专利在短期内也无法真正得以制造或使用，在这种情形下，即使专利本身具有先进性，其市场价值仍然不容乐观。经济寿命与权利保护期不同，知识产权的经济寿命指的是该权利作为资本仍然可以发挥效用的剩余期限。一般来说，知识产权的经济寿命和其保护期限成正比关系，即一项期限即将届至的知识产权的经济寿命相对较短。然而，这种关系在商业实践中并不绝对。因此，企业将某项专利的有效期限和经济寿命分别加以考量后再接受该项出资则是十分必需的行为。

2. 资本运作的风险

同样的，企业在进行知识产权资本运作的过程中亦面临着相当的风险。其主要内容可被概括为以下两个方面，即公司资本配置是否合理的风险，以及公司如何填补知识产权资本缺失的风险。首先，资本配置合理是能够较好地发挥各项资产作用效能的前提。因此，如何合理地配置知识产权资本是企业必将思考的问题。其次，知识产权资本与有形资产不同，在有效期届满后，知识产权资本的价值即使不会全部消失，也会大打折扣。因此，在该部分资产价值降低后，如何填补公司资本至关重要。[①]

五、知识产权资本化的条件

1. 确定可资本化的因素

欲进行资本化的知识产权应当是客观明确的。一般说来，以专利权和

---

① 朱虹：《论高新技术产业知识产权资本化风险及防范》，《法制与社会：旬刊》2012年第11期。

商标权出资的，鉴于这两项权利都是由国家机关登记确认的，因此相对明确。在以著作权出资时，应当确认权利人确实享有著作权，该作品的类型属于我国著作权法规定的受保护作品，且满足独创性要求。此外，出资权利的范围也应当加以明确，出资人是以权利整体出资，还是以部分权利出资；相类似的，出资权利的类型也应当进行确认，是以所有权出资，还是以使用权出资等等。

若该项知识产权之价值不为社会所认可，那么该知识产权能否资本化的问题则无从谈起。对于何种知识产权能够满足现存性，学界存在不同观点。就时间而言，有学者认为该知识产权在双方达成协议时就应当现实存在，部分学者则认为在交易日之前现实存在即可，并不要求在双方达成协议之时权利人必须已实际掌握该权利；就主体而言，有学者认为在双方达成协议时权利人必须已经实际拥有该权利，另有学者认为只要权利人在实际交易日到来时实际掌握权力即可。尽管知识产权应当满足何种条件才算具有现存性学界尚无定论，但以权利人在达成协议之时便已实际掌握的权利来进行交易，无疑对降低交易风险更为有利。因此，就著作权而言，最好以实际创作完成的作品出资；就专利权而言，最好以已获得专利权的专利出资；就商标权而言，最好以已经由商标局核准并予以公告的商标出资。

无论是对知识产权进行交易、管理还是在侵权时计算损害赔偿数额，知识产权资本价值的评估都具有重要意义。若某项知识产权之价值无法被评估，那么则无法推进该项知识产权资本化的进程。也就是说，知识产权资本化之必要条件为其可评估性。在当前商业运作模式中，收益法、成本法和市场价值法为三种较为主流的评估方法。

在性质上，知识产权属于一种财产权。财产权可以流转的特性也使得知识产权能够在商业运作中作为资本出资。根据法律的具体规定，不同的知识产权的权利流转规则不同。如我国《商标法》规定，商标若要转让则需要出让人和受让人在订立让与合同之外共同向商标局提出有关的申请。《专利法》和《著作权法》中对于相应的权利流转程序均进行了法律规定。《专利法》和《著作权法》中对类似转让事宜也进行了详细的程序和实体的规定。除了需要满足法律规定的转让条件之外，还有两点问题需要注意：第一，根据我国现行著作权法的要求，著作权中的精神权利是不可以转让的；第二，在向外国人转让专利权时，出于对国家利益的考虑，还需由国务院主管部门批准方可转让。

2. 权利主体合法

依据我国法律规则之规定，知识产权之合法主体范围非常宽泛，即自然人、法人和国家均可以成为知识产权之合法主体，但这并不意味着任意一方相关权利之取得不必受到法律的具体程序性限制。这一方面体现在权利人对权利有合法的所有权和处置权，另一方面体现在该权利上不应当存在争议和纠纷。①

第二节　知识产权资本化的模式

一、转让模式

转让是知识产权资本化最常见也最便捷的方式。通过将知识产权转让，转让人可以一次性获得全部利益，同时受让人完全获得该权利的所有权。一方面转让人不再承受知识产权可能贬值的风险，另一方面受让人完全拥有该权利后，可以根据需要对该知识产权进行进一步的开发利用，从而各取所需，实现知识产权的资本化。

二、担保模式

作为知识产权资本化的重要方式之一，知识产权担保这一资本运作方式得到了国家的肯定和支持，这一趋势也在政策制定方面得到了体现。早在 2006 年，《中国银行业监督管理委员会关于商业银行改善和加强对高新技术企业金融服务的指导意见》中即规定有关部门可为符合条件的企业办

---

① 高映、周平：《知识产权资本化的若干法律思考》，《法制与经济》2009 年第 24 期。

理以知识产权作为抵押物的贷款。也是在这一年,《中国银行业监督管理委员会关于印发〈支持国家重大科技项目政策性金融政策实施细则〉的通知》中明确规定,政策性银行应当基于风险可控和合规的原则,积极探索以知识产权和其他形式的无形资产为抵质押的贷款试点工作。

三、信托模式

知识产权信托为信托中的一个重要类别,其基本含义为,受托人在接受权利人委托后,在不违反权利人意思的情况下,以自己的名义为受益人管理知识产权的行为。对于知识产权的权利人,如作家或发明人等,选择知识产权信托的优势在于受托人的专业性。作家或发明人尽管在创作方面颇具天赋,但在权利的运营方面往往并不擅长。将权利交给专业的管理者,长远来看对权利人的经济利益颇有益处。然而我国目前知识产权信托的相关法律法规尚不健全,实践中也缺乏成功的相关尝试,因此知识产权信托市场在我国的完善和成熟尚需时日。

四、证券化模式

知识产权证券化是建立在知识产权资本化的基础之上的,其基本含义是指权利人基于资产证券化的程序和基本方式,利用资本化的知识产权进行融资的一种商业活动。在现代社会的商业发展过程中,知识产权证券化表征为技术创新和金融资本的进一步的融合,其价值在于使得技术创新进一步参与了资本发展的进程,同时也使得人们更加深入地发掘技术创新之商业作用。这种价值特性在法学领域和经济学领域中均可得到解释。基于法学之解释逻辑,知识产权之证券化过程是将知识产权中深藏且流动性较弱的财产权加以表征化,并最终转化为一种流动性很强的财产权,并以资产证券的形式表现出来。而基于经济学之解释逻辑,将资产变现并进一步进行融资的过程即为知识产权证券化之过程。

世界范围内的首例知识产权资产证券化发生在音乐版权领域,开创这一先河的是英国传奇摇滚巨星大卫·鲍威(David Bowie)及纽约投资银行家大卫·普曼(David Pullman)。大卫·鲍威于 20 世纪 90 年代在大卫·普曼的建议下，以其个人专辑的版权收入为担保，发行了合计金额高达五千余万美元的债券，并设立了十年的期限。这批债券被称为鲍威债券（Bowie Bonds）或普曼债券（Pullman Bonds），最后全部被美国普天寿保险公司（Prudential Insurance Company of America）买下。鲍威证券之发行开创了知识产权证券化之先河，其在证券史上具有重要地位。此后，知识产权类证券在证券市场中占据了一席之地，并逐渐发展壮大。

知识产权的证券化程序一般如下：第一，通过对该项知识产权进行综合评估，确定相关的融资之程序方式；第二，核查待证券化的知识产权的权属，确保该权利上无权利争议；第三，设立 SPV（Special Pur-pose Vehicle，特殊目的机构），实现破产隔离；第四，由 SPV 增强知识产权证券之信用，后由信用评级机构对待发行证券进行信用的评级；第五，发行完成上述程序的知识产权证券。

五、知识产权资本的价值评估

（一）资本价值评估的因素

首先看技术成熟度。一般说来，一项技术越成熟，其能够转化成经济收益的确定性越高，因而价值越高，那么在进行价值评估时其估值便越高；若一项技术具有良好的预期，但尚未发展成熟，考虑到其不确定性，一般估值也会受到影响；其次看技术开发成本。一项技术在开发时投入了大量人力、物力和财力，说明其可能产生的经济利益也较高，否则发明人和投资人不会在前期有如此付出。那么在估值时，考虑到其前期成本，一般估值也会更高。再次，看技术垄断程度。随着全球知识经济的迅猛发展，发明人的发明出现的越来越多交叉重叠的现象。倘若发明人能够掌握某一领域具有垄断地位的技术发明，那么在对该技术进行价值评估时无疑会极大提升估值。最后，看技术生命周期。不同的技术更新换代的速度不同。一般说来，一项技术的生命周期越长，其估值越高；生命周期越短，则估值越低。

由一般经济学原理可知，市场上的供求关系可以显著地影响商品之价格。这一基本逻辑对知识产品的价格同样适用。当市场上对一类知识产品供小于求时，其估值自然会上升，若供大于求，则估值下降；另外，同类知识产权产品的市场行情不可避免地会影响权利人欲资本化的知识产品的估值。若该产品存在一个相对成熟稳定的交易市场，则该产品的平均投资回报率、盈利情况、风险性等数据会对知识产权产品的估值产生较大影响。

之所以要将知识产权资本化，其核心还是在于取得投资收益，因此预期收益在经济因素方面占据最重要的地位，即资本化的知识产权之估值与获益方因此产生的预期收益呈现出非常明显的正比关系。除此之外，假如该知识产权产品预期能够得到外部资金，如政府的财政支持，也有助于其估值的提升。

待资本化的知识产权权属越完整和无争议，其可能的估值越高，若对该权利的归属存在争议，或权利人只是部分享有该权利，则估值可能较低；基于知识产权的差异性的类别特征，法律对异类的知识产权进行了具有差异性的期限规定，而这种规定的差异性也在知识产权产品估值上有所体现，譬如法定期限长的知识产权产品的估值往往较长；法律对某项知识产权的规制越完善，则说明法律对该权利的重视程度越高，且该权利被侵犯的可能性越小，因此估值越高。[①]

（二）价值评估的方法

基于使权利方获益最多这一基本原则，知识产权评估的基本方法为收益法。其基本原理可表述为，某项权能带来的利润之多寡可以在相当程度上决定其市场价值之高低。

市场价格比较是一种依据相同或类似资产的市场价格进行目标资产定价的估值方法。具体来说，是一种评估机构通过对类似资产进行评估定价，从而得到目标资产相对准确的市场估值的方法。若要通过该种方法对资产进行评估定价，其必要之条件就是能够在市场上寻找到与待评估资产相同或近似的某种资产。而知识产权通常是具有独创性的、唯一的，且一

[①] 杨文君、陆正飞：《知识产权资产研发投入与市场反应》，《会计与经济研究》2018年第2期。

旦一项知识产权在市场上出现后，往往会占据垄断地位，使得后来的作家或发明人无法再享有市场地位，这是由知识产权的性质决定的。因此，市场价格比较法在知识产权的适用上受到较大限制。

成本以创作或制造待评估资产的成本为计价标准，因而其估价模型往往建立在准确的历史数据基础上，是对创造或制造该资产的社会必要劳动时间的计算。在知识产权资本化的特点一节中曾经提到过，对知识产权产品的价值计算无法简单地适用马克思的劳动价值理论，因此以成本法计算待评估知识产权的资本价值很难得出恰当的结果。[①]

六、知识产权资本出资的主体

1. 自然人

由于自然人所创造的智力成果涉及职务发明创造的归属问题，因此自然人以知识产权进行出资时首先涉及的就是知识产权的归属问题。若该项发明创造的性质系职务发明创造，在自然人与单位无权属约定之时，其权利属于单位。对于著作权，著作权人一般为作者本人，但法律约定作者所属单位有权对该作品优先适用。也就是说，与职务发明创造相类似的是，自然人若想以著作权进行出资，则也需要考察该项作品是否受到法律规定的职务作品之著作权归属的限制。

2. 法人或其他组织

与自然人出资相类似的是，当法人或其他组织以知识产权进行出资时，首先也当考虑待出资之知识产权的权利归属问题。其中机关法人的地位需要特别注意：国家授权投资的机构可以代表国家向公司出资，但除此之外的其他情况下，机关法人不宜作为知识产权出资人。而机关法人以外的其他法人在满足法律规定的有关条件时，即可以以合法的知识产权进行出资。

3. 共有主体

委托开发的技术成果和合作开发的技术成果系由数个主体以共有知识

---

① 刘伟、蔺宏：《设立知识产权运营基金实现知识产权融资创新》，《产权导刊》2015年第10期。

产权出资的两种基本情形。于委托开发的技术成果而言，若当事双方就技术成果之归属未做约定，则该项技术成果由受托方享有；而于合作开发的技术成果而言，其成果之归属须由合作方共同享有。正因如此，确认数个主体对知识财产权的权属主体地位系以共有知识产权出资的前置要件之一，其多方主体权利义务的确定为后续划分内容。

七、高新技术产业资本化的问题

高新技术产业知识产权资本化是一种利用高新技术产业进行资本增值的过程，具体而言，是指一种投资人利用以生物技术和新材料技术等为代表的高新技术，通过资本运作的方式增加其商业价值的过程。由于高新技术在研发过程中需要大量的前期投入成本，而后期资本回收速度相对较为缓慢，因此没有雄厚资本支持的企业一般无法负担，也就使得资本化的实现存在一定的困难。其次，越是尖端的知识产权，越需要更多的辅助技术，因此出资成本也会相应增加。除此类问题之外，由于高新技术技术尖端性的特点，其在知识产权评估过程中也面临着相当的法律问题，而知识产权评估机构的有关知识技术处理能力则是妥善解决此类问题的必要前置条件，假若评估机构对该领域的知识产权并不理解，其评估结果就可能出现偏差，从而导致知识产权本身的估值受到影响。

由于高新技术所面临的法律风险具有高度的复杂性，因此需要设立更为完善的制度规定以防范该风险，从而推动高技术知识产权资本化的进程。第一，高新技术知识产权登记备案制度的建立是十分必要的。由于高新技术涉及的技术领域较为复杂，同时也面临着复杂的法律权属关系，因此任何细微的权利瑕疵都有可能对其估值产生不利影响，而我国现有的知识产权登记备案制度仍不健全，接受知识产权出资的企业很难对其即将接受的知识产权的权属、转让、许可使用等情况有一个清楚的认识。因此，应当为知识产权交易建立系统数据库，提供知识产权详细权属、交易情况的记录，规定高新技术产业知识产权的交易登记方可生效，从而保障交易安全。第二，高新技术知识产权估值机制的建立也是十分必要的。由于高新技术的知识产权估值工作涉及技术创新和商业运作等多个方面的知识，因此估值机制的建立也涉及方方面面。一要严格审查评估机构的资质和人员资格；二要建立评估数据库，储存有关技术和法律资料；三要建立健全监督机制，防止不实评估现象的出现。最后，还应当建立知识产权资本化担保制度。在进行数额较大的高新技术产业知识产权交易时，以知识产权出资的交易人应当缴纳一定数额的保证金，当由于交易人的过错导致企业承受损失时，企业有权扣留该保证金。由于高新技术产业知识产权交易额较大，建立担保制度有利于提升企业的交易信息，从而达到鼓励交易的目的。

第三节　知识产权资金运营

一、知识产权资金运营概述

如何将知识产权资产进行有效利用，已成为一项重要的全球性课题。早在我国"十二五"规划之中，"知识产权运营"工作即得到了国家的重视。其原因在于，在推动我国由知识产权大国迈向知识产权强国战略的过程中，能否将创新成果转化为知识产权能力是我国知识产权发展中至关重要的一部分。而要实现这一目标，就不能不对知识产权的运营工作提起足够的重视。所谓知识产权运营，是指一种将无形的技术资产与资本运作相结合的过程，其目的在于实现知识产权的价值增值，其核心在于，利用知识资产生产具有高附加值的产品，同时充分运用知识产权的资产运作功能，通过许可、转让、投资入股、证券化、资产重组、兼并收购等多种形式和手段发挥知识资产的竞争和经济效能。与知识产权创新能力在企业发展中的地位相似的是，知识产权运营能力在企业发展过程中的作用同样不可小觑。所谓知识产权运营能力，是指企业将知识产权进行综合性、系统性管理并进行商业运作的技能的总称。企业的运营能力作为实现知识产权资产价值的能力，在不同的类型的知识产权上有不同的侧重，如专利运营能力主要涉及专利信息运用能力和专利权运用能力，商标运营能力主要涉及商标经营能力等。但无论何种类型的知识产权，均存在一些共同需要的运营能力，如资源配置、市场营销、资本运营、技术创新等。

由于技术提升需要较强的自主科技创新能力，因此知识产权创造能力的提升并非一日之功。而知识产权运营能力则不然，其往往通过部分改变企业经营策略即可提升。就企业自身而言，建立企业成本会计制度，在财务上设立独立的账户，记载知识产权运营的成本与收益以评价企业知识产权运营绩效，不失为一项切实可行的措施。除了企业自身策略的制定，政府同样可以在知识产权运营能力的提升方面有所建设。譬如，政府可以以政策保障的方式鼓励金融机构积极投入知识产权的金融运营中去，同时，也可积极扶持拥有自主知识产权和知识产权运营能力的企业，给予其一定的宽松营商环境。

二、知识产权资金运营的成功要素

1. 优质的评价队伍

专业的知识产权运营队伍对知识产权运营之成败至关重要。在知识产权运营过程中，其评价队伍至少应当包含以下几类人员：一是富含商业实践经验的技术专家，这类技术专家一方面应当在专业领域十分精通，另一方面还应当具有敏锐的市场洞察力，能够将市场需求和专业技术完美结合；二是法律专业人才，对于知识产权运营而言，想要将知识成果转化为经济利益并确保其能够受到法律保护，离不开法律专业人才，因此这样的一支队伍里还应当包括专业的专利分析师或律师；三是技术评估师，技术评估时具有最为丰富和专业的技术估值经验，能够准确判断技术的市场价值和市场前景，从而为企业制定知识产权经营策略提供意见和方向。

2. 清晰的评价对象

知识产权运营的核心目的在于实现知识产权的经济价值，使得技术成果能够转化为经济利益，因此清楚地认识到自身定位，选择合适的业务领域至关重要。对于公司知识产权运营而言，业务领域应当集中在专利的许可、转让、实施和资本化运营方面，对于专业的知识产权运营机构而言，则应当在知识产权许可交易、知识产权权益融资、知识产权债务融资、知识产权诉讼和知识产权管理中选择一种或几种。只有明确自身定位，知识产权运营机构才可能有的放矢地运营职能，实现价值。

3. 政府的大力支持

知识产权运营事业离不开完善的法律制度和政府财政资金的支持。完善的法律制度是知识产权运营良好运转的基础，在法律制度不健全的状况下，知识产权所有者的技术成果受到侵犯也无法通过法律手段得到救济，那么知识产权人保护和开发知识产权的热情势必受到影响。此外，知识产权的运营需要一定的成本，对于刚刚处于起步期的企业，或者小微企业而言，其虽有心开展知识产权运营，但可能由于资金不足而无法顺利开展，这时假如能够得到政府的资金支持，对这类企业的知识产权运营的开展具有重要的帮助作用。

4. 合理的专利布局

一般说来，单个专利的权利要求是无法完全覆盖某一技术领域的，即使是核心专利也存在被绕过的法律风险和可能。从专业应用角度分析，现实世界中物质产品往往包含数个、数十个甚至上百个专利。因此，在高风险的知识产权运营领域，专利布局非常重要。专利布局之含义非常丰富，其既包括专利评估分级之意涵，也包含着专利组合布局的意思。专利评估分级主要是从专利的技术价值出发，既包括专利族或利益相关专利的价值分级，也包括企业或机构内部所有专利的商业价值分级。而专利组合布局则是基于防范专利侵权的目的，通过构建相类似专利的组合来避免专利权利主体的合法权利受到侵害。

5. 充分的市场空间

专利技术的优劣固然是知识产权运营成败的重要因素，但同所有商业活动一样，发达的商业网络对于知识产权运营同样不可或缺。想要构建发达的商业网，以下几类人才缺一不可：一是有技术背景的市场专家。这类人应当对专业领域的市场需求非常熟悉，且具有非凡的市场洞察力。二是金融专家。知识产权运营需要的成本较高，且风险很大，因此应当如何投入资金，如何进行风险控制，都需要金融专家的把持。三是谈判专家。知识产权交易的典型步骤是首先进行产品估值，然后双方通过谈判确定该产品的最终成交价格，在这样一个交易过程中难免出现双方对产品价值认定不一致的情况，如何使得谈判向着有利于自己的方向发展，关键就在于是否具有一个逻辑清晰、口才极佳的谈判专家。四是优秀的技术人才。处于这样一个信息时代，任何行业想要顺利发展都离不开优秀的技术人才，一点对于知识产权运营也一样。技术人才对于构建信息网络、高效处理信息的重要性不言而喻。五是管理人才。知识产权运营需要前瞻性，如何看待公司的知识产权运营，运营应当着力哪些方面，向着哪个方向发展，都需要管理精英指点江山。

第八章　知识产权价值评估

第一节　质押融资相关概念及特征

一、相关概念

知识产权质押融资，是指在债务人或第三人不愿或不能履行债务时，债权人有权依法以折价、拍卖、变卖的方式，优先受偿债务人或第三人申请质押融资的知识产权质押物的相关价款的形式。其中，出质人是债务人或第三人，质权人是债权人，质押标的物即"质物"是相关的知识产权。我国《担保法》规定，能依法转让的知识产权，可以出质。其中可以依法转让的著作权中的财产权，主要指与著作权经济内容相关的权利，如实施权、许可权、转让权等。此外，根据规定，标记权、专利产品的进口权，一般不能出质；知识产权质押合同应当约定质押的相关知识产权的具体权利。[①]

随主债权的消灭、质权的实现而消灭。同于实物资产质押，担保物权的存在与消灭，依附主债权的存在与消灭。此外，在债务人未履行债务，质权人行使质权时，知识产权质押也会消灭。

[①] 王立军、范国强：《知识产权金融服务体系构建研究》，《现代商业》2016 年第 25期。

二、知识产权质押融资的特征

与传统的质押贷款要求出质人提供有形资产作为抵押物、质押担保物不同，知识产权质押融资涉及的抵押物是具有无形特征的知识产权资产。知识产权质押融资的创新，给相对缺乏固定资产的新兴企业提供了取得银行贷款的新渠道，让一些不符合银行借款要求的企业特别是中小企业，也能取得申请银行贷款的资格。

三、质押融资市场运作模式

知识产权质押融资作为一种新兴的融资方式，在拓宽融资渠道、缓解融资难等问题方面发挥了较大作用，许多企业对此种方式都保持着高度的关注，部分银行也积极尝试开发相关产品。但总体而言，我国的知识产权质押融资市场还尚未形成统一模式，具有较强的区域性特点。①

四、知识产权质押的市场风险

以专利权质押为例，专利权质押是以具有无形特征的专利的财产权进行质押的，而专利的价值必须通过商业化开发或产业实施的手段才可以实现。也即如果技术得不到实施，那么其经济价值基本无法实现。因此，进行专利质押融资，债权人需要承担较高的市场风险。而传统的质押方式，因以实物资产作为抵押物，实物价值的实现并不需要经过转化这一中间过程，权利人可以直接地通过市场租赁、转让（包括清算）等方式行使该实物资产的权利。因此，接受实物资产抵押的债权人与接受专利质押的债权人相比，其承担的风险相对更低。

因专利权具有不稳定性、排他性、时间性、地域性等特点，其价值构成因素也较为复杂，同时，在判断集技术、经济、法律于一体的专利文献的价值时，也须同时充分考虑专利权的特性和专利文献信息的复杂性，因此，准确量化、评估某一项专利或一个专利包的市场价值是十分困难的。

---

① 孙婷婷：《知识产权融资管理：以质押为例的探讨》，《企业导报》2015 第 20 期。

而在实物资产抵押中，只需评估机构明确在特殊市场条件下的变现风险对实物资产抵押价值所带来的影响，无须过多考虑抵押资产的时间性、地域性等特性。此外，因专利权所具有的特性，其市场价值认可度不高、交易市场相对狭小等问题，其难以实现快速变现，也从而导致了质权的实现会面临较高的风险。而实物资产虽然也存在着一定的价值波动风险，但当价值波动会影响到债权人的利益实现时，债权人可以采取要求出质人及时变现实物资产的措施，保护其债权的实现。因此，知识产权质押债权人承担的市场风险与实物资产质押相比更高。①

第二节　评估的市场运用

在知识经济的时代背景下，知识产权对国家竞争力的提升与企业的发展都具有十分重要的意义。知识产权价值的实现在于运用，而对于知识产权的运用来说，重难点之处在于知识产权价值的评估。如果知识产权的价值不能得到合理地评估，那么就会导致知识产权的运用难以得到顺利地开展。我们在系统考察知识产权价值评估的专业挑战之前，须了解知识产权价值评估的应用场景，即在什么条件下需要对知识产权的价值进行评估。根据《资产评估基本准则》，由中国资产评估协会制定的《知识产权资产评估指南》提出了五大知识产权价值评估的应用场景：一是知识产权交易（转让或许可使用），二是作价入股（出资），三是侵权赔偿（诉讼），四是投融资（质押），五是出具财务报告。因进行知识产权价值评估都会出具财务与评估报告，故下文就不再对知识产权价值评估的应用场景之财务报告的出具做系统地介绍。

---

① 陈静：《知识产权资本化的条件与价值评估》，《学术界》2015 年第 8 期。

一、交易对象的确定

知识产权交易，是指不同经济主体之间以有偿的方式转移知识产权的形式。知识产权交易的内容与方式都十分广泛，其方式包括转让、许可、授权、出售等，其中知识产权的转让与许可两种方式在实际应用中较为常见。知识产权转让，是指知识产权权利人将其拥有的知识产权所有权转让给受让方，受让方支付相应价款给知识产权权利人的一种法律行为。知识产权许可，是指知识产权权利人将其拥有的知识产权授予给被许可人，被许可人按约定实施专利的一种法律行为。可见，知识产权的转让与许可，都须确定相应的对价，也即必须对知识产权的价值进行判断和评估。

以专利权的转让为例，首先应对相关专利技术的市场价值进行评估，以防止购买一项物不值价的专利技术；其次需对专利技术的法律状态进行查验，明确该专利技术的保护期限、地域、权属等问题，以防止购买一项有法律漏洞的专利技术。我国有关知识产权的法律法规确定了知识产权转让的相关费用要求与具体的实施细节。如，我国《专利法》规定，"任何单位或者个人实施他人专利的，应当与专利权人订立实施许可合同，向专利权人支付专利使用费"。又如，《关于加强知识产权资产评估管理工作若干问题的通知》规定，"国有企业以知识产权许可外国公司、企业、其他经济组织或个人使用的要进行知识产权价值评估"。再如，《专利实施许可合同备案办法》规定，"经备案的专利实施许可合同的种类、期限、许可使用费计算方法或者数额等，可以作为管理专利工作的部门对侵权赔偿数额进行调解的参照"。可见，知识产权转让所涉及的费用要求与知识产权的价值评估紧密相关，从某种程度上说，知识产权交易的前提与基础就是知识产权的价值评估。据研究显示，当前我国约有40%的知识产权许可合同对许可费的约定没有准确地匹配知识产权的价值，致使了高达12%~20%的许可费损失率。在我国早期的知识产权交易阶段，因经验的缺乏，在进行知识产权的许可与转让时，常发生高估、低估或不估知识产权价值的现象。例如，金嗓子配方在进行技术转让时，没有科学合理地评估其价值，仅仅以双方协商的方式将转让费约定为5万元，然而金嗓子喉宝后期的年销售额已超亿元，知识产权权利人因此遭受了较大的经济损失。又如，广东某厂在转让其拥有的"岭南"商标，以及杭州某企业在转让其拥有的"西湖"商标时，因没有对其商标进行价值评估，致使其没有从商标转让中获得相应利益。随着我国知识产权交易需求的上升，以及知识产权交易市场的日渐优化，对知识产权的价值进行科学合理的评估，已日渐成为业内共识。

二、作价入股模式

知识产权作价入股是指，知识产权权利人依据相关法律法规规定，在对知识产权的价值进行评估的基础上，将其知识产权作为资本以转让、许可的方式向公司出资的形式。因知识产权作价入股具有节省资金、共担风险、共享收益等优点，所以多数高校、科研机构以及企业都青睐于此种形式。因知识产权作价入股的不同比例，对企业的资本虚实以及运营与创新能力，甚至是股东的股权结构、收益分配、风险分担等有着巨大影响，所以，在进行知识产权作价入股时，首先须对知识产权的价值进行评估。新修订的《公司法》明确规定："股东可以用货币出资，也可以用实物、知识产权、土地使用权等可以用货币估价并可以依法转让的非货币财产作价出资。"同时也指出："对作为出资的非货币财产应当评估作价，核实财产，不得高估或者低估作价。"《最高人民法院关于适用（中华人民共和国公司法）若干问题的规定（三）》也规定："出资人以非货币财产出资，未依法评估作价，公司、其他股东或者公司债权人请求认定出资人未履行义务的，人民法院应当委托具有合法资格的评估机构对该财产评估作价。"此处的"非货币财产"，包括了知识产权。另外，我国《促进科技成果转化法》对高校、国有研发机构的科技成果处置办法中，也涉及了知识产权作价入股的相关规定，提出可以自主决定转让、许可或者作价投资，但应当通过协议定价、在技术交易市场挂牌交易、拍卖等方式确定价格。

北京亿雍穗电气技有限公司（无法判断出是什么公司名称）的初始注册资本是400万元，在陈明洋将其一项名为"基于互联网工业电气产品的供应链技术服务网络"的、价值评估高达2611万元的专利技术向公司作价入股后，公司的注册资本达到了 3000 万元。又如，江苏省产业技术研究院的机器人与智能装备研究所，将高智能穿戴型外骨骼助残机器人专利技术作价入股，与南京伟思医疗科技股份有限公司一起成立新公司，该项专利技术经知识产权价值评估，作价高达 900 万元。经判断，在未来，高校与研究机构会逐渐成为知识产权作价入股的主力军。①

三、投资和融资

知识产权质押融资的出现，不但给企业拓宽了质押方式，还缓解了其融资难题。如今，知识产权已是重要的投融资方式。不同于不动产抵押融资。知识产权质押融资是指个人或企业将其合法所有的、经评估的知识产权作为质押物，向公司、金融机构等申请融资的方式。相关知识产权价值的评估，对于相关企业是十分重要的，企业要依据价值评估结果来考虑双方的出质，这种出质直接影响双方衡量、确定投融资金额的大小。如果知识产权价值的评估结果准确，即使企业违约，银行也可通过变现质押物来收回贷款，降低风险。因此，知识产权投融资尤其是质押融资，常会对知识产权的价值进行评估。

我国相关法律对知识产权的价值评估作出了规定。一是《专利权质押登记办法》，规定经过资产评估的专利权，还需提供相应资产评估报告。二是《关于商业银行知识产权质押贷款业务的指导意见》，提出商业银行应对知识产权质押贷款中的质物的合法性、有效性、完整性、权属、经济价值、交易可行性等做出综合评估，根据质物的经济价值，审慎确定相应最高质押率。三是《国家知识产权局关于进一步推动知识产权金融服务工作的意见》，指出对出质出资知识产权开展评估评价服务，加强跟踪、保护涉出资比例高、金额大的知识产权质押融资项目。四是《关于进一步加强知识产权质押融资工作的通知》，提出推动知识产权资产评估机构库、专家库与知识产权融资项目数据库的建立，推进知识产权作价评估的标准

---

① 操秀英：《知识产权证券化零突破后怎么走》，《发明与创新·大科技》2019 年第 6 期。

化，为知识产权质押融资的开展营造良好环境。五是《"十三五"国家知识产权保护与运用规划》，提出预计我国年度知识产权质押融资额度，到2020年达1800亿元。

在进行知识产权投融资的实践方面，有些机构积累了知识产权价值评估的经验，并开发了相应的具有特色的金融服务产品。比如，交通银行对有关的知识产权贷款作出规定，发明专利权的授信额不能超过评估值的25%，实用新型专利权的授信额不能超过评估值的15%，商标专用权的授信额不能超过评估值的50%，其中，最高贷款金额为1000万元，最长期限为3年。又如，经过实践检验的连城评估提出的"银行+评估+保险"的质押融资模式，受到了广泛的业内认可。再如，首创担保作为北京市成立最早的国有政策性担保公司，在提供知识产权投融资服务时，其除了考虑知识产权的本身价值外，还会考虑知识产权的载体情况，包括持有人的资质、经营情况以及相关知识产权的运营状况等，并且还会在提供相关服务的过程中，利用动态评估机制对知识产权的价值进行评估。因此，知识产权投融资，也将是知识产权价值评估的应用场景之一。①

四、侵权赔偿

在国家知识产权战略深入实施的时代背景下，虽然全民的知识产权保护意识有了显著的提高，但目前我国的知识产权侵权纠纷案件，尤其是专利与商标侵权日渐增多。与国外的知识产权侵权赔偿额高达上百万、千万元不同的是，我国的侵权赔偿额依据权利人的实际损失、侵权人的获益、许可使用费确定的比例不到5%，由法官酌情确定的比例高达95%，致使侵权赔偿数额远低于知识产权权利人所受的损失。根据统计，美国1995年至2001年的专利侵权赔偿额的平均值为500万美元，2001年至2009年这一平均值达到了800万美元。而我国自2008年起，法定侵权赔偿额的平均值只有8万元。如何在知识产权侵权纠纷案件中，科学、合理、有效地确定知识产权的侵权赔偿额，成为一个核心关键问题。对于计算专利侵权赔

---

① 刘冠德：《知识产权作价入股制度研究》，《商业时代》2014年第9期。

偿数额的方式，我国《关于审理专利纠纷案件若干问题的解答》进行了规定，一种是以权利人所受经济损失为依据；一种是以侵权人所获利益为依据；还有一种为许可使用费的合理倍数。在司法实践中，上述三种方法可择一适用。此外，当事人也可对计算方法进行约定。我国新修订的《专利法》提出了侵权惩罚性赔偿制度，对故意侵犯专利权，并情节严重的，赔偿数额可以在按照上述三种计算方式计算出的数额的 1~5 倍内确定。上述三种计算方式难以计算的，赔偿数额可在 10 万~500 万元内酌情确定。

知识产权侵权赔偿数额的确定，我国现今主要采用权利人所受损失、侵权人所获利益、许可费合理倍数、法定赔偿四种方式。但此四种方式，在一定程度上都未对相关知识产权的价值进行合理评估。2006 年的《关于加强知识产权评估管理工作若干问题的通知》规定，在相关知识产权纠纷案件中，当事人、法院或仲裁机构要求对相关知识产权价值进行评估的，应当进行评估。对于相关的评估方法，学术界也提供了一系列看法。

知识产权的侵权赔偿数额近年来发生了很大的变化，加大了赔偿数额。2017 年，金溢科技诉聚利科技侵犯其"电子自动收费车载单元的太阳能供电电路"专利一案，涉及赔偿数额 1 亿元，此案的索赔金额创下了中国专利史上之最。2018 年，北京某源公司与某某汇源公司侵害商标权及不正当竞争纠纷案，一审判决赔偿数额 300 万元。2019 年，通领科技诉公牛集团，未经许可使用了其两项有关安全插座的专利，涉及赔偿数额近 10 亿元。再如，最高人民法院于 2018 年发布的"北京某源公司与某某汇源公司侵害商标权及不正当竞争纠纷案"，一审判决被告赔偿原告经济损失 300 万元，而二审将赔偿数额提高到了 1000 万元。还有些尚未审结完毕的案件，但可见，知识产权侵权纠纷案件中判赔的数额越来越高。随着知识产权保护意识的不断提升，知识产权侵权纠纷案件会越来越多，知识产权侵权赔偿将会是知识产权价值评估的主要应用场景之一。

第三节 质押融资参与主体及业务流程

一、参与主体

知识产权质押融资的参与主体，主要包括资金需求方、资金提供方、评估/评价机构、风险缓释机构、质押登记机关及其他利益相关方。

1. 需求方的范围

资金需求方，指缺乏实物资产但拥有知识产权资产的科技型企业。资金需求方主体多为初创期或成长期的中小型企业，难以运用常规的实物资产进行融资，其不希望股权因融资而稀释，对资金的需求较为有限，具有中短期的融资需求，具有确定的知识产权所有权。

2. 提供方的范围

资金提供方，具体主要包括银行、小额贷款公司与现金流充足的知识产权运营机构等。

3. 评估/评价机构

资金提供方与资金需求方（知识产权权利人）相比，其在信息获取方面处于劣势地位，因此资金提供方需要专业的无形资产评估/评价机构来核实相关知识产权的权属和预估相关知识产权的价值。其中，无形资产评价机构一般是知识产权服务机构。

4. 风险防范机构

知识产权质押融资，相对于用实物资产进行质押的方式，资金提供方承担的市场风险更高。因此，进行知识产权质押融资时，需要引入保险、担保、风险处置资金池、风险补偿基金等风险缓释机构来共担风险。其中的风险处置资金池，一般由知识产权运营机构联合地方政府设立，风险补偿基金一般由政府出资引导、社会资本参与共同设立。

5. 质押登记机关

根据《中华人民共和国担保法》第七十九条规定，以依法可以转让的著作权中的财产权、专利权、商标专用权出质的，出质人与质权人应当订立书面合同，并向其管理部门办理出质登记。质押合同自登记之日起生效。可见，质押登记机关也是知识产权质押融资的参与主体之一。

6. 其他利益方的确定

其他利益相关方，主要包括政府机构、知识产权运营平台等。其中，政府机构在知识产权质押融资过程中，主要提供推选、监督、质押补贴成本等综合服务。因知识产权质押融资存在风险偏高，银行等金融机构具有较强风险规避性的情况，在推进知识产权质押融资市场化运作时，政府在引导阶段需要提供信贷支持等相应的服务，以促进知识产权质押融资在市场中的创新尝试与发展。而知识产权运营平台则主要提供供需信息、匹配及坏账处置（拍卖、转让等）场所等服务。

二、操作程序

知识产权质押融资的业务流程，一般按照企业申请、资格预审、尽职调查、风险缓释机制约定并签订承保协议、签订质押合同、办理质押登记、发放贷款和贷后管理的程序进行。对于不同的质押融资模式，此程序可能会有些许微调，下面以银行为资金提供方为例，对知识产权质押融资的业务流程进行具体阐释。

1. 提出申请

资金需求方（融资申请人）向银行或质押融资产品发起方提出贷款申请，并填写申请表。申请表内容主要包含企业基本信息（企业名称、社会统一信用代码、联系方式、注册资金、近三年的财务情况、已有贷款情况等）、质押标的信息、融资需求等。

2. 审查资格

银行或质押融资产品发起方根据申请表信息对资金需求方（融资申请人）的申请资格进行预审。预审的内容主要包括企业的规模、财务状况、注册地或经营地等信息与质押融资产品的要求是否符合，质押标的的类别及有效期是否符合要求，知识产权权利人与资金需求方（融资申请人）是否一致，相关知识产权有多个权利人的，资金需求方（融资申请人）是否依法获得了他人的同意等。

3. 背景调查

尽职调查一般按银行、价值评估/评价机构、风险缓释机构的内部自有程序进行。尽职调查的内容主要包括企业状况调查和知识产权状况调查两项。

（1）企业状况调查

企业状况调查，顾名思义是对企业的整体状况进行调查，在此基础上结合"估值报告"以初步确定企业是否具有可授信、可承保的资格，在具备相应资格的基础上再拟定可授信额度与可承保额度。进行企业状况调查的主体一般是银行、风险缓释机构的项目经理，调查的方式包括下户考察和资料审查，调查的内容包括一般授信调查和特殊风险调查。其中，一般授信调查主要调查贷款企业最近两年及以上的业绩与盈利、信贷记录、财务制度建设、年检手续、市场占有率、经营团队、合作企业等情况。特殊风险调查主要调查相关知识产权的实施风险、产业化规模前景、市场准入限制、产业政策的适应性、竞争力等情况。

（2）知识产权状况调查

知识产权状况调查主要是对相关知识产权的权属进行审查，对相关知识产权技术进行评价，并出具相应的价值评估/评价报告（估值报告）。知识产权状况调查的主体一般是知识产权运营机构或无形资产评估机构，其中，权属审查的审查内容主要包括知识产权的权属（是否存在质押、转让、许可等）、涉诉、无效等情况，以判断是否存在影响质权实现的因素。技术评价的分析内容主要包括相关知识产权的法律地位稳固性、侵权可判断性、保护范围、技术独立性、技术创新性、技术时效性、技术成熟度等情况，在结合行业发展前景与实际的基础上，择优选择成本法、收益法或市场法，对拟质押知识产权的价值进行评估。

4. 承保协议的签订

在前述调查结果的基础上，银行和风险缓释机构约定双方各自可承担的风险比例，风险缓释机构在经内部程序后确定承保额度，然后为银行出具承保函，并与资金需求方签订承保协议。

5. 签订质押合同

专利权质押合同的内容，应和质押登记相关联，具体内容包括：当事人姓名（名称）、地址，相关债权种类、数额、债务履行期限，专利项数、各项专利名称、申请日、授权公告日、专利号，质押担保的范围等。此外，双方达成的约定事项也可在合同中列明，比如质押期间专利年费的缴纳、转让、许可；专利权属变更、被宣告无效时的解决方式；要求质权实现时，相关技术资料的交付方式等。

商标专用权质押合同的内容，具体包括：当事人姓名（名称）、地址，相关债权种类、数额、债务履行期限，质物清单（应对商标的注册号、类别及专用期间进行列明），质押担保的范围等。此外，双方达成的约定事项也可在合同中列明。

著作权质押合同的内容，具体包括：当事人的基本信息，相关债权的种类、数额、债务履行期限，质物的具体内容与保护期，质押担保的范围等。此外，双方达成的约定事项也可在合同中列明。

6. 办理质押登记

当事人应自知识产权质押合同签订之日起的 20~30 日内，到质押登记机关办理质押登记手续，合同自登记之日起生效。

（1）专利权质押登记

专利权的质押登记，由国家知识产权局负责。当事人可通过直接送交、邮寄的方式，申请办理专利权质押登记手续，申请应提交的文件包括：双方签字（或盖章）的质押登记申请表、质押合同、出质双方的身份证明、授权委托书等。若专利权经过评估，还应提交专利权评估报告。上述除身份证明外的文件，都应使用中文。若身份证明是外文，当事人应附送中文译文，不附送的视为未提出专利权质押登记申请。国家知识产权局应自收到申请文件之日起 7 日内，对申请进行审查，并作出是否予以登记的决定。审查合格的，应予以登记，记载于专利登记簿中，并发送《专利权质押登记通知书》。审查存在如下情形之一的，应不予登记，并发送《专利权质押不予登记通知书》：出质人与登记的专利权人不符；专利权已终止或被宣告无效；专利权尚未被授予；专利权年费处于滞纳期；专利权处于无效宣告程序；专利权属存在纠纷；专利权被采取保全措施；专利质押手续处于暂停办理期间；债务履行期限超过专利有效期；专利权因债务履行问题归质权人所有；质押合同与登记要求不符；共有专利权的出质未征得全体共有人同意；专利权处于质押期；其他不予登记的情形。

（2）商标专用权质权登记

商标专用权的质权登记，由国家工商行政管理总局商标局负责。申请办理商标专用权质押登记手续，应提交的文件包括：双方签字（或盖章）的质押登记申请表、出质双方的身份证明（或主体资格证明）、主合同与质押合同、授权委托书与被委托人身份证明或商标代理委托书、商标注册证复印件、商标价值评估报告（若就出质商标的价值双方已协商明确，并提交书面认可文件的，价值评估报告可不再提交）等。上述文件有外文形式的，应同时提交由翻译单位及翻译人员签字盖章确认的中文译文。

申请不符合要求的商标专用权质权登记，有 30 日补正期限，逾期不补正、补正也未达要求的，视为申请人放弃质权登记申请。申请符合要求的，商标局应予以受理。受理日即登记日，商标局应自登记之日起 5 日内，向申请人发送《商标专用权质权登记证书》。若存在如下情形之一，应不予登记：出质人与记载的姓名（名称）不符且不能证明其为权利人，合同存在违反法律法规强制性规定的内容，商标被撤销、注销或期满未续展，商标被查封、冻结，其他不予登记的情形。

（3）著作权质权登记

著作权质权登记，由国家版权局负责。以著作财产权出质的，出质双方应订立书面质押合同，并一起向登记机关申请质权登记。申请办理著作权质权登记，应当提交的文件包括：出质双方签字（或盖章）的商标专用权质权登记申请书，双方身份（或主体资格）证明，主合同和质权合同，授权委托书、被委托人的身份证明或著作权代理委托书，著作权价值评估报告（若双方就出质标的价值协商一致，并已提交书面认可文件，价值评估报告可不再提交）等。上述文件有外文形式的，应同时提交由翻译单位及翻译人员签字盖章确认的中文译文。

申请经审查符合要求的，版权局应自受理之日起 10 日内，予以登记，并颁发《著作权质权登记证书》。申请经审查未达要求的，版权局应自受理之日起 10 日内，告知申请人提交补正文件。无正当理由，逾期不补正的，视为其撤回质权登记申请。存在如下情形之一，版权局应不予登记：出质人与著作权人不一致，合同存在违反法律法规强制性规定的内容，著作权已过保护期，债务履行期限超过著作权保护期，著作权的权属存在争议，其他不予登记的情形。

7. 发放贷款

在办理完知识产权质押登记之后，资金需求方须根据银行的要求办理提款账户，然后银行根据知识产权质押合同中有关提款的约定，向资金需求方发放贷款。

8. 贷后管理

项目放款后至完成项目退出期间的管理内容包括贷后监控、投贷联动、坏账处置及 IP 资产管理等。

有知识产权运营机构参与的知识产权质押融资项目，一般由知识产权运营机构和银行两方共同对资金需求方进行贷后监控。其中，知识产权运营机构主要对企业的经营状况、质押标的的法律状态与实施进展进行监控，银行则主要对企业的财务与用款状况进行跟踪监控。没有知识产权运营机构参与的，质押标的的法律状态一般由银行在政府的官方网站上查询。

针对比较优质的知识产权质押融资项目，各参与主体可以基于自身拥有的资源或根据约定，为资金需求方对接投资基金，实现投贷联动。

对产生坏账的知识产权质押融资项目，可在依靠知识产权运营类平台以许可、转让、拍卖等方式进行运营，所获收益优先受偿于质权人的同时，由风险缓释机构按照约定对银行再进行风险补偿。

　　有知识产权运营机构参与的知识产权质押融资项目，根据约定，相关知识产权的运用、保护与管理等服务，由知识产权运营机构向企业提供，以提升企业管理知识产权的水平，提高企业知识产权的运用价值。[①]

---

① 杨帆、李迪、赵东：《知识产权质押融资风险补偿基金：动作模式与发展策略》，《科技进步与对策》2017 年第 12 期。

第九章　知识产权人力资源管理

第一节　人力资源概论

在世界经济形态由传统经济转向知识产权经济之际，专利、商标、著作权等生产要素均可成为企业的核心竞争力，从而为企业带来可观的利益。越来越多的企业逐渐意识到知识产权对自身发展的重要性，如何合理妥善地利用企业的知识产权资源成为企业管理的核心关键。这种对知识产权进行合理妥善的利用，即是对知识产权的管理。知识产权管理对人力资源管理提出了很高要求：人才资源与知识产权有着直接的联系，人力资源的管理为知识产权管理提供了必要的智力保证，是企业实现知识产权管理目标和效能的基本保障，因而成为企业知识产权管理的重要内容之一。

一、人力资源的概念

人力资源的概念起源于西方国家，最早可以追溯到现代经济学创立之初。西方经济学家将人力作为一类资本，即人力资本（human capital）。早期的人力资源理论认为，人所固有的能力经过后天学习并将其转化为社会财富的过程就是人力资本发挥效用的过程，这一过程中需要投入资源，但产生的收益足以抵偿费用支出。英国一位经济学领域的权威学者哈比森（F. H. Harbison）持如下观点：一个国家经济发展的最核心的基础动力当属人力资源。尽管资本和大自然提供的资源同样能够为经济发展做出贡献，但是两者在发挥作用的方式上却是被动的。与此两者相反，人作为拥有意识主动性的高级动物，在社会经济发展的诸多层面，如资本积累、资源开发、人际关系构建以及社会组织的运营等，提供了实质的原动力。因此可以认为，人是社会和国家前进和发展所不可或缺的核心要素。哈比森的观点充分展示出人力资源对知识和技能价值的发挥和利用，将人力资源作为社会发展的基础和推动力，体现出了人力资源的核心价值所在。

20 世纪 50 年代后期，技术和经济快速发展，尤其是在二战后，廉价劳动力和物资等传统经济因素已不足以解释不同国家、地区之间的实物资本投入产出比差异，加里贝克尔（Gary S. Beeker）、西奥多舒尔茨（Theodore Schultz）、爱德华·丹尼森（Edward F. Deni s on）等经济学家纷纷转向人力资源的研究，也即一国人力资源质量对经济的影响，为现代人力资源提供了详实的理论基础。我国关于人力资源的研究从 21 世纪初开始，发展迅速。爱德华·丹尼森（Edward F. Denison）、西奥多舒尔茨（Theodore Schultz）等经济学领域著名学者、20 世纪末管理学专家意识到了知识产权对于企业带来的巨大经济效益，并进行了大量知识产权管理的相关研究。随着知识经济时代的到来，知识产权也逐渐渗透进人力资源管理中，知识管理和人力资源管理相互融合发展。我国 2013 年实施的《企业知识产权管理规范》中明确将人力资源列入资源管理专节中。

对知识产权管理中的人力资源问题进行分析探究之后，发现"人力资源"概念具有广泛深远的含义。国内外学者对其均有独到的见解。英国经济学家哈比森（F. H. Harbison）的观点在国际上具有高度代表性，他认为，人力资源是国民财富的最终基础。资本和自然资源是被动的生产要素，人是积累资本、开发自然资源、建立社会、经济和政治组织并推动国家向前发展的主动力量。显而易见，一个国家如果不能发展人民的技能和知识，就不能发展任何东西。国内的学者普遍将人力资源视作劳动力的代称，以劳动力的数量和质量衡量人力资源的性质，评价人力资源对于社会的推动性。界定人力资源的概念十分必要，可以为人力资源的管理提供理论框架和界限，对于人力资源的管理具有导向性作用。结合国内外学者的观点，本书认为人力资源即能通过自身的价值实现企业价值，乃至推动社会发展的劳动力。广义上而言，包含整个市场的人力资源储备（如高校的技术人员、教师、学生、企业培训人员等），狭义上指市场既存的能推动市场经济以及社会发展的可以细化到团体或个体的劳动力。

二、人力资源管理

所谓人力资源管理，就是在对人力资源的获取、发掘、维持和利用的过程中，通过对人的鼓励、组织和引导以实现对以人为集合的组织的有效管理的社会活动。因此，人力资源管理所研究的对象便是社会组织中个体之间的社会关系。通过对该社会关系的研究，对其进行规范化调整，发掘个体潜力，开发个体积极性，实现人与人、人与事的调和，进而提高产能，最终落脚到经济的快速发展。从组织的长远发展前景来看，人力资源管理亦是实现组织目标的有效手段和科学方式。

合同关系的正式确立、具体岗位安排、激励制度等活动的规划和实施是人力资源运用的很重要的措施。这也就是现代企业管理中的人力资源5P模型，即人力资源管理过程中，从"识人（Perception）"到"选人（Pick）"，再到"用人（Placement）"和"育人（Professional）"，最后是"留人（Preservation）"。从"对人的认识（Perception of man）"进展为"对人的选择（Pick of man）"，接着发展为"对人的利用（Placement of man）"和"对人的教育（Professionalism of man）"，最后为"对人的保留（Preservation of man）"。知识产权管理中的人力资源问题主要面向知识产权，所需人力资源相比传统的人力资源专业性更强，分工更为明确。本书旨在通过现阶段的传统人力资源研究，对知识产权管理中的人力资源问题做进一步的细化分析和探究。

三、知识产权人力资源的种类

随着国家对知识产权建设的重视，2015年版《中华人民共和国职业分类大典》中知识产权专业人员的职业身份首次得以确立。专业化职业第一次得到正式认可。针对知识产权职业的不同特点，该文件又将其细分为四类：专利代理师、专利管理员、专利分析师和专利审查员。如今，知识产权相关企业越来越多，对知识产权职业人员的需求也越来越大。相比国家对知识产权职业的分类，企业内部针对知识产权人力资源的分类更为细化，其管理问题也就更为复杂。通常，知识产权管理中的人力资源种类划分如下：知识产权部门管理人员（总监、经理、主管）、流程人员、知识产权工程师（专利工程师、商标工程师）、信息检索工程师、法务人员。各部门的知识产权联络员。人力资源种类划分不同，相应的要求和分工就必然不一致。具体分工和要求如下：知识产权相关部门管理人员（经理、高级主管人员）、流程人员、工程师（专利工程人员、商标工程人员）、信息检索人员、法务人员和部门与部门之间的联络人员。

知识产权部门管理人员，负责公司知识产权的统筹规划，要求其熟知各项知识产权管理业务，对相关的专利法、商标法、著作权法、公司法都能熟练运用，一般企业还会要求管理人员具有相关的从业经验。

知识产权管理工程师，主要负责专利或商标申报工作的审批和建议，要求其对相关的专利或商标有一定年限的从业经验，能和知识产权工程师及时沟通想法，要求相关的专业知识和技能达到一定的级别，具备相关证书。

知识产权流程人员，负责专利递交、缴费，监控专利流程时限，以及与外聘事务所对接，需要对流程有清晰的把握，同时也负责和外聘知识产权公司的业务交接工作

知识产权工程师，主要负责知识产权的申报工作，又可分为专利或商标等专项知识产权工程师。通常为专业的技术人员，具备深厚的理工科背景。

信息检索人员，主管国内和国外的知识产权相关信息的搜集工作、分析工作和整合工作，然后立足前述工作的信息成果，对其做进一步的完善和研究，组织课题研究会议，制定详尽的研究报告。

法务人员，主管知识产权相关合同业务，具体包括合同的草案制定、合同的监管、合同的审核工作，同时负责企业在知识产权具体项目的设立、运营和项目的研究工作过程中产生的法律权利诉讼纠纷的维护和处理工作。

知识产权联络员，分散在企业各个部门之中，能够将企业不同部门的信息串联起来，及时向上级反映本部门的知识产权相关问题和进度。

在实务中，人力资源可实现交叉分工，达到一人肩负多职，如知识产权流程人员通常掌握各部门的知识产权申报及权属状况，对于信息的沟通和监管极为便利，因而可兼任联络员的职责；知识产权管理人员和知识产权管理工程师也可以根据企业规模和业务情况选择分工或是由一人身兼两职，从而节约人力成本。

四、人力资源配置

在公司知识产权人员的配置过程中，设立独立的知识产权部门，在独立的知识产权部门中建立独有的管理体系，可高效便捷地利用人力资源。以华为公司为例，为进行知识产权资源的专门管理，公司单独设立了知识产权部门，主导企业的知识产权开发利用，以节省时间成本，集中优势，从而使整个知识产权开发利用的流程实现分工明确，流程清晰，成就了今日在知识产权领域具有绝对主导权和竞争力的华为。若企业不能设立独立的知识产权部门，可根据企业各部门的性质，为其配备不同特性的知识产权人力资源，如由部门经理兼任知识产权管理人员，将技术部门的人员培养成为知识产权工程师，在各部门都任命知识产权联络员，从而对企业的知识产权的问题实时反应，加强各部门知识产权的联系和整合。

五、人力资源筛选

（一）识人程序

企业为了对知识产权进行妥善管理和利用，需耗费大量成本于人力资源的选择，通过招聘会或是线上招聘等方式找寻符合要求的知识产权管理方面的人力资源，即 5P 模式中的识人。企业可以通过制定符合自身实际情况的"岗位说明书"明确岗位职责、目标、权限、内外部关系以及任职条件，从而明晰求职个人的求职目标，大大缩短企业识人的过程。根据上文所述知识产权人力资源分类，企业可制定详细的不同岗位说明书，为求职者提供指引。然而对于企业而言，对求职者客观条件的鉴别只是满足了

"硬件"的要求，此外还需关注求职者的心理素质、应变能力、人际关系处理等"软件"要求。以华为公司为例，华为公司招聘时以创新能力和团队合作精神为重要指标。首先华为注重以校园招聘的方式吸收人才，追求应届生的可塑性和创新性。其次在面试中考察求职者的团队合作精神表现，由应聘者以无领导小组形式讨论问题，从中挑选有独到见解且懂得考虑他人看法的候选人。企业可能通过多轮以上的面试才能选中合适的人才。由此可见，企业识人的过程是一个复杂烦琐的过程。对于知识产权人力资源管理来说，知识产权相关人才的专业知识和协作能力的要求必然随着知识产权的专业性提高而增加，因而对于知识产权人力资源管理中的识人过程要求更为专业化、细致化。

（二）背景调查

在通过初步的识人之后，可以对新入职的员工进行知识产权背景调查。调查的形式以员工填写《入职员工知识产权背景调查表》为主，重点了解入职员工以往工作是否涉及知识产权，是否同上一家工作单位签订了竞业限制协议，是否仍在限制期限内，可以专门针对新入职的工作人员展开知识产权相关背景调查，借此途径审查该员工以往在知识产权领域的工作经历和经验。同时审查该员工是否与以往工作单位签订竞业限制条款，包括该员工是否尚处在该限制期限之内，是否存在因知识产权不正当行为被处罚、辞退，此外通常还要求新入职员工提供雇主的详细信息及离职原因等内容，以确定信息的真实性。此外企业可要求职工签署《知识产权声明》，以获取权利保证。需要新进人员提交一份以往工作单位的具体信息、在以往工作单位中离职的理由，同时还要审查该信息是否属实。在此基础之上，企业可根据具体需要要求企业员工阅读《知识产权声明》并在该文件中签字。

企业可以另行专门组建关于新进员工知识产权背景的调查小组，走访并收集员工相关背景信息。该调查的主要目的可归纳为如下三方面：首先，掌握员工以往知识产权工作经历和经验有助于对员工以后从事的职业部门进行合理的分配；其次，能够有效地规避因违反竞业限制协议所产生的不必要的法律纠纷，降低企业存在的潜在法律风险；最后，该背景调查在一定程度上可视为新进职员调查的一部分。企业的员工接近企业的核心利益，员工的诚信度和企业的利益密切相关，对企业员工诚信度形成初步判断对维护企业自身的利益是必要的。

（三）劳动合同的签订

初步的识人和背景调查后，企业与员工签订正式劳动合同以建立劳动关系。劳动合同的内容会因企业的性质、技术秘密的种类、商业秘密的范围而有所区别。而在知识产权人力资源管理语境下，劳动合同中最具争议且最重要的部分是劳动合同中商业秘密保护条款与竞业限制条款的界定与区分、职务发明的权利归属以及企业的激励制度等。毫无疑问，这已经成为如今知识产权劳动合同中争议最多且最为核心的内容。

关于商业秘密保护条款，在知识产权人力资源管理中，相关从业人员所从事的业务与企业的知识产权息息相关，而企业的知识产权对保密性的要求要远远高于传统的商业信息，这就要求企业在同员工签订劳动合同时，必须具备相关商业秘密保护的条款。根据《中华人民共和国劳动合同法》（以下简称《劳动合同法》）的规定，用人单位与劳动者可以在劳动合同中约定保守用人单位的商业秘密和与知识产权相关的保密事项。《反不正当竞争法》规定的商业秘密，是指不为公众所知、能为权利人带来经济利益、具有实用性并经权利人采取保密措施的技术信息和经营信息。由此可以看出企业对于商业秘密保护有法律上的依托。《中华人民共和国劳动合同法》也对此做了有关规定，认可了用人单位和劳动者之间就该单位内部与知识产权相关的商业秘密以及其他商业秘密签订保密协议的做法。根据《反不正当竞争法》关于"商业秘密"的具体界定，此处的"商业秘密"应具备如下特征：秘密性、实用性、保密性和价值性。实际的知识产权管理中，商业秘密包括产品配方、设计理念、销售策略、资源信息、担保状况、决策管理、制作方法、客户信息以及涉及诉讼的法律纠纷、财务信息、投资信息、招投标信息等内容。实际上，在知识产权的管理中，产品的生产和创新，技术的研发和改进，甚至简单的药物分子式、涉及诉讼的法律纠纷，都可以作为商业秘密得到保护，可见商业秘密保护的范围之广、分类之细。这也就要求在劳动合同签订的过程中，对于不同知识产权人员签订的商业秘密保护条款需要有所区分，商业秘密保护的程度也根据职务的高低和技术的相关性有所不同。具体而言，对于知识产权管理工程师的商业秘密保护条款重点在于知识产权的核心技术，而对于信息检索工程师的商业秘密保护条款重点则在于相关的资源情报。对于商业秘密保护条款的期限也需要根据相关知识产权的特性进行规定，通常的保护期限需要从在职期间一直延续到离职后的一定时间。

需要注意的是，商业秘密的保护不能单单限定在劳动合同签订的商业秘密保护条款中，企业还需制定严格的制度，规范员工使用、接触商业秘密的行为，具体包括防范员工在技术成果的发表、对外交流与宣传的过程中泄露商业秘密，明确企业商业秘密解除、披露和使用的期限，规定接触商业秘密的过程、方式和时间等。知识产权管理中的商业间谍问题尤其突出，以专利为例，其技术性、时效性以及可复制性都极强，往往只需要一个突破口就可以促成整个专利的革新。商业间谍对于专利相关商业秘密的窃取，可以使企业自身的专利成果被提前公开和利用，对于企业来说可能是整个市场的丧失，造成的利益损失更是不可估量。因而对于极端情况下的商业间谍的防范不能只是通过商业秘密保护条款和防范措施的实现，还应在识人和选人的过程中结合员工背景专门调查。

所谓竞业限制条款，是指劳动者和劳动单位在合同中约定，当劳动者与劳动单位之间的劳动关系解除或终止后，规定一定的时限，在此时限内禁止该劳动者从事特定活动的条款。此处的"特定活动"主要指禁止该劳动者在上述时限内与具有竞争关系的单位签订劳动合同、禁止该劳动者在上述时限内自己经营与先前劳动单位具有竞争关系的业务。该限制期间，可以由劳动者和劳动单位事先约定，但是最长不得超过二年。竞业限制条款在性质上属于附条件生效条款，具体到此处，所附的"条件"就是指劳动者与劳动单位的劳动合同解除或终止的情形，当该情形出现时，竞业限制条款才开始生效。《劳动合同法》不仅规定了企业同劳动者签订竞业限制条款的法定权利，而且还规定了遵守和违反竞业限制条款的法律后果：劳动者在竞业限制期间有权请求该企业给予一定的经济补偿，但当劳动者在竞业限制期间存在违反竞业限制条款的法定情形时，应当向用人单位承担违约责任。但是，竞业限制条款调整的利益关系并不单单涉及原用人单位和劳动者，更涉及新用人单位，其中的利益结构多元，这也使得竞业限制条款的适用存在大量亟待解决的问题和争议。首先是竞业限制条款的生效要件，即是否应该将经济补偿约定作为竞业限制条款的生效要件。对于竞业限制条款来说，签订该条款的企业和个人应该是基于契约平等原则达成合意，然而在实际情况中，企业往往更具有优势地位，劳动者可能以牺牲个人利益为代价求得合同签订，因此可能在经济补偿约束条件上有所妥协甚至放弃。在未约定经济补偿条件的情况下，劳动者是否有履行竞业限制的义务？以及用人单位是否有权以未约定补偿标准而主张竞业限制条款无效，从而对已履行该义务的劳动者不支付相应报酬？假如双方未约定劳动者的经济补偿权，劳动者是否还受竞业限制条款的制约？换句话说，此时劳动者是否还有义务遵守竞业限制条款，用人企业是否应补偿？对此，最高人民法院在审理劳动争议案件的司法解释中指出，劳动者和用人单位在合同中约定了竞业限制条款但未约定劳动者的经济补偿请求权的，如果劳动者履行了该条款中的相关义务，有权向用人单位主张其在任职期间最后一年平均月工资的百分之三十作为劳动者的经济补偿。《北京市高级人民法院、北京市劳动争议仲裁委员会关于劳动争议案件法律适用问题研讨会会议纪要》则更明确地指出，未约定经济补偿金并不必然影响竞业限制约定的效力，劳动者有权向用人单位主张经济补偿。用人企业以明示的方式拒绝支付经济补偿费，劳动者有权拒绝履行竞业限制条款中的义务。

首先，遵守竞业限制条款的规定，其自身利益必然在一定时间段内受到一定程度的损失，劳动者这部分经济损失并不是劳动者应该无偿强制承担的。若竞业限制条款中并未规定劳动者的经济补偿请求权且被因此认定为无效条款，但是劳动者已然积极履行了条款中的相关义务，此时如果以劳动者的经济补偿请求权缺乏存在的依据为由否认该权利，则会对劳动者造成极大的不公平。另一方面，若双方的确存在有效的竞业限制协议，那么劳动者就不得拒绝履行竞业限制义务，不以经济补偿金条款的约定为前提，否则不符合双方订立合同时保护商业秘密的意思表示。

其次，是竞业限制条款的时效问题。在《劳动合同法》中对于竞业限制的时间限制为"不得超过两年"，但是由于竞业限制条款针对的劳动者不同，竞业限制条款的时限也应有所区分。尤其是对知识产权管理的人力资源来说，对于一项专利的发明、申请、审查期限的长度在实际操作中是存在个案差异的，所以应该根据知识产权人力资源种类的不同而签订特定的竞业限制条款，避免不必要的企业财务负担，这样才能在保全企业利益的同时维护个人的权益。

最后是对于竞业限制条款的滥用问题。由于企业和劳动者之间在现实中不平等，因而签订劳动合同时，对于竞业限制条款的约定在很大程度上会成为企业的单方要求、格式条款，甚至上升为企业的规章制度。在知识产权人力资源管理中，竞业限制条款的滥用对于员工利益的保护、积极性和创新性的促进产生了反作用。企业是可以通过竞业限制条款维护企业自身的利益，但是对于企业的知识产权管理来说，人力资源的流失对企业造成的损失远胜过竞业限制条款止损的收益。

正确认识商业秘密保护条款和竞业限制条款之间的关系，有助于企业在人力资源管理中合理正确利用两类条款。我国的理论与司法实践普遍认为，企业需要保护的商业秘密是竞业限制条款的基础。企业与员工签订竞业限制条款是为了保证在一定的期限内，员工不会从事其他企业的同类工作，以此保证员工接触的原公司的商业秘密能够在一定的期限内不因员工脱离原企业从事新工作而暴露。换言之，商业秘密保护条款同竞业限制条款的共同点就在于，两者都可以基于商业秘密而存在。但在具体适用中情况有所不同。

首先，商业秘密保护条款同竞业限制条款适用的主体和客体范围不同。商业秘密保护条款几乎可以涉及企业各方面的内容，且商业秘密保护条款约束的客体是单位和劳动者。商业秘密更偏向技术性，根据《劳动合同法》规定，竞业限制的人员限于用人单位的高级管理人员、高级技术人员和其他负有保密义务的人员。由此可见竞业限制条款的主体较之于商业秘密保护条款更为单一明了。而对于竞业限制条款本身来讲，该条款所指向的客体——商业秘密所具有的技术性更为明显。而且竞业限制条款适用的主体也被法律严格限定在企业内部的高级管理、技术人员以及其他负有保密义务的职员。而且需要注意的是，竞业限制条款的利益相关方涉及特定的第三方，即员工的新用人单位，但是对于商业秘密保护条款来说，侵害企业商业秘密的第三方则是不特定的。

其次，竞业限制条款引起的诉讼并不都以商业秘密的损害作为必要条件。这是由于员工在新单位的任职导致商业秘密泄露几乎不可避免，而要证明侵权又十分困难。员工在新单位的任职和工作完全处于新单位所控制的场所，客观上确实无法消除员工在新任职单位期间泄露商业秘密的可能性，此外，很难证明此类侵权行为的存在。原单位想要获得新单位侵权的证据十分困难，单从新单位的产品来判断员工的泄密与否并不具备足够的可信度，这也是竞业限制条款存在的意义。当员工违反竞业限制条款从事相关的行业时，无论侵犯原单位的商业秘密与否，对于原单位利益的侵害都存在潜在风险。为了平衡劳动者的就业权和企业的商业秘密权而设置的竞业限制条款，可以从一开始就限制员工与新单位的实质接触，从而避免了对原单位商业秘密侵犯的可能性。与此相反，商业秘密保护条款则以存在商业秘密损害为条件。

最后，相对于商业秘密保护条款而言，竞业限制条款对于人才的流动性限制更大，对于市场的自由竞争机制阻碍更大。在美国，竞业限制条款在相关诉讼中通常会被宣告无效，从而促进员工的自由流动，促进知识和技能的传播，以及社会经济文化的发展。

劳动者能够不受限制地选择任职机构，推动信息和技术的高效利用，从而促进经济和社会文化的进步。

将竞业限制和商业秘密严格区分开，限制竞业限制条款的适用范围，防止企业对于竞业限制条款的滥用，从而平衡企业和员工之间的利益，这对于整个人才市场的稳定和流动性是有利的。但是由于我国知识产权相关从业人员还处于新型的人力资源阶段，自身的职业发展和建设与美国相关从业人员还有差距，所以不应完全废除竞业限制条款对于员工从业的限制，而是应当在保证员工权益的基础上合理确定对离职员工的从业限制，从而避免新企业利用员工无意透露的商业秘密发起不正当竞争行为。①

第二节　知识产权人才

一、知识产权人才的概念

知识产权人才是指从事知识产权管理业务的专业人员。知识产权管理业务，在内容上可划分为五大类：专利与商标的国内外申请、取得及维持管理业务；知识产权的转让、使用许可管理业务；知识产权的信息管理业务；相关知识产权合同的管理业务；知识产权的启蒙与教育培训管理业务；知识产权的纠纷处理管理业务；与研究开发技术部门、市场经营部门、律师及专利商标代理人、其他公司进行权利协调、协作、沟通的管理业务。在职能部门的划分上可归纳为七大业务管理部门：申请部门、纠纷处理部门、调查部门、信息部门、管理部门、补偿部门及其他部门。近年来，知识产权管理的中心已经从重视权利取得，逐步转移为确保企业竞争优势、降低企业成本、解决纠纷争议、促进技术许可与转让等方面。伴随知识产权管理业务职能的转变，对知识产权的人才要求也有所提升。

二、知识产权人才的条件

企业的知识产权部门不仅需要制定策略，还需负责策略的具体执行工作，可见，企业知识产权部门的人员需同时具备企划管理部门的"策划力"与业务部门的"执行力"。企业知识产权部门的人员组成一般包括调任的研发部门的技术人员与专业的法律人员。技术人员在知识产权法律知识方面的不足，可以通过自我学习，请教专业的法律人员、外部律师等方式进行弥补。知识产权管理业务不仅需要思考并判断企业的经营战略，比

---

① 陈颉科：《科技企业员工离职创业的效应分析及政策选择》，《科技管理研究》2012年第22期。

如是否进行专利申请，如何有效运用知识产权等等，还需将相关的战略进行落地执行。同时，企业建立的"三位一体"的管理体制，也要求具有高水平能力的知识产权人才与之匹配。而知识产权人才需要具备的综合能力，主要包括以下七个方面：①经营管理能力：不需要知识产权人才具有专业的经营管理知识，但其应可以站在经营者的角度进行思考，具备一定的策划与执行能力，并能利用"知识产权"联结企业的经营管理部门、研发部门、生产部门、销售部门等各部门，使企业的知识产权价值达到最大化；②掌握相关知识产权法律知识：著作权法、专利法、商标法及反不正当竞争法等法律法规；③具有一定理工科知识背景：能正确理解相关新技术；④知识产权相关技能：具备知识产权调查分析能力，制作、审查专利说明书及权利要求书等文件的能力，起草、审查知识产权合同的能力等等；⑤一定的语言基础能力：比如英语、日语等；⑥企划能力：具备冷静的决断力、严密的逻辑性、积极的创造性等能力；⑦执行能力。

第三节　知识产权人才的培养

一、知识产权人才培养目标

培训阶段可以让新员工迅速了解公司的章程和文化，使新员工适应新的工作环境和氛围，对新企业产生归属感，同时也能为在职员工提供教育资源，适时提升其专业技能，从而更加符合企业的发展需求。加强自身职业素养，以满足公司的发展需要。

但是由于员工的职位不同，专业素养不同，对于员工的培训需要多元化多层次的展开。举例来说，对于知识产权管理中的人力资源的培训，可以大致分为三个层次：①对高级管理人员，需要让其理解制定知识产权战略的意义；②对中层领导管理人员，需要加强知识产权的管理能力，让知识产权成为企业进步发展的动力源；③对普通职员来说，能当加强对其进行知识产权实务操作能力的培训，增进企业内部的创造力和实践能力。根据企业特点和员工职务不同，可以开展多样化的培训模式，包括轮岗、在职，使其对于经济市场发展和知识产权两者的联系、知识产权的应用和价值以及知识产权对于市场发展的贡献具有清楚的认知，为企业的发展提供驱动力。此外，按照公司特点和职员的不同，可采取教育、内部培训、外部培训或导师制等。新入职员工或是在业务上有新需要的员工都应接受培训。

以华为公司为例，华为的培训主要有两种形式：一是全员导师制。华为的导师能够将自身的思想、技术、经验等方面的知识全面传授给新员工。新员工也借助全员导师制的培训方式迅速掌握职业技能和经验，从而在最短时间内为华为创造收益。由于华为的员工在全国乃至全球范围内频繁变动，导师无须担心与新员工之间直接的利益竞争。华为良好的沟通交流氛围，无疑加快了华为的技术创新进程。二是加强内部培训的同时，也要重视外部培训的作用。华为公司和一些在电子智能科学技术专业享有盛誉的国内高校签署定向培养方案，即学生在校学习相关的科学知识和基本技能，毕业后可到华为公司享受其提供的就业补助，同时还能接受华为公司的内部培训，此后经过企业考核便可成为华为正式员工。这种培养方式有效地发挥了院校的尖端知识资源和学术理论资源的价值，为华为自身员工的培训夯实了实践和理论双重基础。合作可以享有丰富的人力资源储备，有利于华为在最短时间内以最低成本获取最理想的人力资源，大大节约了华为的人力资源成本，不失为是解决企业人力资源需求问题和社会就业难问题的良策。

如今，在大型跨国公司的发展战略中，知识产权战略已是十分重要的组成部分，他们更是不遗余力地培养知识产权人才。在知识产权人才的培养与管理方面，日本的精工爱普生公司是多数国际企业、研究机构的学习典范。在爱普生公司，知识产权教育包括知识产权法律知识普及教育与专业培训两方面内容。其中，面向不同层次或新员工设立的普及教育，具体内容有对新员工的中高级专利教育、对管理人员的专利教育与涉及海外的知识产权教育等。面向知识产权部门人员的专业培训，具体内容有三年在岗基础培训、海外培训、演讲与研修会等。此外，公司在内部设定了相关的认证资格考试，以此来促进全体员工相应水平的提高。

因企业的发展同其知识产权的发展同频，企业、公司的高层应更加重视知识产权部门优秀人员的吸纳与培养。据了解，爱普生公司的知识产权专职人才已近四百人，随着其专利数量的增加，其业绩也逐年增长。日前，越来越多的企业设立了面向全体员工的知识产权培育体系，以及面向特定对象的知识产权培训体系。

二、知识产权人才培养模式

1. 一般员工的培育

培训最重要也最基础的前提是确定符合参训员工水平的培训内容。面向全体员工的培训的内容应该是相对比较基础性的，主要是帮助员工树立知识产权观念，强化知识产权重点从"挖掘""取得"到"使用"的意识，了解著作权、专利、商标等的基础知识等。现在有部分企业将知识产权战略的相关管理能力增加进培训内容之中。在培训的方式上，主要是对新员工进行一至两周的知识产权基础培训，其中，培训的讲师一般由企业的知识产权经理或被聘请的外部专业人员担任。此外，企业也可制定实施定期培训制度，将内容分阶段层层深入。近年来，有部分大型企业安排其知识产权部门的负责人在子公司、研究所等举行年度的启蒙演讲，主要对本企业本年度的知识产权现状与前景进行介绍，并与员工展开交流，以此来加深本企业员工对企业知识产权的认识与认同感。

2. 特定对象的培训

面向特定对象的培训，特定对象主要包括企业的研发人员、经营管理人员、销售人员及知识产权人员。根据不同的培训对象，培训的内容与重点也有所不同。

（1）因经营管理人员主要从事根据本企业产品研发与知识产权状况确立相应经营战略的工作，所以，面向经营管理人员的培训，重点在于实现三位一体战略。以提高经营管理人员在正确、全面了解本企业所有知识产权状况基础上战略性利用知识产权的能力。面向经营管理人员的培训内容，应该是包含了技术、知识产权、经营管理等方面的综合性知识。

（2）面向研发人员的培训内容，应该包括如何书写专利申请书、如何进行有效的信息检索等，以增加研发人员除创造发明以外的能力。此外，还可以让研发人员一同参与企业知识产权的转让、许可及相关诉讼活动，以在实践中增强研发人员对知识产权的认识。

（3）企业的销售人员对于其在工作中获取的有关新产品的需求信息、技术改进信息及侵权信息，可以及时地反馈给企业的研发部门与知识产权部门，以便更有效地对本公司的知识产权进行保护。针对销售人员企业可以进行定期培训，在培训内容上应重点包括如何作出知识产权侵权判断及如何采取知识产权保护措施等。在具体操作层面，企业可以印刷相关的小册子发给销售人员自行随时学习。

（4）对于企业的知识产权人员，他们本身具备比较专业、全面的知识产权相关知识，因此，针对他们的培训，内容可以更加地专业化。例如，日本有部分大型公司对其知识产权部门的员工，进行为期半年的每日一问一答，有的企业在知识产权部门内部进行分级考试，有的企业激励员工进行律师、专利代理人、商标代理人等专业资格考试。另外，可对知识产权部门的员工培训知识产权以外的知识，促进其与企业其他部门员工的交流沟通与协作，以使其可以掌握与研究开发、经营管理相关的理论知识，更好地开展自身的知识产权业务工作。

第四节　知识产权人才的管理

一、人才的"三位一体"管理

发明等知识财产由人创造，也应由人来进行管理。知识产权创造、运用与管理的战略性实现，重点在于人。对于企业来说，仅仅依靠内部力量并不能制定高效的知识产权管理战略，寻求外部律师、专利代理人等人士提供的专业服务也是十分必要的。要实现"三位一体"战略，需要企业的研发人员、经营管理人员、销售人员、知识产权部门人员都具备一定的知识产权理论知识与实践经验。因知识产权业务具有高度的专业性，不可能全体员工都可以达到精通知识产权的程度，所以只需要求知识产权部门人员具备高水平知识产权能力，而研发人员、技术人员、经营管理人员以及销售人员只需具备与其工作相匹配的知识产权能力即可。例如，研究人员与技术人员，为创造出更具经济效益的发明，需要学习、掌握有关知识产权的取得与运用的知识。知识产权部门人员，为准确判断相关知识产权的价值，需精通专利发明等知识产权所涉及的理工科知识。同样，经营管理人员为在知识产权转让、许可等商业化过程中实现知识产权效用的最大化，需熟悉、掌握相关的技术与知识产权知识。因此，良好的知识产权人才管理制度，是实现研发战略、经营战略、知识产权战略"三位一体"企业战略的基石。

二、人才的激励制度

知识产权人才的管理，除知识产权的人才培养外，还包括知识产权人才的表彰与激励制度。知识产权人才表彰、激励制度，包括对专利发明者的奖励以及对不同层次从事知识产权相关工作的人员的奖励。

知识产权的创造是一切知识产权活动的基础。因此，表彰、激励专利发明者是重要也是必需的。具体的奖励办法可以采取企业内部表彰、颁发奖金、晋升职位、改善其研发条件等。例如，日本爱普生公司为提高研发人员的创作积极性，制定了一系列的奖励制度。公司员工申请专利的，可获得相应奖励，若该专利被实施、许可或转让的，专利发明人还会按比例获得相应收入的回报，专利实施带来的实际效益越大，该员工获取的奖励越高。因专利授权的审查所需时间较长，为此爱普生公司还设立了一个裁定委员会来对申请专利的价值做出评估，以保证发明人员（无论是否已离职或故去）可以及时地获取报酬。

对于新研发的技术，除申请专利外，还可能被作为技术秘密进行保护或将其作公开化处理。对于后两种情形，为使创造者继续保持创新创造的积极性，同样也应重视对该发明者的奖励。在企业改善内部知识产权管理制度中，此制度也是一个十分重要的环节。此外，为提高知识产权部门的其他人员、销售人员等的工作积极性，不具有与专利发明者的落差感，企业还应对发明者之外的其他相关人员，制定相应的表彰制度。当然，为了表彰、激励制度能够落地执行，企业还需建立客观、公平、合理、透明的评价标准。例如，腾讯公司在依据发展战略、技术分类、技术规避、行业影响与市场价值五个方面指标的基础上，将申请专利的质量划分为 A、B、C 三个等级，再结合专利评审评级的不同，对发明者进行有层次的物质、精神奖励。

三、人才的充分利用

培养知识产权人才，需要企业投入大量的时间与金钱成本，发明专利的创造与利用能力在短期内无法养成，特别是有海外业务的企业。因为在可能进行专利国际申请时，因制度、语言、文化等的不同，对知识产权人才要求更高。因此，企业可以选择从外部招聘具备相应能力的知识产权人才。其实，为了高效开展知识产权业务，寻求外部律师、专利代理人等专业人员的协助本就是一个优选。企业与外部律师事务所、专利代理机构开展良好的合作，对于企业知识产权战略的实现是十分有益的。

第十章　知识产权诉讼

第一节　知识产权诉讼程序

一、知识产权诉讼概述

新中国成立之后，直至 1979 年 7 月份，我国通过并实施了《中华人民共和国中外合资经营企业法》，从而在立法层面首次确认了知识产权。随着后来《商标法》（1982 年 8 月）、《中华人民共和国专利法》（1984 年 3 月）和《中华人民共和国著作权法》（1990 年）依次问世，知识产权迎来了自成立之后发展的第一次高光时刻。不光立法上认可了知识产权，司法也加大了对知识产权的关注力度，尤其体现在司法机关内部机构的改变上。例如，在 1993 年，北京市法院最先掀起了法院内部组织改革的热潮，先后在北京市中级和高级人民法院设立知识产权审判庭。随着知识产权的发展形势不断向好，天津、上海、江苏等地人民法院也依次在法院内部设立了主审知识产权诉讼纠纷的法庭。近年来，最高人民法院进行了机构改革，将最初的知识产权审判庭更名为民三庭。1993 年以前，我国法院审理知识产权案件的做法是将受理的知识产权诉讼纠纷案件主要交由经济法庭（主要审理商标和专利纠纷案）和民商事法庭（主要审理版权纠纷案）审理。

纵观近年来人民法院审判改革的历史，我们不难发现，其中一个较为显著的特点就是审判格局不断扩大，从之前的"小民事"发展到如今的"大民事"。具体到司法实践上，自 1993 年之后，最高人民法院变原来的知识产权审判庭为民三庭，除了受理知识产权民事案件之外，不再受理其他民事案件。另外，与知识产权有关的刑事犯罪案件和行政违法案件，由刑事法庭和行政法庭分别审理。我国在 1996 年 7 月份举办了国内首次关于审判方式改革的会议。一年之后，以《最高人民法院关于民事经济审判方式改革问题的若干规定（以下称《若干规定》）为代表的相关司法解释发布。为了配合改革的需要和凸显改革的重要性，最高人民法院加大了司法工作力度，于 1999 年出台了《人民法院五年改革的纲要》（以下称《五年纲要》）。上述文件凝结了知识产权案件审判工作经验，有极大的指导和规范意义。

也有观点认为，国内司法机关以及越来越多的国外司法机关都不断认识到司法改革的必要性，在民商事领域，相关改革方案有条不紊地得以落实。改革如此如火如荼地进行，是什么在背后提供价值引导？或者说，驱动此次改革的内在动力是什么？正是法律的本质所在——正义。紧紧围绕这个核心的法律价值，我国从四个角度展开了民事审判改革：第一，强化庭审阶段的作用；第二，推行审案法官的责任制度；第三，坚持人民法院公开审判的诉讼原则；第四，完善民事案件的证明制度，细化证明标准。作为审判改革中的重要内容，如何完善知识产权案件的审判方式引发了司法界的关注。通过走访上海、广州等国内知识产权案件审理数量较多的城市，笔者了解到在这些城市法院中，多数主审知识产权案件的法官认为此次知识产权案件审判方式的改革是较为成功的，同时对此给予了较高的期待。在以这些法官为代表的司法实务工作者的推动下，国家又颁布了更多的有关规范审判工作的司法文件。比如，北京市第二中级人民法院发布的《证据规则》和《合议庭评议案件规则》，北京市高级人民法院发布的《关于知识产权审判改革的几点意见》和《关于发回重审、改判标准问题的几点意见》，以及上海市第二中级人民法院发布的《出庭须知》等文本旨在通过梳理最高法有关知识产权审判改革的司法解释要旨，同时结合地方法院审判工作文件和经验，为读者还原我国知识产权案件客观的审判现状，对其进行评述，并提出自己的思考。

二、知识产权案件的审理

1. 立案阶段

知识产权案件在性质上仍应当归属于民事案件的范畴，因此，当有关纠纷发生时，当事人选择通过民事诉讼解决纠纷的，应当先向法院起诉，启动立案程序，在立案时应当适用法院关于审理民事案件相关的诉讼程序规定。

人民法院在收到原告当事人的口头起诉或者书面起诉状之后，应当在法定期限内对该诉状审查，根据审查的不同结果决定是否立案。在此过程中，人民法院要严格遵循民事诉讼法的具体规定，除此之外，还要具体分析个案情况，参考最高法发布的有关审理知识产权案件管辖的司法解释，确保该案件属于人民法院的管辖范围之内。根据相关法律规定，知识产权案件应当由中级以上人民法院管辖，意即在法无例外规定的情形下，基层人民法院不得受理知识产权案件。在理清了上述人民法院关于审理知识产权案件时的主管范围之后，还应当注意到民事诉讼法中关于地域管辖的具体规定。

多数知识产权纠纷是由于行为人侵犯他人合法的著作权、专利权和商标权引起的，因此，此类案件可以视为是一种侵权纠纷，而民事诉讼法中对此做出了专门规定，即侵权案件纠纷的管辖权，归属于侵权行为地或者被告住所地法院。其中，侵权行为地具体分为侵权行为发生地和侵权结果发生地。此处的侵权结果发生地，应作狭义理解，仅指直接导致的结果发生地，不包括间接导致的结果发生地。实务中，非法销售侵犯知识产权商品的案件多发，这里以此类案件出发来解释上述规定。在该类案件中，原告有权选择销售者或制造者作为诉讼被告起诉，但若原告仅起诉制造者的，而产品的销售地和制造地又不处于一个地方，法律规定此时案件管辖权归属于制造地（被告住所地）；若原告同时起诉销售者和制造者，即将两者作为共同被告起诉，则销售地法院取得管辖权。这样区分的意义在于，原告能够更为便利地维护自己的权利，例如原告可以选择当地知识产权审判经验较为丰富的中级人民法院，再如原告可以选择距离较近的、交通较为便利的法院起诉。

2. 举证阶段

举证首要解决的问题就是证明责任的分配问题。所谓证明责任，是指根据法律或者司法解释的规定，对于某一事实应当由谁提供证据证明。如果该事实处于真伪不明的情况下，由谁承担不利后果。证明责任的分配一般遵循"谁主张，谁举证"的原则。据此，当事人在人民法院受理案件之后，应当提供相关证据来证明自己的主张成立。该原则也被《若干规定》和《五年纲要》所采纳。前者在承认上述原则的基础之上，还强化了人民法院对当事人的释明义务，告知当事人应当提供证据证明其主张。除了当事人收集证据之外，人民法院应当依职权调查证据。为贯彻落实审判公开的诉讼原则，这一《证据规则》明确指出，诉讼过程中当事人提供的证据，应当由人民法院进行审查，并依法由双方当事人进行质证并公开。但该证据涉及国家秘密和商业秘密的除外。

3. 庭前准备

此阶段应重点进行如下工作：如果案件经审查需要开庭审理的，可以要求当事人交换证据，明确争议焦点和双方当事人的诉讼权利和义务。如果此时任何一方当事人发现审判人员存在法定回避事由，如与本案有利害关系、与本案当事人有不正当行为等，可以在案件审理时申请回避，以避免审判人员私下会见一方当事人等可能影响公平审判的情况发生。之所以要求当事人庭前交换证据，是为了使案情更为明晰，及时了解案件信息，明确诉讼焦点，避免当事人在法庭上证据突袭，维护程序正义和实体正义。

为了规范在这一阶段当事人的诉讼行为，一些地方法院制定了内部文件。例如，成都市中院内部《庭前准备程序规则》指出，当事人不得在庭前准备通过重复证据交换的手段来妨碍诉讼正常进行，否则，法院应当予以制止。如果一方当事人没有在庭前准备阶段进行证据交换，在后续庭审阶段不得以此为由拒绝质证。此外，为了防止证据突袭，当事人应当在庭前准备阶段互相交换证据，未经互相交换的证据，当事人如果将该证据作为庭审质证的证据，对方当事人可以以该证据未经互相交换为由主张抗辩，拒绝质证，而且可以申请法庭延期审理，相关费用由另一方当事人承担。整个庭前准备阶段的工作内容应当有书记员记入审判笔录。

4. 庭审阶段

《若干规定》将庭审阶段具体细分为八个阶段，从第一个阶段宣读诉状至最后一个阶段质证结束。

在这个过程中，审判长应当在调查阶段之前，针对当事人的争议焦点和已经认证的事实加以分析、整理和归纳。当事人就争议问题争执不下使得诉讼进程受到阻碍，合议庭审判人员应当加以引导。在法庭辩论阶段，合议庭应当充分尊重当事人的辩论权利，由当事人就案件纠纷、责任承担等问题进行辩论，合议庭审判人员不得参与其中，干扰当事人的辩论。所有上述这些规定，无一不体现出尊重双方当事人的诉讼主体地位，法官仅仅需要扮演好居中裁判的独立第三者的角色，听取诉辩双方的意见，引导庭审活动依法有序进行，并作出一个公正的裁判。随着现今网络媒体技术的不断发展和进步，一些主流电视媒体会将知识产权案件的庭审现场进行网络直播，这也是发扬审判改革中公开审判精神的重要途径。

不得不提的是，由于电视网络直播的自身的一些特性，不可忽略其影响案件诉讼程序正常开展的可能性。举例来说，当一起知识产权案件正处在庭审阶段，如果此时一方当事人有证据证明对方当事人的诉讼主体不适格，依照法律规定，法官应当中止诉讼，但是这样处理的结果将会导致网络直播的时间冲突，法官基于这种考虑，极有可能违反法定程序，坚持继续审理。虽然网络直播庭审这种新型的审判形式受到了人们的一些质疑，但不可否认的是，它确实为普通民众更为便利地目睹庭审现场提供了有效途径。

5. 证据的认定和审核阶段

我国目前并没有专门制定关于证据的法律，也很难在《民事诉讼法》中找到有关证明标准的规定，因此，在最高人民法院出台的《若干规定》中，针对证据的认定这一饱受关注的问题给予了有力回应，专门列明了九个条文加以规定，这也成为今后民事诉讼中的基本证据规则。一般来讲，法官在庭审阶段就要完成对证据的认定和审核。证据经过质证以后，如果达到了证明标准，法官就应当认定该证据。这就要求法官具备出色的业务能力，能够及时快速的判定证据的有效性；能够明辨是非，对证据和非证据加以区分。尤其是在当事人提出了较多且复杂的证据的情形下，法官优秀的专业能力和素养就显得极为重要。有观点认为，上述提及的九条规定中的若干条款或多或少地给予了审判人员自由新证的权利，这能够极大地促进其主观能动性的发挥。事实上，《若干规定》中的第二十三条并非裁量性条款，而是一个羁束性条款。该条规定，如果一方当事人无法针对对方当事人的举证进行反驳，此时是法官可以综合全案情况对其加以认定。但是，如果旨在避免法官进行自由心证，加强诉讼主体双方的证明责任，这条规定就存在明显的不足。应该将"可以"修改为"应当"，变其裁量性为羁束性。

6. 合议阶段

法院的庭审，原则上实行的是合议制度。根据《若干规定》，要求合议庭组成人员共同参与案件的审理，对案件的证据、事实、法律适用和判决等承担共同责任。根据《五年纪要》规定，要贯彻落实审判长选任制度，案件一般应当由合议庭审判，但是合议庭认为的重大疑难案件，应当经过法定程序由审判委员会讨论决定。法院院长、合议庭庭长不得擅自更改合议庭的判决。

从上述两份司法文件中不难看出，制定者不仅认可了合议制度的优越性，而且也清楚地看到了现今合议制度中存在的程序性以及实体性问题。司法实务中，知识产权案件通常由3~5人组成的合议庭审理，除法律另有规定的情形外，一般不实行独任制。在诉讼中，法院一般会指定一名经验丰富的审判员作为主审人员，在实行合议制的情形中，会另行指派两名审判员和一名书记员加以配合。一般是由该案的主审法官制定案件的判决书和结案报告，但是该法官应当组织其他审判员集体讨论和评议，依少数服从多数的民主原则进行投票，形成最终意见。

只要依照上述程序进行，合议程序和结果就是合法有效的。但在实践中，合议庭中的独裁现象频频发生，民主讨论意见被个人武断定论所蒙蔽，导致法定合议制度变成了一纸空文。笔者认为，产生这种现象的一个重要原因在于，最高人民法院的司法解释中并没有规定合议庭具体的合议形式以及合议庭审判人员的责任，而只强调合议庭拥有的审判职能。

7. 裁判文书撰写

根据《五年纲要》的精神，要求加快审判改革的节奏，同时也要保证判决书合法有据。改革要加大在质证阶段对证据可采性的认定力度，提升判决逻辑连贯性和可论证性；要求判决书反映裁判过程，且裁判的根据和理由应当公开，以此向社会公众传达司法正义的价值观，引导公民对司法的信任。判决文书应当成为诉讼当事人双方有所预期的对象，是整个诉讼程序的尾声阶段。审判人员应当纵观整个诉讼阶段的进程，分析事实，依据法律，形成自己的审判观点和意见，并将其体现到判决书中。这份裁决书，不仅事关双方当事人的利益，更事关人民法院的司法权威，它是以国家第三方的强制力息讼宁人。司法文件所要表达的正是这两条要旨：一方面，客观陈述说理，为的是依法办案，防止主观臆断；另一方面，以法服众，树立公众的法治信心。

通过阅览近些年来热门知识产权案件的判决书，笔者发现，判决书的质量较之以前有明显的提升。法官的主观意识色彩渐渐褪去。尽管法官在书写判决书时仍不免存在个人裁判风格，但这种个人风格是应当予以认可的，因为它是在法律的框架内的"小个性"，而不是法官主观臆断的"小任性"，表达了法官对案件是非的态度。不少法学学生、法律爱好者为了锻炼案例分析的能力，通常会挑选高质量的裁决书进行研习，多数学者也往往对影响力较大的案件的判决加以分析，借此来提升自己的学术威望。但是，并非所有的裁决书都是合法正确的，由于它无法摆脱法官主观意识的判断的局限性，很有可能对法律的适用或者事实的认定存有瑕疵。因此，读者们在研习判决书时，应当保留自己的法律理性。

三、判决书

1. 判决书的作用和价值

每一份判决书的判决结果都应该实现双方当事人的利益。是否通过法院的审判解决案件纠纷，当事人有很大的选择空间，最终的审判结果将对其实体利益产生极大影响。所以，法官在审判案件的过程中，应当做到如下要求：按时审判、客观审判、有效审判，优先考虑当事人的诉讼利益。因此，法官在案件的判决书撰写阶段，应当重点关注当事人诉讼请求和案件自身的审理，其次考虑案件的审判结果对社会公众的价值引导，绝不可将两个方面本末倒置。社会是人的集合体。司法的公正正是在具体的个案中得以体现和落实的。一个案件的最终裁决能否实现真正的公平，不能仅由法官来衡量，更要适当参考当事人的意见。应当肯定目前我国判决书的公正性，但也不能忽视其中部分判决书所蕴含的不足。尽管当事人最关注的内容是判决的结果部分，然而判决书中的论理部分也有其存在的意义，绝不能认为该部分可以省略。而这正是目前我国判决书很大的漏洞。很多地方法院编写了不少有参考意义的知识产权案件判决书合集，最高人民法院同样发布了许多优秀判决书。不得不承认，这些措施对于走出上述困境具有一定的意义，特别是在知识产权案件中，法官在面对法律并未明文规定的新型案件时，例如网络著作权纠纷、网址链接和网站域名等网络纠纷案，往往能够通过细致的推敲和分析，制定出公正的判决。所以，为了有效提高我国司法判决书的质量，就要坚决维护司法审判的独立性。

2. 判决书的制作

判决书固然重要，但它绝不是支撑司法良好运营的唯一支柱，也绝非最重要的支柱。法学家们为了了解时事司法动态和司法实践情况，会研读一些判决书，并做出自己的分析和评价，这种分析和评价常常用作对当事人权利的受保障程度和法官业务能力以及职业操守的评价标准。因此，判决书的重要性和作用越来越受到人们的关注。事实上，虽然判决书承载了对当事人权利义务的分配，但是判决书的分量并非想象中的那么重。上述情况是针对普通的民事纠纷而言。在知识产权案件中，受理此种案件的法官总是能够接触到新知识和新科学，他们为了判案的需要，就不得不相应地提高自己的专业知识。

关于完善合议制度的举措也在《若干规定》中得到体现。审理案件，应当由合议庭审判人员共同参与，对证据的认定、事实的判断、相关法律的适用和最后的判决共同负责。采取这种举措有很大的优势，就是有利于把控案件的审理质量和效率，让法官认识到对自己和当事人双方负责的重要性和必要性，从而有效避免审判结果事先论定的情况以及庭审阶段和合议阶段的形式化的情况发生。所以要完善合议制度，充分保障法官独立行使审判权。

第二节　案例分析

案例一："陆风越野车"外观设计专利权无效行政纠纷案

1. 案情

原告：江铃控股有限公司；被告：国家知识产权局专利复审委员会；第三人：捷豹路虎有限公司、杰拉德·加布里埃尔·麦戈文。

涉案专利系名称为"越野车（陆风32车型）"、专利号为201330528226.5的外观设计专利，专利权人是江铃控股有限公司（简称江铃公司）。本案专利涉及陆风32车型的越野车的外观设计，江铃控股有限公司（以下称"江铃公司"）对其享有专利权。杰拉德·加布里埃尔·麦戈文（以下称"麦戈文"）和路虎有限公司（以下称"路虎公司"）认为该专利与专利法第二十三条的规定不相符合，因此申请国家知识产权局专利复审委员会（以下称"专利复审委员会"）认定该专利无效。专利复审委员会经过审查，认为由于上述专利与现有的外观设计在设计的外观视图效果上并无显著区别，违反了专利法第二十三条第2款的规定，认定该专利权无效。

江铃公司对专利复审委员会的无效认定不服，以专利复审委员会为被告向人民法院提起行政诉讼。经审查，本案一审法院对下列事实加以认可：本案外观设计专利的进气口、贯通槽、倒U形护板、辅助进气口、前后车灯、车牌棱边形状和雾灯等部件，经过与现有外观设计的对比后，存在明显的视觉差异，该差异能够影响越野类型车辆的整体外观，且足够让普通消费者将现有外观设计与本案专利的外观形状加以区别。尽管两者存在一定的相似之处，但是该相似之处相较于两者的差别的分布程度较低，在很大程度上无法影响专利产品的外观视觉效果。基于上述因素的考虑，一审法院判决撤销原无效的行政决定。

麦戈文、路虎公司和专利复审委员会对上述判决不服，提出上诉。二审法院在审理期间，对陆风越野车外观整体进行的审查，认为该车的外观设计专利与现有设计在核心装饰部件的布局和外观立体形状方面具有很大的设计空间，且针对这两方面，两者所具有的相似程度较高，对外观整体设计影响较大。然而，该车外观的其他部位的设计的不同之处不容易为普通消费者所察觉，况且该不同之处对外观整体设计仅仅产生了略微影响。此外，虽然该车外观设计专利和现有设计确实在车辆前部和后部的设计效果方面存在显著的差异，能够使普通消费者对上述两处局部设计加以区别，然而这两处不同的局部设计比之于其他相同局部设计占车辆整体设计比重过小，无法对车辆外观的整体视图产生明显的影响。

2. 案例评析

这起案件经过了专利局行政无效确认、法院一审和二审程序，案情比较复杂，具有的外观专利设计的因素较多，因此饱受社会关注。结合法院的观点，不难看出，二审法院细致论述了区分涉案专利和现有设计的具体思路和方法，即"综合评价，整体分析"。另一方面，在对两者区别的过程中，不应局限于专利利害关系人的角度，而应从对广大的普通消费者的消费立场出发，结合涉案专利的整体设计和能够对整体设计产生作用的各个因素，研究产品的局部设计对于专利外观影响程度的比重，进行综合判断。

关于认定局部设计对整体设计的影响程度的方法，法院认为，应当基于普通消费者的朴素的认知能力和感觉，考察该部位的设计在整体外观设计中所处的部位以及该部位能否被普通消费者所察觉，还应当研究该部位的设计在现有设计中重复的次数，结合该部位设计的作用、可观赏性和设计理念等要素，分析所有部位设计对整体设计效果影响的比重。本案二审法院所运用的"综合评价，整体分析"的方法，将在很大程度上引导汽车产业的设计理念与法律的设计标准相吻合。特别是在目前国家鼓励创新、支持创新的大背景下，国家越来越重视对知识产权的保护，因此，相关产业企业就必须创新企业发展理念，推进创新发展，才能不断走出一条新型发展道路。

案例二："华源医药及图"商标行政纠纷案

1. 案情

原告：安徽华源医药股份有限公司；被告：国家工商行政管理总局商标局；第三人：易心堂大药房连锁股份有限公司、上海健一网大药房连锁经营有限公司。诉争商标为第 11988470 号"华源医药及图"商标，该商标经由华源医药股份有限公司（以下称"华源公司"）在 2013 年 1 月提出申请并予以注册，其商标类型归属为药品销售服务。之后，国家商标局依照《新增服务商标的通知》（以下称"通知"）中第四项关于过渡期的规定，对于本案争议商标，制定了一份《同日申请协商通知书》（以下称"协商通知书"）。华源公司收到协商通知书后，对该书的内容存有质疑，诉至法院，请求法院认定上述通知第四项内容的法律效力以及撤销上述协商通知书。

一审法院经审查，认定通知中的第四项规定的过渡期缺乏法律依据，判决撤销协商通知书，国家商标局应当对涉案商标再次审核。商标局对此判决不服，进而上诉至二审法院。在协商通知书中，本案涉案商标，即"华源医药及图"的商标被认定为和引证商标一、二在同一天提出了申请。据此，二审法院认为，该结论显然侵犯了《商标法》第三十一条第 1 款赋予华源公司的权利，在很大程度上严重影响了当事人对该商标的申请，该行政行为符合"成熟性"标准，因而可以对该行为进行起诉。第四项内容违反商标法第三十一条的法律规定，违法内容表现为第四项把"一月一日和一月三十一日"混为一天，这样的做法实则是新添设了关于商标申请的法律制度，与商标法第三十一条严重冲突，属于内容违法。因此，无法找到该协商通知书的法律支撑，对该行政行为应当认定违法。然而，如果仅仅简单地撤销该协商通知书，不仅无法使纠纷得到妥善的处理，而且会侵害到社会公众利益，因此，二审法院最终判决撤销一审判决，认定协商通知书违反法律规定。

2. 案例评析

新修订的行政诉讼法规定，公民在提起行政诉讼时，可以对该诉讼案件所涉及的规范性文件一并申请法院进行审查，该规定很大程度提高了我国行政诉讼法的合理性。正是基于上述规定的考虑，本案首次确立了在审理知识产权案件的过程中对行政法律文件的合法性进行审查的做法，不但促进了知识产权制度的完善，同时也督促行政机关规范行使行政权力。值得关注的是二审法院的做法，具有很大的借鉴意义，主要体现为二审法院在审理知识产权纠纷过程之外，附带在理论层面丰富了行政行为"成熟性"和"非成熟性"的区分标准，准确适用相关法律规定，从而否认了协商通知书的合法性。此外，二审法院还整体审查了协商通知书的实施效果和社会影响，尽管否认了其合法性，然而并没有将其撤销，而是考虑到社会相关公众的商标申请利益和社会的稳定发展，从而做出以上判决。这起案件性质上虽然是一起知识产权案件，但其对行政诉讼法的准确理解，势必会推动行政诉讼制度的完善。

案例三："嘀嘀嘀嘀嘀嘀"商标申请驳回复审行政纠纷案

1. 案情

原告：腾讯科技（深圳）有限公司；被告：国家工商行政管理总局商标评审委员会。诉争商标为第 14502527 号"嘀嘀嘀嘀嘀嘀"（声音）商标。2014 年，深圳腾讯科技有限公司（以下称"腾讯公司"）向国家工商总局商标评审委员会（以下称"商标评审委员会"）提出商标注册申请，请求将"嘀嘀嘀嘀嘀嘀"的声音注册为商标，并请求将该商标类型归属为网络视频、信息传播服务。经审查，商标评审委员会认为该声音无法与其他相似声音加以明显区分，不具有独特性，驳回了该声音商标的注册申请。

腾讯公司对该声音商标注册申请的驳回决定不服，诉至人民法院。在一审诉讼中，法院审查认定了下列事实："嘀嘀嘀嘀嘀嘀"的声音系由腾讯公司在很长时期内用于其制作的网络聊天软件 QQ 内的新消息发送时的提示音，且在网络聊天社交领域受到了广泛的网络用户的认可和喜爱，具有相当大的影响力和传播度，并与腾讯公司和 QQ 产生了极其密切的关联性。基于上述事实的考虑，一审法院认为，该"嘀嘀嘀嘀嘀嘀"声音具有明显的独特性，商标评审委员会所做的决定的内容与事实不符，因此判决撤销该决定。案后，商标评审委员会对一审法院的判决不服，上诉至二审法院。

二审法院经审查后，认为涉案商标"嘀嘀嘀嘀嘀嘀"的声音的内容仅仅由重复且相同的"嘀"声构成，过于单一，一般看来，不足以使相关公众将该声音与其他类似声音作为一种软件服务提示音进行辨别，因而不具有显著性特征。只有该声音达到足够使相关公众加以辨识和区分的程度时，才能依法予以注册。结合具体案情和腾讯公司的举证证明，由于"嘀嘀嘀嘀嘀嘀"声音长期以来被腾讯公司作为 QQ 社交网络软件的消息提示音使用，能够使一般网络用户辨别出该声音的出处和功能，因此，可以认定该声音在网络社交软件的信息提示服务方面具有显著性，对其在相关服务范围内作为商标使用予以核准注册，超出该范围使用则不予认可。综上，二审法院并没有判决撤销一审判决，而是维持了其判决并在适用法律和事实方面予以适当纠正。

2. 案件评析

这起案件是人民法院受理的第一个关于声音商标注册的案件。在 2013 年，商标法进行了一次较大的改动，这次修改的内容最值得关注的地方在于，不再要求商标具有可视化的标准，这无疑扩展了商标的类型范围，间接承认了包括声音等在内的只要是足以和其他商品或服务区分开来的标志均可以被注册为商标的事实。充分满足了各类市场主体的商标注册需求，同时也极大地给予了已获商标注册的权利人平等保护。新修订的商标法取消了以往对商标具体要素的限制，今后在商标注册的审核过程中，受申请注册的商标只要达到了商标法对于可注册商标规定的法律标准，就应当一视同仁，平等地予以审查注册，不得再以不具有可视性为由否定其他类型的商标。结合本案分析，我们不难看出，法院改进了对商标显著性特征的认定标准。二审法院的判决明确提出，经过一段时期使用且取得显著性特征的商标，对其审查应当以是否能够特定化为标准，杜绝一概认定为非法商标的做法。该司法审判的结论将会促进新型商标注册审核制度的完善。因为该案涉及的商标是社会公众广为熟悉的 QQ 软件消息提示音的"嘀嘀嘀嘀嘀嘀"声,因此这起商标注册案备受瞩目。

案例四:"一种无线局域网移动设备安全接入及数据保密通信的方法"发明专利侵权纠纷案

1. 案情

原告:西安西电捷通无线网络通信股份有限公司;被告:索尼移动通信产品(中国)有限公司。涉案专利系名称为"一种无线局域网移动设备安全接入及数据保密通信的方法"、专利号为 ZL02139508.X 的发明专利,专利权人为西安西电捷通无线网络通信股份有限公司(简称"西电捷通公司")。

本案诉争专利是关于无线网络设备接入及数据保密的方法,其权利人是西电捷通网络通信股份有限公司(以下称"捷通公司")。在 2003 年和 2006 年,国家质监局分别发布了《无线局域网媒体访问控制和物理层规范》和 GB15629.11-2003/XG1-2006 标准。捷通公司于 2003 年向国家信标委提交了《关于两项国家标准可能涉及相关专利权的声明》。

这份声明称,如果能够满足合理条件和时期的要求,捷通公司愿意在其拥有的权利范围之内和其他适用上述两项标准的专利申请人就专利许可事项进行协商。之后,2009 年到 2015 年期间,捷通公司和中国索尼移动通信产品(中国)有限公司(以下称"索尼公司")就上述事宜和相关问题经商讨后未能促成一致意见。此后,捷通公司认为索尼公司制造的手机产品涉嫌专利侵权,因而向人民法院提起诉讼,诉请法院判决索尼公司停止侵权行为,终止一切侵犯其专利的手机制造业务,并承担相应的侵权赔偿金。一审法院支持了捷通公司上述诉讼请求。

索尼公司不服一审法院作出的判决,向二审法院提起上诉。二审法院经审查认定诉争专利同于上述两项标准,未经捷通公司的专利许可,索尼公司擅自使用该专利方法生产、销售手机,因此在事实上存在专利侵权行为。但是,索尼公司在生产手机过程中,并没有使用 AP 与 AS 设备,而且也不存在诉争专利的直接实施者,所以索尼公司的上述行为可不予认定为帮助侵权行为。关于必要标准专利的授权许可,双方应当基于诚实信用的原则进行协商。在本案中,当事人双方从未有过官方的专利许可授权协商行为，其主要过错责任应归咎于索尼公司，据此，二审法院认可了一审的判决结论，最终做出驳回上诉，维持原判的判决。

2. 案件评析

由于网络通信产业本身存在的特点，其对于产业效率和通信速率两方面有着很高的要求和标准，因而该产业内部的技术高标准化需求过盛。以此为背景，目前国内和世界上多数国家和组织制定的技术标准不胜枚举，在这些技术标准中，常常蕴含了很多发明专利，而且上述技术标准是手机通信设备生产的重要参考内容，这也是如今标准必要专利受到通信产业高度重视的原因，在这个过程中，也同时引发了很多专利侵权纠纷。

标准的制定和实施在整个标准的制定环节中是较为重要的一环，因此，为了保证这个过程顺利进行，就要求如果标准必要专利权利人基于自愿而承诺对标准化组织许可授权，就必须在公平、合理、没有歧视的条件下和标准实施者进行协商，实施者能够据此期待在以后的许可谈判中受到合理待遇，这也会在一定程度上约束专利权的行使。因此，在责任承担和侵权认定以及其他相关方面，必要专利侵权案件就不同于一般专利侵权案件。上述这起案例作为我国第一个被终审判决确定为标准必要专利实施者侵权案，是少见的由中国企业享有标准必要专利并获得胜诉判决的案件。此外，该案完善了标准必要专利侵权案件的审理规范和责任承担，也丰富了比较侵权行为、颁布禁令、认定过错和间接侵权等行为判断的司法经验。

案例五："斐乐"商标侵权纠纷案

1. 案情

原告：斐乐体育有限公司；被告：浙江中远鞋业有限公司、瑞安市中远电子商务有限公司、刘俊、北京京东叁佰陆拾度电子商务有限公司。

斐乐体育有限公司（以下称"斐乐公司"）于 2008 年获得了"FILA"相关注册商标在国内的独占使用权。经过不断地宣传和推广，"FILA"相关注册商标已经在世界范围内远近闻名。在 2016 年，斐乐公司在经营过程中，偶然发现瑞安市中远商务有限公司（以下称"中远商务公司"）和浙江中远鞋业有限公司（以下称"中远鞋业公司"）分别于包括淘宝等在内的线上平台和线下平台销售带有与斐乐公司独占使用的"FI-LA"商标极为相似的商标的商品鞋。经核查，刘俊同时分别担任中远商务公司、中远鞋业公司的法定代表人，以及以"GFLA 杰飞乐"为代表的相关商标的注册申请人。此外，斐乐公司还了解到刘俊曾与上述公司一同实施了销售、宣传带有斐乐公司注册商标的鞋类商品的侵权行为，应当与两家公司一同承担连带侵权责任。在掌握了上述事实和线索之后，斐乐公司以商标侵权为由，向人民法院提起诉讼，请求法院判决被告停止实施侵权行为并承担相应金钱赔偿责任。

一审法院经过调查之后，认定了中远鞋业公司和中远商务公司曾在没有取得商标注册权人利斐乐公司的授权的前提下，擅自在其生产、销售的鞋类商品上标注"FILA"系列注册商标的事实，符合商标侵权行为的构成要件。作为相关市场的行业经营者，上述两家公司明知"FILA"系列商标专用使用权利人为斐乐公司，仍然将该商标用于其名下商品的生产和销售业务，于线上和线下平台的销售数额巨大。此外，以下事实也可证明上述侵权行为的存在：在 2010 年，国家商标局就曾经驳回了三位被告人提出的与涉案商标相近似的商标注册申请。由此可知，三位被告早在当时就对涉案商标有所窥探。根据以上案情可知，在明确认识到侵犯争诉商标专用权的行为之后，被告仍然对其进行使用，并给消费者进行错误的消费引导，使消费者混淆了商品的来源。由此可见，被告存在主观过错和侵权行为，据此应当根据其侵权行为所获利润之三倍数额进行赔偿。经审查，一审法院做出如下判决：被告立即停止侵权行为并承担 791 万元的损害赔偿责任。

被告不服此判决，向二审法院提起上诉。二审法院维持了一审判决。

2. 案件评析

由于实践中存在侵权行为成本低和赔偿数额较小的现象，我国于 2013 年从立法层面对商标法进行了修缮，修改了第六十三条第 1 款，从而第一次明确了商标侵权行为的惩罚性赔偿数额和标准，有利于加强知识产权的保护力度。在此前，实务界对商标法中的"情节严重"和"恶意"的含义各有看法，使得很少能适用该条款。而上述这起案件恰是对该条款内涵界定的黄金标尺，意义重大：明确了商标法第六十三条的"情节严重"和"恶意"，判决中写道：争诉商标的侵权行为人在明知使用的是未经权利人许可的商标，且曾因该商标申请和在先商标近似而被驳回，同时也是该商标指向商品的同行业经营主体，而继续在其制造的商品上使用近似的商标，因该侵权行为所获利润巨大，应当认定为存在明显的主观恶意，其侵权行为达到了情节严重的程度，据此应当按所获利润额之三倍承担赔偿责任。

在诉讼过程中，为了明确被告因侵权行为所获利润的数额，当事人向法院申请核查侵权行为人的店铺的销售额和其提供的财务报表，法院批准了该申请。这起案件将会明显提高商标侵权行为的成本，加大对该行为的惩处强度，为以后的商标侵权赔偿案件树立了尺度和标杆。

案例六 "泰囧" 不正当竞争纠纷案

1. 案情

原告：武汉华旗影视制作有限公司；被告：北京光线传媒股份有限公司、北京光线影业有限公司、北京影艺通影视文化传媒有限公司、北京真乐道文化传播有限公司、徐峥。

影视作品《人在囧途》于 2010 年上映，受到了大众的喜爱，也收获了较高票房，其影视中的配乐、剧本和电影本身等相关著作权的权利人为华旗影视有限公司（以下称"华旗公司"）。由于该电影市场效果显著，华旗公司开始了该系列片第二部的拍摄，委托剧本创作者完成剧本写作工作并签订了合同，约定剧本创作完成后，其著作权归公司所有。后来，华旗公司内部一名工作人员通过邮件的方式将该剧本初稿发送给了徐峥。

一年后，华旗公司将该影视系列片第二部《人在囧途 2》向广电局进行申报并取得了核准，获得电影摄制许可证。与此同时，北京光线传媒股份有限公司于 2012 年投资出版的影视作品《人再囧途之泰囧》上映，这部电影由其他被告公司担任出品方，由徐峥担任这部电影的导演和剧本创作者。华旗公司主张该行为侵权，理由如下："人在囧途"的市场知名度和认可度较高，其形象为大众所特定化，而五名被告将"泰囧"和"人再囧途"相组合，变"人在囧途"为"人再囧途之泰囧"，该名称与先前知名名称的相似度较高，极易造成市场公众的错误认知和混淆，因而属于仿冒侵权行为。

此外，华旗公司认为，五名被告不仅在电影的传播过程中将电影的名称进行简单的组合进行仿冒，而且在传播过程中以各种方式表示其电影《人再囧途之泰囧》是《人在囧途》的系列片、剧情的后续、升级版和故事的改进版，其行为本质上是一种虚假宣传。五名被告以此种方式宣称其电影是华旗公司名下影片的升级版本，该行为无疑会对华旗公司的市场形象和市场信誉以及《人在囧途》电影的认可度造成不良影响，会使其市场经营效果大打折扣。《人在囧途》上映以后，该影片之所以能大获成功，主要原因在于该电影剧情饱满、幽默诙谐、名称具有显著特色，其次，该电影故事的构造和布局也极具创新性，基于此，华旗公司才考虑该电影系列片第二部的拍摄。在这种情况下，五名被告明知华旗公司准备筹拍《人在囧途2》，还贸然仿制该系列电影名称，而且根据仿制名称拍摄的电影《人再囧途之泰囧》在剧情、演员和剧情结构等方面与《人在囧途》存在很大程度的相似，与其说五名被告的行为是仿冒，不如说其直接坐享了华旗公司的成果，利用了其影视作品的天然特点和广泛的知名度，明显与《反不正当竞争法》确立的诚信原则和公平公正的市场经营规则相悖，而且是对业内行业道德的公然藐视，属于搭乘华旗之便车，坐享渔翁之便利的不正当行径。根据上述分析，华旗公司诉至法院，请求法院依法认定五名被告构成侵权，并请求五名被告立刻停止侵权行为、消除不良影响并公开道歉，赔偿因其侵权行为造成的损害等相关合理费用。一审法院经过调查和核实以上事实之后，持如下观点：

华旗公司名下影视作品《人在囧途》所享有的市场知名度和公众认可度较高，通常情况下，在电影行业内，拍摄和其他电影主题类似的主题的电影并聘用同样的演员的情况的确存在，这并不违反相关规定。然而，此案例中五名被告明知华旗公司即将拍摄其名下电影《人在囧途》系列片的第二部，为了利用该电影的商业知名度，把本已命名好的电影名称"泰囧"更改为"人在囧途之泰囧"，且频繁在多个场合以明示的方式宣称更名后的电影是此前《人在囧途》的延续版，极易使市场大众对该影片造成错误认识。如此可见，五名被告"搭便车"式的不正当竞争行为客观存在，其主观意图十分明显，即利用《人在囧途》影视作品的火热程度炒作其名下电影，侵害了华旗公司的商业利益和信誉，其行为与《反不正当竞争法》第二条、第五条的规定相悖。综合以上分析，一审法院判决如：五名被告立即停止不正当行为、公开道歉并承担相应损害赔偿责任。

五名被告不服该判决，上诉至最高人民法院。二审法院认可了一审判决并维持了该判决，驳回了被告的上诉请求。

2. 案件评析

这起案件受到了社会大众的广泛关注，原因在于涉案的影视作品《泰囧》和《人在囧途》迎合了大众的观影喜好，颇受好评。但是，即使是优秀的电影，也要受到相关法律的规制。在这起案件审理过程中，法院认真核查了案件事实，仔细分析和适用相关法律，所作的判决有利于更正电影行业内模仿他人电影名称的不正之风，为今后法院审理相关案件做出了表率。在判决中，值得注意的是，对于如何认定影视作品的知名度，应当综合考察涉案电影前后的商业宣传、市场大众的认可度、上映后取得的票房和涉案电影知名度的持久性等各方面因素，而不应当仅仅关注该电影的宣传和上映后的时间长久。由于一部电影的名称具备保持电影知名度和区分功能，因此电影名称属于法律保护的范围。

案例七："网络浏览器广告过滤"不正当竞争纠纷案

1. 案情

原告：深圳市腾讯计算机系统有限公司；被告：北京世界星辉科技有限责任公司。

腾讯计算机系统有限公司（以下称"腾讯公司"）名下经营有为网络用户提供在线视频播放的网站，该网站内所有影视作品都是经电影版权人授权播放，且通过免费观影但需观看广告以及付费观看但免广告两种方式为用户在线播放影视作品。在该网站经营过程中，腾讯公司发现一名为"世界之窗"的浏览器能够有效屏蔽掉网站内视频播放前的广告，具备拦截广告的功能。经审查，该浏览器为星辉科技有限公司（以下称"星辉公司"）名下网络产品。

腾讯公司以星辉公司为被告起诉至法院，认为星辉公司名下浏览器可以为用户提供广告强力拦截功能，能够拦截掉腾讯公司视频网站内视频播放前的广告。这直接对腾讯公司通过视频播放前的广告获益造成不利影响，且星辉公司拦截广告的做法明显与业内的行为规范和诚信原则相悖。因而腾讯公司请求人民法院判决星辉公司立刻停止不正当竞争行为并承担相关损害赔偿责任。一审人民法院经审查认为，星辉公司名下的浏览器的确具有广告拦截功能，但是仅凭这一点无法认定该广告屏蔽功能会损害腾讯公司的直接经济利益。支撑该观点的理由如下：由于行业自身的特点，在网站行业内，允许开发商所开发的浏览器设置广告拦截功能已成为业内的商业习惯。设置"广告屏蔽"功能选项，是经营者的一种平等、共同的经营模式。

尽管该选项的设置会使用户在勾选该功能后，能够有效拦截浏览网页时的广告，然而对该种广告的拦截行为在法律层面不应被视为处在法律所保护的范围之外，因为该行为仅仅是影响了特定网络竞业者的经营利益，而非是对其利益的侵害。据此，人民法院认为星辉公司屏蔽广告的行为不符合不正当竞争行为的构成要件并作出驳回腾讯公司诉讼请求的判决。腾讯公司对该判决不服，上诉至二审法院。二审法院经审查认为，腾讯公司作为视频网站的开发者，有权选择网站的经营模式。不能要求腾讯公司为网络用户提供视频时不附加广告，换句话说，不能要求一个网络经营者在经营过程中只提供服务而不获取利润。腾讯公司在其视频网站播放视频前插播广告的行为是其获利的一种方式，该方式先无法律予以禁止，应予认可。因此，星辉公司名下浏览器所具备的广告拦截功能将会妨碍腾讯公司的正常网络经营，损害腾讯公司通过插播广告所获得的经营利润，应当认定为不正当的竞争行为。

基于用户需求开发的产品，不应损害第三方的商业利益，同时，产品应使用户有充分知晓权和自由选择权，以便权衡使用和不使用。显然，视频广告过滤功能，具有排他性，损害了第三方的商业利益。即便是替用户考虑，则这一方式对市场主体的广告有偿商业行为带来不利，产生负面影响。综上，被诉行为不仅有违公认的商业行为准则，且此类行为如长期存在亦会对市场经济具有明显损害，故属于反不正当竞争法第二条所禁止的行为。据此，二审法院判决：撤销一审判决，世界星辉公司赔偿腾讯公司经济损失 100 万元以及律师费、经济学分析报告费、公证费共计 89 万余元。

2. 案件评析

互联网不正当竞争行为，诉浏览器广告过滤功能一案具代表代表性。本案所涉互联网判决有几处创新，一是针对被诉行为对当事人提交了经济学分析报告，使得对反不正当竞争法第二条的判断更加具有市场经济的客观性。二是对互联网新技术发展所带来的竞争秩序和反不正当竞争问题，本案判决具有指导意义。三是对于互联网竞争是否违反商业准则，对商业主体和社会公共利益的影响等问题，作出了积极回应，具有借鉴意义。

案例八："短视频"侵犯著作权纠纷案

1. 案情

原告：北京快手科技有限公司；被告：广州华多网络科技有限公司

北京快手科技有限公司（简称"快手公司"）主张，"这智商没谁了"的视频（下称"涉案视频"），是快手用户 2015 年 4 月上传发布在快手App 上的，具有类似二人转的丰富语言艺术创造性，动作诙谐幽默，属于具有独创性表现形式的视频作品。根据《知识产权条款》以及《快手网服务协议》用户授权约定，快手公司取得涉案视频在全球范围内的独家信息网络传播权。广州华多网络科技有限公司（简称"华多公司"）2017 年在其运营的"补刀小视频"App 安卓端和 iOS 端中，发布上传了涉案短视频。快手公司认为华多公司的上述行为侵犯了其对涉案短视频享有的著作权，为此起诉华多公司要求赔偿经济损失 1 万元及相应的开支。一审法院审查后认为，快手公司涉案短视频虽然持续时间只有 18 秒，但在 18 秒时间段内所叙述的故事情景，融合了对话和两名表演者的动作等要素，且故事发生的场景，通过镜头切换展现了已构成具有独创性的完整表达。结合涉案短视频以数字化视频的形式发布在快手 App 上的事实，涉案短视频系由一系列摄制在一定介质上，有伴音的画面组成，并由网络传播，属于以类似摄制电影的方法创作的音像作品。虽然时间长短可能限制作者的空间表达，但表达形式有限并不等于空间表达有限而成为思想范畴的产物；相反地，在十余秒的有限时间内亦可以创作出体现一定主题、场景、对话、动作等多种元素且结合文字的内容表达。华多公司未经快手公司许可，在其运营的"补刀小视频"中发布涉案视频，侵害了快手公司对涉案视频依法享有的信息网络传播权，应当承担侵权责任赔偿经济损失。据此，一审法院判决：华多公司赔偿快手公司因侵权造成的经济损失 1 万元及相应的开支。一审宣判后，双方当事人均未不服判决提起上诉。

2. 案件评析

随着 4G 网络的普及，短视频成为最受欢迎的互联网产品之一，原因在于其丰富的内容，新颖的形式和极快的传播速度，与此同时，与短视频相关的著作权纠纷案件也随之愈发增多。本案结合对短视频作品类型构成要件、结合著作权法等有关规定，对短视频是否构成作品以及可以构成何种类型的作品等颇具争议的问题进行了充分论证，最终认定涉案短视频具有独创性，符合以类似摄制电影的手法创作的音像作品的构成要件。本案为全国首例认定短视频构成作品侵权的案件，具有典型的示范意义。首次以司法裁判形式认定短视频作品具有的版权许可性，以及构成类似摄制电影的方法创作的作品，回应了民众和媒体对于短视频是否构成作品及其定性问题的疑惑。在短视频产业已渐成规模并亟待明晰相关主体行为边界的当下，及时回应了短视频行业亟须加强知识产权保护，及明晰版权的规则需求，对产业发展将起到司法保护应有的市场经济导向作用。

案例九："音乐喷泉"作品著作权侵权纠纷案

1. 案情

原告：北京中科水景科技有限公司；被告：北京中科恒业中自技术有限公司、杭州西湖风景名胜区湖滨管理处。

《倾国倾城》《风居住的街道》音乐喷泉乐曲（以下称"涉案作品"），为北京中科水景科技有限公司（简称"中科水景公司"）为青岛世界园艺博览会（简称"青岛世园会"）音乐喷泉创作的，中科水景公司主张其对涉案作品享有著作编辑权，认为杭州西湖风景名胜区湖滨管理处（简称"西湖管理处"）以考察名义从该公司获得包含涉案作品在内的设计图视频等资料并交给北京中科恒业中自技术有限公司（简称"中科恒业公司"），中科恒业公司在西湖施工喷放，涉嫌剽窃涉案作品，侵犯了其著作权。为此，中科水景公司诉至法院，请求判令中科恒业公司、西湖管理处停止侵权行为，赔偿经济损失 20 万元及诉讼费用 8 万元并在媒体上赔礼道歉。一审法院认为，音乐喷泉是在特定音乐配合下形成的喷射表演效果，音乐喷泉作品所要保护的对象，著作权法虽无音乐喷泉作品或音乐喷泉编曲作品的类别，但这种作品本身具有独创性，依据著作权法应受到保护。综合考虑中科恒业公司、西湖管委会曾接触过中科水景公司涉案作品的视频资料，西湖音乐喷泉相关曲目的喷射效果与中科水景公司享有著作权的涉案作品构成实质性相似，故判定中科恒业公司、西湖管理处构成侵犯原告著作权。

据此，一审法院判决中科恒业公司、西湖管理处停止侵权公开道歉，赔偿原告经济损失及相关支出共计 9 万元。中科恒业公司、西湖管理处不服一审判决提起上诉。

二审法院认为请求保护的涉案载体，可以称之为涉案音乐喷泉呈现的喷射效果，由于涉案作品通过对喷泉水型、灯光及色彩的变化与乐曲音乐结合而进行的取舍选择安排，展现出一种艺术的美感表达，另外具备"可复制性"要求，符合作品著作权的构成要件。此外涉案作品是由灯光、色彩、音乐、水型等多种要素共同构成的美轮美奂动态立体造型表达，其呈现的喷射效果具有审美意义，符合美术作品的构成要件。从著作权解释角度出发，著作权法律解释要顺应科技的发展、跟上时代的步伐。将涉案作品认定为美术作品的保护范畴，有利于鼓励对美的表达形式的创新，有助于喷泉相关作品的创作。基于此判定，二审法院对一审判决关于涉案作品著作权归属以及中科恒业公司、西湖管理处侵犯原告涉案作品的著作权及承担的法律责任予以确认。据此，二审法院判决：驳回被告上诉，维持原判。

2. 案例评析

互联网的高速发展对著作权边界的扩展产生了一定的影响。在网络时代，视觉美感的表达形式多种多样，对于富有美感，能为人们所感知，但还不属于法律明文规定的作品类型的，具有独创性表达的内容是否构成作品，具有一定的争议，引发了作品认定与法定作品类型判断之间顺序关系的议论。本案的难点在于如何平衡尊重现行法律规定和维护创作智力成果之间的关系。本案二审判决就具有一定的典型意义，对著作权法第三条和著作权法实施条例第二条的合理解释和运用解决了上述问题。首先是按音乐喷泉喷射效果的呈现符合作品的一般构成要件，是设计者运用光声电等科技因素精心设计的一种具有艺术美感的表达。其次二审判决通过运用文意解释、价值解释等解释方法，对相关条款进行合理解读，将音乐喷泉喷射效果认定为美术作品的保护范畴。因为涉案音乐喷泉喷射效果是有色彩音乐、水型灯光等多种因素共同构成的动态立体造型表达这种具有美感的喷射效果显然具有审美意义，符合美术作品的构成要件。二审出色的裁判结果之所以能达到法律效果与社会效果的有机统一，一是法官对法律的理解准确无误，严格遵守现行法律规定，二是科学地解释法律，以理服人的专业技巧过硬。

案例十："销售盗版网络游戏"侵犯著作权罪案

1. 案情

公诉机关：北京市海淀区人民检察院；被告单位：巨石在线（北京）科技有限公司；被告人：黄明

未经著作权人北京闲徕互娱网络科技有限公司（简称"闲徕互娱公司"）许可，黄明伙同他人自 2016 年以来运营"巨石海南麻将"游戏，与闲徕互娱公司享有著作权的"闲徕琼崖海南麻将"游戏具有高度源代码同一性，并通过代理人员销售虚拟货币的方式用于游戏启动，进行非法经营，获得非法赢利 162 912.9 元。黄明 2017 年 12 月 16 日因非法经营被抓获，2018 年 9 月 21 日公诉机关于向一审法院提起公诉，认为黄明和巨石在线（北京）科技有限公司（简称"巨石在线公司"）的行为触犯了刑法第二百一十七条、第三十一条之规定，构成侵犯著作权罪，提请依法判决。对公诉机关起诉书指控的事实和罪名，巨石在线公司诉讼代理人李勇没有提出实质性异议，黄明表示对起诉书指控其的事实和罪名没有异议。一审法院认为，黄明和其经营的巨石在线公司未经著作权人许可，以营利为目的，复制发行他人享有著作权的计算机软件，其行为已构成侵犯著作权罪，情节严重应予惩处。公诉机关指控黄明和巨石在线公司、侵犯著作权罪的行为事实清楚，证据确实充分，指控侵犯著作权罪名成立。鉴于到案后黄明能如实供述自己的非法行为，巨石在线公司和黄明认罪服法，悔罪态度较好，且黄明和巨石在线公司积极退还侵权违法所得，对黄明和巨石在线公司依法酌情从轻处罚。依据刑法相关规定，判决黄明犯侵犯著作权罪，判处有期徒刑 1 年，罚金 10 万元。巨石在线公司犯侵犯著作权罪，判处罚金 20 万元。一审宣判后，黄明和巨石在线公司均未提起上诉。

2. 案件评析

随着互联网的快速发展，互联网经济也迅速崛起，侵犯知识产权的行为，也从生活中蔓延到了网络空间，尤其是网络游戏领域。近年来侵犯计算机著作权犯罪案中，盗版网络游戏作品，经营山寨手机网络游戏非法牟利的案件显著增加。这类案件的共同特点是几乎都将盗版侵权的数据储存在服务器或云端，采取为非法获利途径与盗版网站经营公司账户分离的方式躲避侦查。本案中著作权人是知名棋牌类手游公司，涉案游戏也是著名手游，广受网民的热爱，被告侵犯知识产权的行为给著作权人带来了不少的经济损失并造成了严重的社会影响。且在案发后，嫌疑人企图通过篡改和销毁数据账目等方式逃避处罚或减轻自己的罪责使司法工作人员取证时出现较大的困难，尤其是在认定公司经营游戏币的主要收入的电子数额时，由于数据被破坏，认定难度较大。本案的创新之处在于，开创性地运用了新类型电子商务支付平台数据及"手游"营销模式的新特点，主要采用第三方代理公司为被告公司销售"星钻礼品"等用于启动游戏的虚拟货币的收入认定被告单位的犯罪数额，对此类新型犯罪的电子证据进行梳理和评判，确立了通过第三方平台数据印证涉案犯罪情节的规则，对打击此类故意躲避侦查的新类型犯罪具有示范意义。

第十一章　典型国家和地区知识产权制度

第一节　美国的知识产权制度

一、重视专利政策

美国的知识产权从业者将综合强化专利权、著作权等知识产权的政策，称为重视专利（Pro-Patent）政策。美国重视专利政策的时代大约开始于 20 世纪 80 年代，而之前抑制专利权的时代则被称为冷遇专利（anti-patent）政策时代。

1929 年美国股价暴跌，引发了华尔街的"金融大地震"，恐慌情绪迅速蔓延开来。当时，美国政府通过对经济数据的研判分析，认为企业的寡占行为是导致经济危机的最大原因。为了消除经济危机产生的恐慌情绪，美国政府强化了反垄断法（反托拉斯法）的适用，以严格限制包括专利权在内的独占性权利。1930 年，美国开启了持续 50 年的冷遇专利政策时代。在此期间，知识产权交易中的垄断行为受到了十分严格的监控。美国司法部就曾宣布，如果某项知识产权交易存在违反竞争的行为，哪怕违反竞争的实质结果没有发生，只是一定形式上的违反，依然要以违法行为处理。冷遇专利政策的推行和反垄断法的强化，一定程度上抑制了企业的寡占行为，对美国摆脱经济危机产生了积极作用。

但长期的冷遇专利政策，降低了企业的开发积极性，企业规模不断缩小。再加上美国国内高昂的生产成本，使得许多本土企业不得不将生产基地转移至低劳动力成本的国家，进一步削弱了美国制造业的竞争力。尽管美国在军事科技领域、高端技术产业领域，还保持着绝对的优势，但一般民用产品领域却受到了德国、日本和其他亚洲新兴国家的挑战。汽车、半导体等工业领域受到的冲击尤为明显，贸易摩擦频频发生。美国政府逐渐意识到，反垄断的强化和冷遇专利政策的推行，大幅降低了专利制度对技术创新的鼓励和刺激，弱化了其促进技术产业化的功能。严重阻碍了研发投资活动与高新技术产业的发展，难以适应国家经济与科技发展的需求。

1985年1月，题为《全球性竞争力——新的现实》的建议书由美国产业竞争委员会提出。该建议书详尽分析了美国竞争力衰退的原因，分别从技术、资本、人力资源及贸易环境等方面给出了解决方法。该建议书认为，美国在产品贸易中没有体现其作为技术力量最强国家的水平，主要原因在于，美国的贸易相对方对知识产权保护得不充分。因此，该建议书认为应要求其他国家加强对知识产权的保护，以恢复美国产业的竞争力。该观点对美国的政策产生了很大的影响，1987年1月的国情咨文和美国贸易代表署的政策都体现了该建议书的内容。随后，美国的政策、立法也进行了相应的调整，一方面是强化国内的知识产权保护，另一方面是通过双边或者多边会谈加强全球范围的知识产权保护。通过加强世界范围内知识产权的保护力度，极大地增强了美国产业的竞争力。

二、强化综合措施

1982年，里根政府首先对法院进行了重组，成立了联邦巡回上诉法院（CAFC）来专门审理专利案件。通过提高专利权效力和增加专利侵权赔偿金额，彻底改变了冷遇专利政策时期限制专利权的观念，开启了重视专利政策的时代。同年，专利商标局修订了专利的审查标准，扩大专利保护范围，将计算机软件和生物技术列为知识产权保护范围，并制定了相应的审查标准。

1984年，以特别法的形式建立了半导体芯片登记制度。美国的大型半导体公司开始了收取巨额专利使用费的时代。1988年，制定了"贸易包括法案",以加强国际贸易委员会(ITC)在国际贸易进口措施方面的权限,并通过贸易政策加强对知识产权的保护。

具体而言,美国的知识产权保护政策综合措施包括以下几个方面:(1)缓和反垄断法的适用,鼓励企业合作研发、向大型化发展。(2)在科学技术政策上,设立科学技术中心、促进产学共同研究、鼓励发明的利用、采用免税措施增加对中小企业的研发投入。(3)实施《鼓励发明法》,为大学、研究所的基础技术研究提供法律保障。由政府提供资金,鼓励大学、研究所进行基础技术研发,明确规定专利权归大学、研究所所有。技术成果通过技术转移机关(TLO)向中小企业转化,极大地促进了美国经济的发展。《鼓励发明法》实施后,大学、研究所每年的研究成果有了大幅度的增加。例如,斯坦福大学技术转让办公室的任务是推动斯坦福大学的技术向社会应用转化,技术许可得到的收入用以支持学校的教学和研究。斯坦福大学已将研究得到的基因转移技术专利授权给467家企业,截至1997年,专利许可的收入已超过2亿美元。又如,1999年,麻省理工学院的TLO专利申请达260件,其中,计算机软件的许可有110件,技术转让的收入高达2亿美元。1980年,美国国会通过了96-517号法案(即贝尔一多尔法案),规定政府资助大学科研活动所产生的发明,所有权归大学拥有。这一法案直接推动了TLO的技术许可活动。TLO的业务内容包括:①发掘成果;②技术评估;③取得专利人的授权;④申请专利;⑤向企业等提供信息;⑥实施许可;⑦接受实施许可;⑧维持权利;⑨收益返还(大学、研究者)等。

事实上,美国的重视专利政策的确取得了明显的效果。在冷遇专利政策时代,美国每年的专利申请量约为10万件,而在重视专利政策时代,专利申请量激增,每年的专利申请量突破18万件,企业的发明热情空前高涨。另外,在知识产权纠纷中,对专利权有效性的争议一直处于重要地位。侵权方受到起诉时,首选抗辩事由就是对方专利权无效。1940年,美国的专利权有效率只有约20%至30%。因此,即使出现侵权行为,专利权人的权利也很难得到保护。而实施重视专利政策以后,专利权的有效率由30%迅速上升至70%以上,专利的有效性大大提高,更好地保护了专利权人的权益。

三、专利的先发明原则与先申请原则

1. 先申请原则

当一个专利由两个及两个以上单位或个人同时提出申请时，应该如何处理？因为专利法的原则是专利权人具有其发明创造专利的独占权，因此一件发明创造只能授予一个人或者单位拥有专利权。当两个及两个以上人或单位同时具有某一发明创造的专利权时，就与专利独享权的原则相悖。这就是通常所说的"一发明一专利原则"，在美国则被称之为"排除重复专利原则"。

因此，当两个及两个以上申请人就相同的发明创造专利提交申请时，究竟授予谁该发明创造的专利权？一般来说有两种原则来决定。第一种，专利权授予首先能够完成发明创造的申请人，而不管谁是首先提交的专利申请的申请人。第二种方法就是看谁先提交专利申请，即不管谁先能够完成发明创造，谁先提交的专利申请就将该发明创造的专利权授予给谁。

2. 先发明原则

对于专利审查，大多国家采用先申请原则，但美国采用先发明原则。美国专利法一百零二条 b 款规定，在美国提出专利申请的申请日的一年前，除非该发明已在美国或其他国家有同样的专利或在印刷的出版物中公开过，或已在美国公开销售或已为公众使用，发明人都应该被授予专利权。

近年来，美国推崇专利法国际协调这一政治目标，甚至还为此建立了统一的专利审批制度。着眼于专利法的国际协调，作为美国特有制度的先发明原则，与美国推崇的政治目标似乎并不一致。先发明原则，不仅会增加专利申请的成本，还会延长专利授权的期限。因事实上很难证明专利由谁最先发明，美国法院围绕先发明原则，在诉讼程序中创造了一揽子概念来证明"先发明"，这无疑徒增了诉讼的成本。因采用先发明原则，所以美国对专利申请的审查十分严格。对于发明、外观设计和植物专利，美国都会进行实质性的审查。另外，对于专利文件，美国也有相当严格的要

求。说明书、权利要求书都必须书写详细、全面。不全面的专利文件，除会限制发明人专利的保护范围外，还可能对已获得的专利权的合法性、有效性产生根本影响。根据美国的法律规定，说明书应对发明人已知的、最佳的实施例进行列明。如果申请人对于其所知的最佳实施例故意不披露，可能使此专利被宣布无效。另外，基于此原则，专利被授予后，美国不会另设无效或撤销程序。首次申请被驳回的，申请人有修改的权利，修改后仍不符合要求的，专利商标局在说明理由后，才可作出驳回的决定。

四、专利诉讼的损害赔偿制度

1. 损害赔偿的计算方法

美国的专利法中明确规定："为了赔偿侵权行为造成的损害，法院必须判决给予适当的赔偿。在任何情况下，赔偿金额不得低于实施该专利所能得到的合理佣金、利息和费用"。该规定在明确侵权给专利权人带来损害必须赔偿的同时，还设定了损害赔偿金额的最低限额。根据美国专利法第二百八十四条的规定，损害赔偿的计算方法可分为三种：一是预期利益；二是以既有的专利许可使用费为标准；三是推定合理的专利许可使用费。

预期利益，是指由于侵权行为给专利权人造成的预期利益损失。通俗来讲，就是如果没有发生该侵权行为时，专利权人能够获得的利益。使用这种方法计算，需要专利权人对能够获得的预期利益承担证明责任，还需要证明侵害行为与损害结果之间存在因果关系。专利权人需要证明的内容包括：专利权人具有生产和销售专利产品的能力；侵权人和专利权人的销售额、专利产品市场优势地位的证明资料；以及侵权行为的存在，使得市场上存在专利产品的替代产品，专利权人的销售额有所减损。

毫无疑问，侵权行为会导致专利权人可获得的利益有所损失。因此，预期利益还应包括专利权人因该侵权行为而被迫降低产品价格所导致的利润损失。实践中，这个计算过程非常复杂，因为除了侵权产品的非法竞争影响之外，市场存在的合理竞争也会导致产品的价格降低。

此外，还有一个问题是，如果产品只有一部分涉及专利，预期利益的数额究竟是以产品整体还是仅以侵权的部分的利益损失为基础进行计算？联邦巡回控诉法院给出了答案，明确"整体市场原则"，即使产品是专利部分与非专利部分结成一个整体发挥一个功能的，依然以产品整体的利益损失作为基础进行计算。

预期利益不能证明的，赔偿额可以通过既有的、确定的专利许可使用费来确定。双方之间签订的专利许可使用合同中约定的许可使用费不能直接适用，赔偿金还需要满足以下四个要件：一是侵权行为开始前已经支付；二是金额确定；三是并非因和解或提起诉讼而支付的；四是作为专利实施的对价。如果不能得到既有的、确定的专利许可使用费，可能需要适用下面一种计算方法。

预期利益和既有的、确定的专利许可使用费均不能计算得出的时候，赔偿额就需要使用推定合理的专利使用许可费的方法计算。侵权行为发生后，即使许可方和被许可方经过协商确定了专利使用许可费，但还不能直接适用，需要经过合理证据的证明。在判例中，常采用的证据包括：许可的内容和范围、之前支付的专利许可使用费、专利权人的许可原则、同样专利的许可使用费、许可的期间和许可的条件、专利所带来的利益大小、侵权者对于专利使用的范围和价值、专业人士的意见、专利产品的优势性等。在适用陪审制度审判的案件中，则由陪审员根据这些证据决定许可使用费的金额。此外，"整体市场原则"也适用于该计算方法。

2. 惩罚性赔偿制度

惩罚性赔偿是英美法国家的一项特有的法律制度，其中美国的惩罚性赔偿制度最为完善的。惩罚性赔偿既是对权利人的补偿，也是对故意侵权人的惩罚。法庭判定的赔偿数额不仅包括实际损害的数额，还有惩罚性的赔偿。

美国专利法第二百八十四条关于专利权侵害的损害赔偿的规定，设定了损害赔偿金额的最低限额，明确赔偿金额不得低于实施该专利所能得到的合理使用的利息和费用。依据该条规定，法院可以判决该损害赔偿额的3倍作为增额部分。但是，根据判例法的规定，只有侵权者故意或者重大过失的情形才能适用加重损害赔偿。该规定，一方面可以惩罚侵权者，另一方面还补偿了权利者，当然，这种充分的补偿，并不是给予权利者额外的不正当的利益。

由于上述第二百八十四条没有明确规定侵害者故意的情形，实践中，还需要参考判例中形成的标准。侵权者是否故意，可以通过以下几个方面判断：①是否故意模仿他人的专利发明；②侵权行为的持续时间；③侵权者的规模和财务状况，以及这种惩罚性损害赔偿是否会给侵权行为无关的业务带来不正当的压力；④侵权者对于诉讼的态度，是否存在隐瞒证据等行为；⑤侵权者是否采取了救济措施；⑥侵权者是否试图掩盖其侵权行为；⑦侵权者的动机等。

除此之外，重要证据还包括了律师对于侵权者是否构成故意的判断意见。当然，认定故意需要根据该案件的全部事实关系进行判断，如果侵权者尽到了注意义务，即使没有律师的认定意见，也不意味着会被法庭认定为故意侵害。在联邦巡回法院审判实务中，对于哪些律师的意见可以作为侵权者无侵权故意的证据，有具体判断的标准。首先，必须在侵权行为进行前征求律师意见；其次，需要判断专利律师的立场是否公正。需要注意的是，采信的一般是书面意见，如果仅仅是口头的意见一般不予采信。但是，这些要件并不是绝对的，法院会根据全部的事实关系进行判断。

总而言之，在美国的专利侵权诉讼中，是否具有侵权的故意由陪审团裁定，具体的加重损害赔偿额则由法院裁定。一旦被认定为故意，法院就需要裁量是否加算损害额及加算的比例。根据专利法第二百八十四条的规定，加重比例一般在实际损失额的三倍以内，一般以实现惩罚性赔偿的目的（惩罚侵权者和补偿权利者）来确定具体的比例。

3. 其他赔偿的计算

根据美国专利法第二百八十五条的规定，法院可以裁决胜诉方合理的律师费用由败诉方承担。原则上，美国的律师费用由双方当事人自行负担，但为了更好地控制侵权行为、补偿胜诉方，赔偿数额中还包含了律师费用。专利侵权的复杂诉讼所需要的律师费用是十分高昂的，法院一旦认定侵权行为成立，且当事人具有侵权的故意，侵权者的赔偿数额中就将包括对方高昂的律师费。这意味，对于被告侵权者来说，其因侵害行为所得的利益远远少于要承担的赔偿额。

根据美国专利法第二百八十四条的规定，法院可以裁定将实际损害的利息计算在损害赔偿额之内，对于是否采用复利方法计算数额则由法院自由裁量。计算的标准包括银行贷款利率、各州的法定利率、财务省短期债券利率等。这里的利息是指从侵权行为发生时至判决期间内的利息。一般来说，是在侵权行为发生后提起诉讼，但是当该专利权的有效性和侵害行为被诐定后，上述利息即计算在损害赔偿之内。在诉讼时间很长的案件中，利息在全部赔偿额的占比可能非常高。例如，1983 年 General Motors Corp. v. Devex Corp 一案中，赔偿的合理使用费约 880 万美元，同时判决的利息赔偿高达 1100 万美元；1991 年 Polaroid Corp. v. Eastman Kodak Co. 一案中，预期利益与合理使用费的赔偿约 43 560 万，而赔偿的利息数额几乎与此相当。在长期诉讼案件中，高额的利息会对侵权者产生一定的震慑作用。

第二节　日本的知识产权制度

一、知识产权政策

1. 知识产权政策产生的背景

在二战以后，日本注重引进美国和欧洲的尖端技术，并对其进行改良，来提高本国的产业竞争力。在 1950 年至 1980 年这段时间，日本共引进技术约 36 006 项，创造了 2000 亿~3000 亿美元的经济效益。更为重要的是日本产业在引进技术并消化吸收的过程中，实行的是"目标工业"政策，形成了以专利技术为主体的引进—消化吸收—创新—出口的产业链循环发展机制。20 世纪 80 年代，日本的诸多产业，特别是制造业已成为全世界最强的产业。但是，由于日本的大部分技术产品多销往美国，因此与美国产生了巨额的贸易摩擦，从半导体贸易摩擦、汽车贸易摩擦直至发展到专利技术摩擦战争。

1985年，在美国的强烈要求下，日本修改了著作权法。至此，日本将计算机软件归入到著作权法的保护领域。同年，日本又制定了半导体集成电路法。1990年，其在反不正当竞争法中，也加强了对商业秘密的保护力度。专利法等法律更是经历了多次修改。但这些法律的修改，只是停留在法制层面，真正重视知识产权是在20世纪90年代以后。由于日本发生了泡沫经济，国内生产成本过高，因此许多企业将生产基地迁往劳动力成本较低的国家。在商品价格方面，由于亚洲诸国经济的崛起，日本产品的价格竞争优势不断下降。对日本来说，提高其国际竞争力是当前的重中之重。这种竞争不能是简单的价格竞争，而应当是产品创新和服务创新的竞争。基于这种认识，"知识产权立国"的战略思想，在日本应运而生。在调整国内产业结构的同时，更要从体制和制度上进行创新，从根本上摆脱"追赶改良型"的产业模式，逐步转变为以富有独创性为主的"前瞻创新型"的研发模式，把知识产权作为企业乃至国家竞争力的源泉，以此来构筑新一轮国际竞争的产业发展新态势。

2. 战略大纲的内容

2002年3月20日，日本政府创建了知识产权战略本部。同年7月初，日本制定出台了《知识产权战略大纲》。该大纲主要分为四个部分：①创造战略（促进知识产权创造战略）包括鼓励大学、研究所将创造的知识财产还原于社会；完善专利信息和论文检索系统；尊重企业和职工自主签订的合同；废除了发明补偿金的上限、确保对发明人的经济支持等。②保护战略（强化知识产权保护战略），即日本政府通过制定一系列政策来提高对知识产权的保护力度。譬如，迅速、精准地审阅和认定专利申请；成立专属专利法院；加强反假冒、反盗版的举措；推动知识产权体系的国际交流与合作；强化商业秘密保护；增强知识产权新领域保护等。③利用战略（促进知识产权利用战略）包括要求大学、研究所与企业结合，将发明、创造向社会转让，以此来促进知识产权的发展。同时，鼓励、支持企业引入知识产权会计，制定并颁布《网络信息内容振兴法》等。④知识产权人力资源战略（知识产权人才的培养和充实）。日本政府正在努力营造一种创造、尊重和保护知识产权的环境。大力开发人力资源，培养和扶植专家，增强公众的知识产权观念，培养青少年对科技创新的兴趣。而且，知识产权人才培养的授课重点将知识产权与经济相关联，对理工科学生要进行知识产权法律与经营贸易相关的教育，主要目标是培养出既懂知识产权又懂经营的技术人才。

大学、科研所等机构一直以来是基础研发新技术成果的主要力量，在助推产业发展方面，扮演了十分重要的角色。但是很多成果都是先通过论文等形式发表，之后可能需要过很长时间才被企业所利用。因此，为了使大学等科研机构的研究成果能够更快地向产业成果转化，日本出现了一种专门机构——TLO（技术转移机关），其工作内容便是专注于促进成果转化。TLO在技术转移中介机构中起到了中流砥柱的作用，其核心目的是发掘（承接）各大高校、科研机构的研究成果，申请专利，进而将实施权转让给企业，然后将转让费的一部分作为收入又返还给各大高校和科研机构（创造者）。

日本在1998年还颁行了一部《技术转移促进法》。该法规定，用政府资金研究开发的发明，其专利权归属于大学所有。为了完善"产学联合"的技术研究开发体制，推进技术转移机关TLO建设，促进大学技术成果向产业转移，日本鼓励大学将技术成果转让给中小企业。与此同时，政府将给予资金支援，建立"研究成果+转移应用+资金回转+循环创造"机制。1999年，日本又制定出台了一部《促进产学活力特别措施法》。之后很多大学都设置了TLO，负责将大学研发的成果申请专利，并转移给企业。到2004年8月，全国有39所高校设立了TLO。2002年，国内申请专利的件数增加到1335件，取得佣金收入更是超过了4亿日元。经由日本教育、文化、体育、科技部和经济贸易工业部授权开展技术转移服务的TLO，被称为"Approved TLO"（即"认可TLO"）。这些TLO的优势在于可以享受认可部门给予的优惠扶持政策。其中，第一个"认可TLO"是东京大学高科技孵化中心，该机构产生于1998年。截至目前，日本"认可TLO"共计 33 家，遍及日本各地。有的 TLO 依附于某一所大学，类似于开发部，比如东京大学高科技孵化中心；有的则代表某一地区的所有大学，比如北海道技术授权办公室；还有个别的 TLO 仅代表某大学的一个学院，比如东京大学工业科学促进会。

就承办的业务内容来说，各 TLO 都相差无几。但专利申请量和签约量已经成为日本公认的权衡 TLO 优劣的尺标。在某种程度上，日本 TLO 是专利技术的代理销售者，他们不持有专利，而是这些专利的独家推广代表。这一特权有来自大学机构本身，也有来自政府的优惠政策。譬如，认可 TLO 专利申请费和年费可以减免 50%。这一特权促使 TLO 的会员制成为现实。近 80% 的 TLO 已经选用了会员制，其会员大多为企业。一部分 TLO 还接纳个人会员（包括研究人员）。在会费方面，TLO 主要是根据会员级别高低，抑或是企业规模大小进行划分，其收取的会员费在 5 万到 20 万日元之间浮动。值得注意的是，个别 TLO 的会员费非常高。例如，东京技术学院 TLO 一般收取中小企业的年费是在 30 万日元上下，大型企业的年费则在 120 万日元左右，而对高级会员的年费甚至可以高达 200 万日元。优先获得专利信息、研究报告是其会员拥有的专属特权。另外，对申请的专利信息，TLO 会保密 3 个月的时间，只有会员才能享受。因此，每个 TLO 都非常重视专利信息。但其最成功的东京大学高科技孵化中心并未采取会员制，而是采用了一种签署类似保密协议的制度。当然，会费收取最高的东京技术学院 TLO 的业绩也非常不错。总之，从各 TLO 的业绩来看，作为日本科技中心的东京具有绝对的集聚优势，几乎排名在前的 TLO 都位于东京。

二、职务发明制度

1. 职务发明的确定

企业员工从事研究开发等活动创造出的发明称之为"职务发明"。按照一般理论，基于民法上的雇佣原则，员工从事工作产生的成果物，原则上应该属于企业所有。但是，发明与发明者个人的努力和能力直接相关，与一般的提供劳务不同。因此，日本专利法规定，由发明人享有将职务发明创造申请专利的原始权利。但同时考虑到企业一方也提供了工资、设备、研究费用等，对发明的完成也有一定的功劳，故而也给予了企业"非独占实施权"，即企业可以不用支付使用许可费就可以获得使用权。另外，如果企业的内部规定或者合同约定——企业可以从员工处受让该职务发明的专利权，那么企业应支付相应的对价。

但凡经由职工完成的发明，都是职务发明吗？答案肯定是"NO"。职工完成的发明，一般来说分为以下三类：①职务发明。例如，在食品公司工作的职工，创造出的关于保存食品方法的发明，属于职务发明。食品公司可以通过签订合同，或者社内规定，从该职工处得到该专利。②自由发明：业务范畴之外的发明。例如，总经理的司机，创造出的关于商业方法的专利，其职务与公司业务没有关系，属于职工的自由发明，权利归属于职工个人所有。③业务发明：业务范畴之内的发明，非职务发明。例如，职工从事的是电子零件相关的工作，但是却创造出的是运动器材的发明，属于业务发明。

一般来说，职务发明需要满足三个要件：①本企业的职工完成的发明。这里一般按照支付工资为确认条件，不仅包括一般员工，还包括总经理、董事及临时员工等。另外，一般来说，对于派遣员工，应该属于为其支付工资的企业的员工。②性质上归属于"企业"业务范围内。业务范围是指客观上与企业的经营活动有关联性，并不仅限于章程所规定的经营范围。③该发明在发明者本职工作范围之内。原则上不包括退职后的发明，但如果退职前已经完成，退职后才申请专利的，属于职务发明。

2. 职务发明的利益分配

如果企业与职工关于职务发明的权利归属问题事先没有约定的，那么依据专利法的规定，由职工取得该专利权。但是企业对职工的发明都有直接或间接的贡献，如提供研究设备和研究资金等。如果没有公司的贡献，该职务发明也没有产生的土壤基础。因此，专利法赋予企业非独占使用权。

企业可以采取与职工签订合同或者企业的内部规定的形式，来约定将职务发明的专利权转让给企业，抑或是由企业获得独占使用权。但是，非职务发明的，不允许做类似约定。

企业一般制定公司内部规章，来处理职务发明的问题。例如，制定《职务发明处理规程》，规程中一般包括以下项目：①规程的目的：奖励发明创造和权利补偿等；②职务发明的定义；③权利的归属：职务发明的权利转让给企业；④报告义务：员工对于其创造出的发明，应立即向企业报告；⑤职务发明的认定；⑥补偿金的支付等。

另外，对于自由发明和业务发明的专利权转移，企业不得在社内规章中事先规定。但是，对于非职务发明，企业也可以在内部规章中做一些限制规定。例如规定员工对于自己创造出的发明应立即向公司报告、优先与公司协商等内容。

日本《专利法》规定，员工转让其专利的，有权获得"适当补偿"。但就补偿数额的具体范围，该部法律却未予以明确规定。一般企业会在合同或内部规定中，制定该对价的标准。但是究竟是否"适当"，仍存在很多的争议。实践中的案例也倾向于补偿的高额化。

根据日本各企业的补偿制度现状，一般补偿分为以下三个阶段：①申请补偿：企业决定申请专利的，给予发明者一定的补偿。但此时对于专利权能否成立及价值大小很难做出准确的判断，一般采取小额的补偿方式；②登记补偿：此时，一般可以认为该发明具备取得专利权的要件，比申请专利时的补偿金要高一些。③业绩补偿：根据取得专利权的发明，本企业自行实施或者许可其他企业使用时，所支付给发明者的补偿金。该补偿金一般是不定额的、浮动的。

三、间接侵权

1. 间接侵权的确定

各国专利法都规定，任何人未经专利权人同意，不得实施其专利，包括但不限于制造、销售、许诺销售、使用或进口其专利产品或者使用其专利方法的行为。此类行为称之为直接侵权行为。但实践中，仅仅通过对直接侵权行为加以禁止，来为专利权人提供法律保护，是远远不够的。例如，有些人虽没有直接实施侵犯他人专利权的行为，但却在他人实施侵犯专利权时，起到了诱导和帮助的作用。这不仅客观上滋长了直接侵权的发生，也侵害了专利权人的权益。再比如，一项专利发明产品是由多个部件组成的，而行为人生产、销售的只是其中的某一个或几个部件。依据专利侵权的一般原则（即"全面覆盖原则"）判断，如果专利权利要求书的所有技术特征，所指控的侵权物并未完全涵盖，即只要缺少一项必要的技术特征，就不构成侵权。如此一来，在某些情形下专利权的保护力度就会被削弱，进而导致专利权得不到切实、有效的保护。

对此，世界上许多国家专门就专利间接侵权作了规定。美国专利法第二百七十一条就明确规定，任何人实施销售已获专利的装置的部件、制成品、零件的组合或合成物，出售用于实施已经取得专利权的方法中的材料或者设备（系该方法发明的主要组成部分）的，并明知所售物品是为侵犯专利权而专门制造或改造的行为的，应当承担连带侵权责任。

2. 间接侵权的处理

1979年2月16日，一份来自日本大阪地方法院所作的判决在日本法学界引起了强烈反响，同时也为我们提供了一个经典范例。此判决涉及一项关于装饰壁板安装方法的专利。此方法的要领在于先将装饰壁板附贴在待装饰的壁面上，接着将带有树脂压着体或柱状橡胶的钉子打入，然后借助上述压着体的较大接触面进而将装饰壁板牢牢固定在壁面上。专利权人认为被指控侵权人批量生产并销售带有聚氯乙烯压着体的钉子的行为构成对其专利权的间接侵权，于是诉至法院。本案审理过程中面临的核心问题在于，被指控侵权人提供的钉子是否属于日本专利法第一百零一条规定的，只能用于实施专利技术的物品。被指控侵权人辩称，其出售的带有聚氯乙烯压着体的钉子不单单用于实施专利技术，还具备诸如固定室内装饰品的按钉、用于悬挂衣物等其他用处。但是，大阪法院最终还是认定被控侵权人生产和出售的该产品，是专门用于实施本发明的，即被指控侵权人的行为构成间接侵权。

如上所述，日本专利法在修改之前，其第一百零一条的第一项、第二项都将"仅仅只能用于制造该产品的物品或者仅仅只能用于实施专利方法的物品"作为认定间接侵权的构成要件。也就是说，当被指控侵权人所提供的物品具有其他任何实际用处时，就不存在构成间接侵权行为的可能性。所以被认定间接侵权的判例并不多。

之后，为了强化专利保护，日本将第一百零一条间接侵权行为条款作了修正，扩大了间接侵权的适用范围。一是由原先的两项增加至六项。二是增加了故意的主观要件（第2款、第5款）和持有行为（第4款、第6款）。具体如下：第一，对于产品专利权，生产、转让、进口或者提供转让仅仅只能用于制造该产品的物品行为；第二，对于产品专利权，生产、转让、进口或者提供转让制造该产品所必须的物品（日本国内普遍流通的物除外），且主观上明知该发明系专利发明以及明知该物品用于实施该发明的行为。第三，对于产品专利权，持有该产品的行为是以转让或出口为目的；第四，对于方法专利权，生产、转让、进口或者提供转让仅仅只能用于实施该专利方法的物品；第五，对于方法专利权，生产、转让、进口或者提供转让实施该方法专利所必须的物品（日本国内普遍流通的物品除外），且明知该发明属于专利发明以及明知该物品用于实施该方法发明的行为。第六，对于产品制造方法专利权，以转让或出口为目的，持有以该方法专利生产的产品的行为。

第三节　欧盟的知识产权制度

一、欧盟的专利制度和商标制度

1. 欧洲主要国家的专利申请制度

欧洲专利局（EPO）采取先申请原则，即最先提出申请的人将优先被授予专利。另外采取审查原则，即对新颖性、先进性等要件进行实质审查。规定申请于申请日（优先日）18 个月公开；审查请求需在欧洲调查报告公布之日起 6 个月内提出；专利授权公告后，对授权不服的人自公告日起 9 个月以内可以提出异议审查请求；欧洲专利与各指定国国内专利权享受同等权利；专利权的存续期限是 20 年，从申请日起计算。

英国也采取先申请原则、审查原则。规定申请日（优先日）之日开始 18 个月以后将申请公开；自申请公开之日起 6 个月以内提出审查请求；专利权的存续期限是 20 年，自申请日起计算。

法国采取先申请原则、审查原则。规定于申请日（优先日）起 18 个月后将申请公开；自申请日（优先日）起 18 个月以内提出新颖性调查请求；专利权的存续期限是 20 年，自申请日起计算。

德国同样采取先申请原则、审查原则。规定于申请日（优先日）起 18 个月后将申请公开；自申请日起 7 年以内提出对新颖性调查的请求；审查请求须与公开之日起 7 年以内提出；专利授予后的公告。对专利授权不服的人，可以自公告之日起 3 个月以内提出异议审查请求；专利权的存续期限是 20 年，自申请日起计算。

2. 《欧洲专利权授予公约》

《欧洲专利权授予公约》（简称"EPC"）于 1973 年签订，1977 年生效。专利权的审批授予工作由欧洲专利局（EPO）负责。该局的工作人员由各个成员国的人共同组成，其工作地点集中分布在四个城市，分别是德国的慕尼黑、荷兰的海牙、奥地利的维也纳和德国的柏林，主要负责的是专利申请检索和审查工作。以欧洲专利局为媒介而在欧洲国家获得的专利权保护，主要具备如下特征：①一项欧洲专利申请，可以受到多个指定国家的保护。换言之，在全部或者任何一个成员国中，一项欧洲专利均具有同等效力。这不仅仅简化了在多国单独提交专利申请的流程，还有效降低了成本，更为申请人提供了便利；②鉴于欧洲专利严格依据同一的法律进行审查核准，因此无须担忧不同国家专利法的程序和审查要求上的不同而产生不同的结果，从而能给申请人带来极大的安全感；③欧洲专利的申请程序既快捷，成本又低，在审批的效率和质量上有充分保证；④欧洲专利局使用的是德语、法语和英语三种语言，申请人有更大的语言选择自由，从而降低了逐一向各个国家以不同语言申请的成本；⑤欧洲专利局的检索程序与审查程序分别、独立进行，既便于及时处理专利申请，也有助于国际专利合作条约的协调，方便国际专利申请人。

另外，《共同市场欧洲专利公约》于 1975 年在卢森堡签订，1989 年修订，但至今没有生效。尽管如此，欧洲专利一体化的努力一直处于进行之中。20 世纪末，在欧洲一体化进程加快的时代背景下，制定统一的欧洲专利实体法和创建共同体专利制度再次提上日程。经过欧盟各机构这几年来的共同努力，欧洲专利一体化理念跨进了一个快速发展的新阶段。尽管欧洲专利一体化构想的实施过程中还会遇到"如何协调共同体专利与欧洲专利、欧洲专利局与成员国专利局、共同体专利法院与国内法院之间的关系""如何协调新成员国国内法的保护水平对共同体法的执行效果造成的影响"等问题的挑战。但是，共同体专利制度无疑将对国际专利制度的建设产生不可忽视的重要意义。

3. 欧盟的商标制度

1993 年 12 月 20 日，欧共体发布《共同体商标条例》 （Community Trade Mark Regulation，简称 "CTMR"），并于 1996 年 4 月初正式实施。欧盟商标，是由直接适用于各成员国的同一欧共体法律进行规制。其效力及于整个欧盟范围，功能在于识别和区分商品或者服务。同时，企业可以在整个欧洲共同体市场上不受限制地开展经济活动。另外，商标需根据欧共体商标条例（CTMR）规定的条件获得欧共体内部市场协调局（OHIM）注册的，才能被认定为欧盟商标。

欧盟商标还具有统一性。除了欧盟商标自身，包括其注册申请，在整个欧盟均具有效力。商标申请及其相应的注册也可自动扩展到所有成员国。而且，欧盟商标注册无须各个国家工业产权局的介入，只需实行由欧共体内部市场协调局（OHIM）实行控制的注册程序即可。当然，任何一个欧盟商标出现无效、驳回或期满等情形，在整个欧盟也同样适用。

作为商标国际注册马德里体系所依据的条约之一，《马德里议定书》确定了一条规则，即允许所有设有地区商标注册局的政府间组织加入。于是，在 2004 年 10 月 1 日，欧盟加入了该条约。这既是欧盟首次签字并加入世界知识产权组织（WIPO）管理的条约，也是政府间组织作为一个集团第一次加入 WIPO 条约。WIPO 成员国于 2003 年 9 月就一系列措施取得了共识，目的是保证《马德里议定书》与欧共体商标体系（CTM）之间能有效结合。这些措施于 2004 年 4 月正式施行，具体为：①在 CTM 体系建立之前，根据 CTM 体系，在欧共体的多个或单个成员国享有商标权的任何商标注册人都可以将这些在先商标权纳入 CTM 注册。当欧盟加入《马德里议定书》并生效后，这些在先商标权便能被纳入指定欧盟的国际注册中。②欧盟内部之间，CTM 体系和国家商标注册体系，二者并驾齐驱。这表明，商标注册人享有自由选择权。既可以决定直接在相关的国家商标局注册，亦可在 OHIM 注册。除此之外，欧盟加入《马德里议定书》后，在启用马德里体系时，仍可自由选择其中一种方式。

简言之，只要是《马德里议定书》成员国的商标所有者，均能自主在其国际商标注册申请中指定欧盟。如果欧共体内部市场协调局（OHIM）未驳回其保护申请，则意味着高标保护将在欧盟的所有成员国中行之有效，就如同其直接向 OHIM 提出申请或进行注册一样。商标所有者还能将其在 OHIM 提交或注册的商标申请作为提出《马德里议定书》国际申请的凭据。可以说，欧盟加入《马德里议定书》，在灵活性程度上，为商标所有人获得国际商标保护提供了最大力度的保护。

二、德国的专利审理制度

德国的专利诉讼制度，以专门法院为基础。其中，专利案件的一审由州法院负责，州高级法院为二审上诉法院。最高法院则为三审上诉法院，也是案件的终审法院。其主要内容包括：①对于法律的申诉问题，可以向联邦最高法院提出。联邦最高法院设置特别的专利部门，专门修正法律解释的错误或者确认法律解释之间是否存在矛盾。德国有 12 所地方法院及其所属的上诉法院。法院在案件审理数量上的不同，导致其经验上也存在着差异。其中，曼海姆法院、杜塞尔多夫法院、法兰克福法院、慕尼黑法院等可以说是经验最为丰富的法院。②在慕尼黑设有联邦专利法院，专门审理对德国专利厅的裁定不服的案件以及无效案件的一审。在德国，侵权案件和专利无效案件采取的是分开审理模式。专利无效案件，一审法院和二审法院均不予受理。联邦最高法院对于其受理的侵权案件进行的是法律审查，但对于无效案件，仍然要进行事实审查，可以询问证人和专家。据悉，作为国内最高级的法院——联邦最高法院，每年约审理100余起专利案件。这个审理数量是比较多的。

由于德国法官的经验丰富，以及法院一直以来注重培训制度，加上最高法院注重调解的原则，德国法院审理案件的效率相对较高。德国法院每年审理的案件数量是很惊人的，例如杜塞尔多夫法院的两个专利部每年审理的一审案件超过450件。大部分的一审案件无须专家的鉴定即可作出判决。另外，一般来说被告提出无效抗辩的主张或者提出无效理由，并不能中止诉讼程序。因此，对于侵权案件，大部分的一审案件从提起诉讼之日起的12个月至15个月之间可以审结。当然，其中一个关键原因是德国以书面审查为基本原则，无须审理前的开示手续，原告必须事先向法院出示所有证据。二审案件法院基本上也能确保在一年之内审理终结。不同的是，由于对法律和事实的所有瑕疵问题，二审都需要进行审理，因此，涉及复杂的技术领域的，法院也将选任专门人士。

有人认为，德国专利诉讼体制唯一的缺点在于损害赔偿制度。因为站在专利权人的立场上，所能期待的赔偿数额比较小。在专利侵权诉讼案件中，损害赔偿额的问题至今未得到改善。法院一旦认定属于专利侵权，被告就必须提交与销售额和利润有关的信息。约90%的案件的损害赔偿额是基于销售额、合理的使用许可费来计算的。但是，德国专利法的这一特点有望在欧洲联盟的规则下得到改变。

在现今德国的专利制度下，可以请求将预期利益等作为损害赔偿额，但是其对于证据的要求十分严格。

三、法国的专利审理制度

法国的法院制度基本上与德国的制度相同，由 12 所专门法院构成。但其对侵权和专利无效的案件都享有管辖权，这点与德国的专利制度有所不同。一审案件如果无须技术专家鉴定，需要两年左右的时间可以审结。但是由于法官一般不具有技术经验，通常都需要借助于技术专家的专业知识来进行鉴定。这种情形下，审理所需的时间就会比较长。因此，如果一个案件经过一审、二审的程序，可能需要两三年的时间。

证据保全手续是法国专利侵权诉讼制度的一大特点。所谓证据保全是指，专利权人提出申请并得到法院许可后，无需对侵权人提出任何警告，法院执行人员和代理律师可以一同进入侵权人的工厂或其他场所收集证据的措施。专利权人可以收集书面侵权证据和相关侵权样品，同时也可以对侵权人的生产过程进行录像。但是 2 周之内，专利权人必须再向法院提起侵权诉讼，如果逾期未提起诉讼的，该证据保全无效，取得的证据材料也不得在该专利诉讼中使用。

欧洲专利条约（EPC）自 1978 年生效至今，只要专利权人向欧洲专利厅（EPO）提出单一申请，即可实现在欧洲各成员国得到专利保护。同时，对于其授予的专利权，欧洲专利厅可以根据异议申请，判定是否无效。欧洲各国的无效制度、侵权诉讼中的无效抗辩制度都各不相同。但是，即便专利权被某一个国家认定无效，并不代表专利权在其他国家也产生无效的后果。

四、异议申请

据统计，EPO 在 2007 年期间，共做出异议裁决案件数 2750 起。一般而言，专利被认可后的 9 个月内，基于以下理由，可以向 EPO 提出异议申请。专利的对象不符合《欧洲专利条约》规定的条件，认为不具有专利性的：①不认为是发明的。如发现、科学理论、数学方法、精神行为、实施计划、法则、方法、计算机程序等。又如手术或治疗人体或动物的方法、诊断方法、违反社会公序良俗的；②发明不具有新颖性的；③发明不具有进步性的；④发明没有产业上的实践可能性的。

欧洲专利对象的公开未达到明确且充分程度的。也就是说，该公开未达到该技术领域内的专家能够实施的程度。欧洲专利对象在申请内容的范围之外，任何人都可以提出异议申请，并不需要具备特定的法律上的或事实上的利害关系。但异议申请禁止采用非书面的形式提出，同时应记载提出异议的理由。所用语言可以选择英语、德语或者法语的任意一种。而且证据要在 9 个月之内提出，超过这个期限追加新证据、新事实的，如果没有明显的关联性，则有可能被拒绝采纳。同时，申请异议的手续费也必须在 9 个月内向欧洲专利厅支付。

异议部经过审理作出的最终裁定，原则上以书面形式进行通知，但是如果依当事人的申请，进行口头审理的，也可以在审理的过程中作出最终裁定。需要注意的一点就是，异议申请人撤销异议申请时，即使与专利权人协商一致决定撤销的情形，欧洲专利厅仍然可以自由裁量决定是否继续异议程序。特别是申请人在异议申请书上明确记载了证明专利明显不具有新颖性的在先技术的，即使当事人撤销异议申请，异议部仍有权继续进行审理。

在国内申请专利的，可以依据各国法律规定的程序申请异议，即国内异议程序。以德国的专利法为例，其明确规定对于本国专利厅授予的专利权，申请人可以在专利公报刊载的 3 个月内提出异议申请。除了欧洲专利厅规定的异议理由外，如果发明的实质构成要素是从其他发明人处得到的，且未经过其他发明人同意的，也可以提出异议申请。异议申请书必须向德国的专利商标厅提出。德国的异议申请，原则上一审由德国的专利商标厅进行审理，二审则由德国联邦专利法院（FPC）负责审理。与此相对，其他欧洲各国，譬如意大利、法国、英国等国家的专利制度，并没有规定国内异议程序。

五、无效程序

除欧洲专利厅的异议程序外，欧洲专利条约的各加盟国也大多设立了专利无效程序。譬如，在德国，申请人如需请求宣告无效，应向德国联邦专利法院提出。但是在国内专利异议申请期间或者欧洲专利厅的专利异议申请期间，不得提出无效宣告的请求。请求宣告无效被驳回，或者专利被宣告无效或部分被宣告无效的裁定，当事人可以在书面文件送达的1个月内提出申诉，由德国联邦最高法院负责审理，包括法律审查和事实审查。其他欧洲各国，如英国的请求宣告无效程序，可以与欧洲专利厅的异议程序并行，这点与德国的制度不同。

参考文献

［1］宋慧献：《财产权多元论与知识产权的非人权性》，《北方法学》2011 年第 3 期。

［2］李国光：《知识产权诉讼》，人民法院出版社 1999 年版。

［3］吴汉东：《知识产权基本问题研究》，中国人民大学出版社 2010 年版。

［4］黄玉烨：《知识产权利益衡量论——兼论后 TRIPs 时代知识产权国际保护的新发展》，《法商研究》2004 年第 5 期。

［5］兰婷：《浅谈经济新常态下知识产权运营的现状研究》，《法制博览》2019 年第 1 期。

［6］马先征、张丛：《企业专利战略运用》，知识产权出版社 2011 年版。

［7］王艳红、张文军、伏颖等：《企业知识产权运营与创新发展》，《科技与创新》2019 年第 1 期。

［8］《知识产权认证管理办法》政策解读，［EB/OL］.（2016-05-18）［2019-10-25］. http//www. sipo. gov. cn/zcfg/zcjd/1124218. htm.

［9］成胤、杨丽萍：《企业知识产权贯标三部曲》，知识产权出版社 2018 年版。

［10］郑成思：《知识产权论》，法律出版社 2007 年版。

［11］山东省知识产权局、烟台市知识产权局、中知（北京）认证有限公司等：《〈企业知识产权管理规范〉解析与应用》，知识产权出版社 2016 年版。

［12］杨揾：《中小企业人力资源战略研究》，湘潭大学 2012 年 6 月。

［13］齐爱民：《知识产权法总论》，北京大学出版社 2010 年版。

［14］江雯：《浅谈知识产权服务业的人力资源管理》，《电子知识产权》2014 年第 6 期。

［15］李建蓉：《专利信息与利用》，知识产权出版社 2011 年版。

［16］张耀辉：《知识产权的优化配置》，《中国社会科学》2011 年第 5 期。

［17］许艺、陈亮：《论如何提升专利质量》，《现代经济信息》2018 年第 11 期。

［18］高金娣：《企业技术创新成果的知识产权保护方式研究》，《重庆科技学院学报（社会科学版）》2010 年第 10 期。

［19］吴汉东：《关于知识产权基本制度的经济学思考》，《法学》2000 年第 4 期。

［20］宋河发：《科研机构知识产权管理》，知识产权出版社 2015 年版。

［21］于磊、工品：《技术型知识产权资产评估方法研究》，经济科学出版社 2012 年版。

［22］李学荣、尹水强、刘畅：《企业知识产权管理》，东北大学出版社 2014 年版。

［23］崔颖：《商标合理使用研究》，中国政法大学，2015 年 6 月。

［24］毛昊：《我国专利实施和产业化的理论与政策研究》，《研究与发展管理》2015 年第 4 期。

［25］刘海波、吕旭宁、张亚峰：《专利运营论》，知识产权出版社 2017 年版。

［26］肖廷高、范晓波、万小丽等：《知识产权管理：理论与实践》，科学出版社 2016 年版。

［27］李聪颖：《知识产权质押估值研究》，东北财经大学，2013 年 6 月。

［28］中国证券业协会：《金融市场基础知识》，中国财政经济出版社 2018 年版。

［29］张刚：《我国资产证券化的模式选择：特殊目的信托》，《南方金融》2016 年第 2 期。

［30］黄贤涛：《专利战略管理诉讼》，法律出版社 2008 年版。

［31］齐岳、廖科智、刘欣等：《创新创业背景下科技型中小企业融资模式研究——基于知识产权质押贷款 ABS 模式的探讨》，《科技管理研究》2018 年第 38 卷第 18 期。

［32］金品：《我国专利证券化的机遇和风险》，《甘肃金融》2014 年第 8 期。

［33］吴汉东：《知识产权法学》，北京大学出版社 2014 年版。

［34］〔美〕罗杰·谢斯特、约翰·托马斯：《专利法原理（第 2版）》，余仲儒译，知识产权出版社 2016 年版。

［35］邱尚楸：《主权专利基金的法律性质与中国对策：基手〈补站与反补贴措施协议〉补贴构成要件分析》，《广西师范大学》2019 年 6 月。

［36］鲍新中、张羽：《知识产权质押融资：运营机制》，知识产权出版社 2019 年版。

［37］何耀琴：《北京市知识产权运营模式分析》，《北京市经济管理干部学院学报》2013 年第 3 期。

［38］〔日〕田村善之：《プロ・イノヴェイシヨンのための特許制度のmuddling through（4）》，《知的財産法政策学研究》2015 年总第 46 期。

［39］乔万里：《国内企业如何面对主权专利基金崛起?》，《中国知识产权报》，2015 年 11 月 12 日。

［40］张勤：《论知识产权之财产权的经济学基础》，《知识产权》2010 年第 4 期。

［41］袁琳：《基于中介服务视角的我国知识产权运营典型模式研究：以中关村国家自主创新示范区核心区为例》，《科技管理研究》2018 年第 1 期。

［42］徐丽娜：《知识产权许可使用权的效力研究》，湘潭大学，2017 年 6 月。

［43］朱雪忠：《辩证看待中国专利的数量与质量》，《中国科学院院刊》2013 年第 4 期。

［44］杨玲：《专利实施许可备案效力研究》，《知识产权》2016 年第

11 期。

［45］李群星：《信托的法律性质与基本理念》，《法学研究》2000 年第 3 期。

［46］袁晓东：《专利信托研究》，知识产权出版社 2010 年版。

［47］杨雄文：《知识产权评估基础理论解析》，《知识产权》2010 年第 1 版。

［48］信托专家. 在中国为什么信托是最稀缺的金融牌照，［EB/OL］.（2018－08－14）　［2019－11－01］. http：//finance. sina. com. cn/trust/xthydt/2018-08-14/doc-ihhtfwqq6733035. shtml。

［49］陈博勋、王涛：《从专利角度探析知识产权基金运作模式》，《电子知识产权》2016 第 2 期。

［50］马天旗：《高价值专利筛选》，知识产权出版社 2018 年版。

［51］张嘉荣、尹锋林：《新〈促进科技成果转化法〉与知识产权运用评析》，《电子知识产权》2015 年第 11 期。

［52］商凤敏：《专利交易与专利诉讼相互作用研究》，大连理工大学，2018 年 6 月。

［53］竹中俊子、山上和则：《国际知的财产纷争处理の法律相谈》，《青山书院》2006 年版。

［54］铃木公明：《最新知财战略基本と仕组办のがよ<わ本》，《秀和出版社》2006 年版。

［55］See Robert P. Merges & Richard R. Nelson, On the Complex Economics of Patent Scope, 90 Columbia Law Review, p. 839, pp. 885—886 (1990).

［56］See Suzanne Scotchmer, Standing on the Shoulders of Giants：Cumulative Research and the Patent Law, 5 The Journal of Economic Perspectives, p. 29 (1991).

［57］See Michael A. Heller, The Tragedy of the anticommons：Property in the Transition from Marx to Markets, 111 Harvard Law Review, p. 621, pp. 634—635 (1998).

［58］See WIPO, World Intellectual Property Indicators 2015.

http：//www. wipo. int/edocs/pubdocs/en/wipo_ pub_ 941_ 2015. pdf
(last visited Nov. 8, 2016).

［59］ Carlyle C. Ring, Jr. An Overview of The Virginia UCITA〔J〕.
8RICH. J. L. & TECH. 1（Fall 2001）.